国家社会科学基金年度项目"中华民族共同体的历史图像表征：《皇清职贡图》研究（21BMZ089）"成果

中央民族大学中国史一级学科建设经费资助

《皇清职贡图》研究

黄金东　郭丹丹　著

学苑出版社

图书在版编目（CIP）数据

《皇清职贡图》研究 / 黄金东，郭丹丹著. -- 北京：学苑出版社，2024.7. -- ISBN 978-7-5077-7012-4

Ⅰ.K280.049

中国国家版本馆CIP数据核字第2024CZ3172号

出 版 人：	洪文雄
责任编辑：	周　鼎
出版发行：	学苑出版社
社　　址：	北京市丰台区南方庄2号院1号楼
邮政编码：	100079
网　　址：	www.book001.com
电子信箱：	xueyuanpress@163.com
联系电话：	010-67601101（营销部）、010-67603091（总编室）
印 刷 厂：	廊坊市印艺阁数字科技有限公司
开本尺寸：	787 mm×1092 mm　1/16
印　　张：	17.75
字　　数：	325千字
版　　次：	2024年7月第1版
印　　次：	2024年7月第1次印刷
定　　价：	300.00元

序

《皇清职贡图》不仅是一部汇聚约600幅中国各民族和部分外国人物形象并附以文字解说的鸿篇巨制，更是一部充分表达着清朝统一多民族国家宏博强盛的珍贵历史文献。

乾隆十六年（1751），清高宗亲下谕旨，令临边各省督、抚，将其所属苗、瑶、黎、僮以及外夷番众，按照颁发的图样绘制男女图像，送军机处汇齐呈览，以昭王会之盛。于是，"以朝鲜以下诸外藩为首，其余诸藩诸蛮，各以所隶之省为次"，到乾隆二十六年（1761），彩绘本正式告成。乾隆二十八年（1763）以后，爱乌罕（今阿富汗）、霍罕（浩罕汗国）、启齐玉苏、乌尔根齐（乌尔根奇）诸部奉表入觐，土尔扈特全部自俄罗斯来归，云南整欠、景海诸土目又相继内附，乃广为续图一卷。

也许有人认为乾隆皇帝一贯好大喜功，绘制与编纂举世无双的《皇清职贡图》，是乾隆皇帝标榜自己丰功伟绩之作。但是，基本的历史理论告诉我们，任何杰出的历史人物和作品，都是特定历史时代的产物，乾隆皇帝之所以会做出如此"好大喜功"之举，其背景显然是由于康乾盛世已经是一个"统一寰宇，凡属内外苗夷，莫不输诚向化"，从而超越中国历史上任何王朝的伟大时代。当时的中国，瓷器、丝绸、茶叶大量远销世界各国，西方产品在中国基本没有市场，中国的经济总量占到了全世界的30%以上。乾隆在位期间，中国人口由1.4亿迅速增长到2.9亿。在中国强大国力的影响之下，从16世纪下半叶开始，在长达100多年的时间内，欧洲席卷着一场强烈的"中国风"（法语：Chinoiserie）。中国茶被誉为可治百病的神奇饮品，中国瓷器被奉为驱邪杀毒之圣器，"太阳王"路易十四在法国凡尔赛宫金碧辉煌的大厅里举行盛大舞会时，居然身着中国丝绸服装，坐着中国式八抬大轿出场。当时的中国在世界上绝对是独一无二的超级大国。正如先师王钟翰先生所言："中国自秦汉以降二千年来，特别是清王朝以满族为主体入主中原长达268年之久，中经康雍乾三朝（将近150年）的盛世，不但汉文、武两帝莫敢望其肩背，即唐贞观、开元两朝亦不免略逊一筹。"（《大清王朝序》，载王钟翰著《清史补考》，辽宁大学出版社）。在国内，众多民族以大清王朝为核心，凝聚了无与伦比的向心力，在国际上对世界许多国家形成了强大的政治、经济、文化的吸引力。国外使者纷纷入觐纳贡，万国来朝的场面频频呈现。表面看来似乎是乾隆皇帝主观意志之下形成的《皇清职贡图》，实际上是康乾盛世时代风貌的真实反映。

对《皇清职贡图》这部具有时代特征的历史文献进行研究，自然具有多重的学术价值和重要意义，因此，自《皇清职贡图》问世以来，早有诸多学者各自从绘画艺术、民族历史、朝贡制度等多方面对《皇清职贡图》展开了研究，并取得了一些成果。但是，就我个人所见，在眼下这本黄金东、郭丹丹著《〈皇清职贡图〉研究》出版之前的《皇清职贡图》研究，基本上还属于零打碎敲式的研究，不但没有形成系统，而且很多有关《皇清职贡图》的问题还无人触碰，更多的问题虽有提及，但深入程度远远不够，没有形成一部拳头作品。

令人可喜的是，2021年，供职于中央民族大学图书馆古籍部的黄金东在前期研究的基础上，以"中华民族共同体的历史图像表征：《皇清职贡图》研究"为题，申报了国家社会科学基金项目。获得批准之后，课题组便开始了深耕文献，潜心研究，经过几年的艰苦努力，最终取得了具有突破性的研究成果——《〈皇清职贡图〉研究》。该成果获得了几位结项评审专家的高度赞赏，一致给予了"优秀"的评价等级。

展现在读者面前的《〈皇清职贡图〉研究》之所以优秀，其突出成就主要表现在以下几个方面：第一，彻底厘清了从历史上最早的《职贡图》到

《皇清职贡图》的历史渊源与流变。对任何历史事物追根溯源，是历史学研究的基本任务之一，《〈皇清职贡图〉研究》的作者不惜精力，穷尽各种文献，最终在论著中展现给人以清晰的"职贡图"发展脉络，将该项研究向前推进了一大步。第二，该书详细考证了《皇清职贡图》的编绘过程及编纂完成之后形成的各种版本。对于大多数学者而言，一般只了解《四库全书》本《皇清职贡图》，却不知该图制作时间长且版本众多。研究古文献的版本形成与流传、典藏，既是历史文献学的任务，也是图书馆版本目录学的基本课题。通过作者的研究，该书清晰地告诉读者《皇清职贡图》的绘制至少经过三个阶段：先由地方提供图稿，接着编绘《职方会览图》，最终形成绘本、写本和刊本三种类型的《皇清职贡图》，每种类型中又包含着不同的版本。第三，《〈皇清职贡图〉研究》在对图像与图说的研究分析上，大大超过了前人，有了许多新的发现：比如清以前的少数民族图像文献，女性形象很少出现，而《皇清职贡图》则采用男女对偶的呈现形式，女性图像占到了一半左右。又如，《〈皇清职贡图〉研究》作者发现前代的民族图像，多将少数民族人物的表情描绘得青面獠牙、怒目狰狞，而《皇清职贡图》则将许多少数民族的人物形象勾画得慈眉善目，和善可亲，有的人物虽然与汉族有异，但其形象却有趋于相似之处。再如，《〈皇清职贡图〉研究》对广西瑶、壮等少数民族形象、色彩、服饰等精细的分析，可谓鞭辟入里。第四，最为值得肯定的是，《〈皇清职贡图〉研究》在弄清《皇清职贡图》文献、民族形象及历史事实是什么的基础上，并没有就此止步，而是进一步研究了"为什么"如此编绘的问题。作者站在宏观历史学的高度，将《皇清职贡图》融入以全面接受儒家文化的满族皇帝为最高统治者的清代历史之中，结合民族学、民俗学、图像学等研究方法，得出了《皇清职贡图》是在"大一统"思想指导下，实现"天下一家"治国理念的重要文化实践，具有促进中华民族共同体形成发展的深远影响和增强文化认同的资治功能。这样的研究无疑大大提升了《皇清职贡图》研究的站立与价值。

  作为《〈皇清职贡图〉研究》作者曾经的老师，我由衷地为该专著的创造性研究和取得的成就而感到高兴。与此同时我也深知，研究《皇清职贡图》这样一部庞大的、以图为主、文字简略的历史文献，是一项高难度的工作，书中不足之处在所难免，还有修正的空间。另外，对于《皇清职贡图》卷一数十幅、涉及朝鲜、英吉利、法兰西、俄罗斯等二十余国人物的图像及解说内容，本书还未做系统研究，盼望作者从全球史研究的角度出发，进一步探讨康乾盛世清人的世界观念，以使《皇清职贡图》的研究更上一层楼。

谨序如上。

李德龙
2024 年 6 月
于中央民族大学

目 录

绪 论 1

 一、研究背景 3
 二、研究意义 8
 三、研究进展 13
 四、研究内容 25

第一章 职贡图的历史渊源 27

 第一节 职贡图产生与发展的制度因素：朝贡制度 29
 第二节 职贡图产生与发展的技术因素："左图右史"传统 61

第二章 清朝以前职贡图文献发展流变 75

 第一节 《山海经》：中国古代民族志书写传统的开启 77
 第二节 南朝萧绎《职贡图》：现存最早的职贡图 83
 第三节 唐代职贡图：国家意志的图像书写 89
 第四节 宋代职贡图：柔远人以饰太平的政治标榜 96
 第五节 元代职贡图：帝国威望的认证 103
 第六节 明代职贡图：对外交通的经济转向 108

  第七节　清朝以前职贡图类文献发展特点 ………………………… 113

第三章　《皇清职贡图》的绘制与增补 …………………………… 115

  第一节　《皇清职贡图》的绘制背景 …………………………… 117
  第二节　《皇清职贡图》彩绘本的绘制 ………………………… 130
  第三节　《皇清职贡图》彩绘本的增补 ………………………… 158
  第四节　《皇清职贡图》的理念突破与体例创新 ……………… 168

第四章　《皇清职贡图》版本体系及其流传 ……………………… 183

  第一节　《皇清职贡图》写本的绘写 …………………………… 185
  第二节　《皇清职贡图》刻本版本考 …………………………… 191
  第三节　《皇清职贡图》版本流传 ……………………………… 203

第五章　《皇清职贡图》对民族形象与"大一统"
     政治文化的构建 …………………………………………… 213

  第一节　《皇清职贡图》对民族形象的构建——以广西壮族为例 ……… 215
  第二节　《皇清职贡图》图说中的"中华天下观" …………… 229
  第三节　《皇清职贡图》中的女性绘像与清朝"大一统"话语体系建构 … 245

结语 ……………………………………………………………………… 260

参考文献 ………………………………………………………………… 263

后记 ……………………………………………………………………… 274

绪 论

資料

一、研究背景

（一）图像的重要性

　　图像是人类获取、记载、传播信息的重要方式之一。在一个很长的历史阶段中，人类主要通过图像等视觉为主导的感知经验来理解世界、把握世界，并尝试用视觉的图画和符号描绘世界、表征世界。由此，图像获得了人类的长久关注。

　　图像是人类在实践过程中出于自身需要而产生的，无论是认识世界、自然和人类，还是改造世界和自然，人类都需要借助视觉与思维，而视觉和思维又需要借助"形象"与"概念"。为此，人类创造出了符号、图像与文字，以便更好地认识和改造世界。图像在文字发明以前的人类历史进程中发挥着不可替代的作用，人类在地球生活的绝大部分时间里是没有文字的，这期间，人类主要通过图像视觉来感知、理解和把握世界。在早期人类阶段，如果离开了图像，我们就无法了解人类的早期文明。在当今"图像转向"的大背景下，图像更是渗透到人们生活的各个领域当中，几成泛滥之势。伊雷特·罗戈夫认为："当今世界，除了口传和文本之外，还借助于视觉来传播。图像传达信息，提供快乐和悲伤，影响风格，决定消费，并且调节权力关系。"[①] 韩丛耀指出，图像是人类认知的手段，是信息传播的文本，是社会记录的地图。图像是确凿的视觉历史事实，是国家文化形象最直接、最具象、最可信的体现

---

① ［英］伊雷特·罗戈夫：《视觉文化研究》，陶东风等主编：《文化研究（第3辑）》，天津：天津社会科学院出版社，2002年，第40页。

形式。① 的确，与文字相比，图像更具有诱惑力，也更为人类所依赖。

中华文化的图像传统源远流长。从原始时期的岩画、壁画、龟甲和兽骨刻符，到先秦时期的器物铭文、铭图，再经秦汉至明清，各种绘画、建筑、书法、工艺等图像文献题材多样、种类繁多，图像不仅普遍存在于以各种文字为主体的典籍中，也形成有各类图谱、舆图、本草图等专类图像文献，留下了数量众多、内容丰富的图像资料。

中华先民对图像与文字的关系有着深刻认识。南朝颜延之将视觉艺术称为"图载"。《历代名画记》载："颜光禄云，图载之意有三：一曰图理，卦象是也；二曰图识，字学是也；三曰图形，绘画是也"，并认为其具有突出的道德教化功能，"留乎形容，式昭盛德之事，具其成败，以传既往之踪。记传所以叙其事，不能载其容，赋颂有以咏其美，不能备其象，图画之制所以兼之也"②。可见，图像与文字一样，也承担着叙事和纪事之功能，二者相辅相成，同时图像还发挥着文字不可替代的作用。以中国文字为例，就其本质而言，属于象形文字，从其创造之初，就与图像同源，互为表里，可以说，图像与文字同源一体。宋代郑樵不仅对图像与文字关系有贴切的比喻和理智的分析，而且从不同角度和不同层面阐释了"图谱"的重要性：

> 见书不见图，闻其声不见其形；见图不见书，见其人不闻其语。……后之学者，离图即书，尚辞务说，故人亦难为学，学亦难为功，虽平日胸中有千章万卷，及置之行事之间，则茫茫然不知所向。……天下之事，不务行而务说，不用图谱可也。若欲成天下之事业，未有无图谱而可行于世者。③

郑樵的真知灼见，生动揭示了图像与文字密不可分的关系，道出了"图"与"书"必须相辅相成、兼而有之、缺一不可的道理。他认为，如果不重视"图谱"，学问就会沦为"虚学"，"由是益知图谱之学，学术之大者"④。郑樵的论述，兼具系统性和科学性，是对我国古代图学的首次全面总结，打破了宋以前"知有书而不知有图"的学术风气，对"左图右史"传统的延续和发展发挥了重要作用。宋以后，"古人左

---

① 韩丛耀：《中国图像史学的世界性叙述》，《艺术百家》2017年第2期。
② （唐）张彦远：《历代名画记》，沈阳：辽宁教育出版社，2001年，第3—4页。
③ （南宋）郑樵：《通志》卷72《图谱略·索象》，杭州：浙江古籍出版社，1988年，第837页。
④ （南宋）郑樵：《通志》卷72《图谱略·原学》，杭州：浙江古籍出版社，1988年，第837页。

图右史,是以星曜之真形,郡邑之遐迩,山川之由折,氏族之支分而派别,有心者不待考索,而如建瓴之注"①"古者有书必有图,图以佐书之所不能尽也"②"古人左图右史,不独考镜易明,且便于记览也"③等论述即为明证。

(二)图像史学的兴起

西方现代意义上的图像学理论由阿比·瓦尔堡(Aby Warburg)于1912年提出。其后,潘诺夫斯基(Erwin Panofsky)、贡布里希(E.H.Gombrich)、米歇尔(W.J.T.Mitchell)、彼得·伯克(Peter Burke)等人深化了相关的研究理论,推动了图像学的不断发展。

美国德裔学者欧文·潘诺夫斯基(Erwin Panofsky)是现代图像学理论的奠基者,他一生都在探索图像与观念的关系。1939年,他在《图像学研究》一书中提出图像学研究(图像学解释)的三个层次理论:第一层的解释对象是第一性或自然的主题,称为前图像志描述。为了得出这个层次上的正确解释,解释者必须有实际经验(对象、事件的熟悉)。第二层的解释对象为第二性或程式主题,称为图像志分析,这些题材组成了图像、故事和寓意的世界。解释者的必备知识是原典知识(特定主题和概念的熟练)。第三层次的解释称为更深层次意义上的图像志分析,即图像学解释,它的对象是内在意义或内容,构成"象征的世界"。解释者的必备知识是综合直觉(对人类心灵的基本倾向的熟悉)。④潘诺夫斯基的图像学理论是参考历史文献、文学等材料去挖掘图像的内在深刻含义,通过这种人文的解释还原那个时代的文化历史、人情风俗。

潘诺夫斯基的图像学理论提出后,使得艺术史研究进入了一个全新的时代,同时对整个人文学科产生了深远的影响,至今仍受到广泛讨论。

---

① (明)王绂:《书画传习录》卷4《画事丛谈·全艺门》,王伯敏、任道斌主编:《画学集成(明—清)》,石家庄:河北美术出版社,2002年,第60页。
② (清)胡渭:《易图明辨》,北京:中华书局,2008年,第1页。
③ (清)阮葵生:《历代笔记小说大观·茶余客话》,上海:上海古籍出版社,2012年,第234页。
④ [美]欧文·潘诺夫斯基著;戚印平、范景中译:《图像学研究:文艺复兴时期艺术的人文主题》,导论,上海:上海三联书店,2011年,第1—13页。

英国学者 E.H 贡布里希（E.H Gombrich）对潘氏的三层次理论提出质疑。他指出，这种方法来源于神学理论，属于"意义的难以捉摸"（Elusiveness of Meaning）。因此需要建立一套标准和防范措施，以校正对图像阐释天马行空、言说过头的习惯，正是那种习惯败坏了图像学的名声。为了达到这一目的，他严格地界定了作者的意图意义（intended meaning）和理解者事后所赋予作品的意味（significance），并把图像学的中心任务规定为是重建艺术家的创作方案，是依据原典和上下文，以恢复作品的本义①。贡布里希认同赫希所强调的方法论规则：解释应该一步一步地进行，先决的第一步是要确定作品所属的类型。因此，图像学必须从研究习俗惯例开始，而不是从研究象征符号开始②。贡布里希努力将经典方法规范化，限定解释条件和范围，使解释图像作品的最终结论更能表现原始意味，具有跨学科的意义。

美国 W·J·T 米歇尔（William John Thomas Mitchell）和法国埃米尔·马勒（Émile Mâle）等西方学者的思考和研究进一步升华了图像学理论，前者著有被称为"图像三部曲"的《图像理论》《图像学：形象、文本、意识形态》《图像何求？形象的生命与爱》，后者著有《图像学：12 世纪到 18 世纪的宗教艺术》等作品。

特别指出的是，将图像学和史学研究结合起来，进而推动近代意义上图像史学叙述兴起的著作，首推英国历史学家彼得·伯克的《图像证史》。此书的重要内容是关于如何将图像当作历史证据来使用，其目的在于鼓励此种证据的使用，并向此种证据的潜在使用者告知某些可能存在的陷阱③，由此拉开了现代意义的图像史学研究。彼得·伯克开启了将图像和史学结合的研究方法，其代表作《图像证史》是图像史学研究的基本参考图书，在中国有着广泛的影响。

与西方学界对图像的关注有一个从宗教信仰转向人类学和人种学研究的过程不同，中国的图像及其图像文化则始终根植于日常生活、生产劳动和精神创造之中，且从未中断，有着悠久的"左图右史"文化传统。据考证，"图录"④一词在东汉已经

---

① ［英］E.H. 贡布里希著；杨思梁、范景中编选：《象征的图像：贡布里希图像文集》，南宁：广西美术出版社，2015 年，第 2—3 页。
② ［英］E.H. 贡布里希著；杨思梁、范景中编选：《象征的图像：贡布里希图像文集》，南宁：广西美术出版社，2015 年，第 50 页。
③ ［英］彼得·伯克著，杨豫译：《图像证史》（第二版），北京：北京大学出版社，2018 年，第 1 页。
④ 东汉何休《公羊经传解诂》曰："袍，衣前襟也，夫子素案图录，知庶圣刘季当代周，见薪采者获麟，知为其出"（《公羊经传解诂》卷 12，宋绍熙二年余仁仲万卷堂刻本）。

出现。宋代时期，图像已经成为一门专门的学问。郑樵著《通志》专立《图谱略》，对图与书的关系进行了精彩的论述："为学有要。置图于左，置书于右；索象于图，索理于书……若欲成天下之事业，未有无图谱而可行于世者。"① 饶宗颐指出："中国是世界上最早兴起图像传播的国度之一，由于'左图右史'的文化传统，中国古代重视图像较之文字毫不逊色"，"这种视觉的、图像化的历史传承和文明形态与欧美等西方国家的表音文化体系不同，它是超越言语化的视觉认知模式与逻辑，构造了中华文化独特的文明形态与智慧，并且从未中断过。"②

受到西方图像学理论的影响，中国产生了陈平原、蓝勇、韩丛耀、曹意强、尹吉男、赵宪章等一批图像史学研究者，他们均强调图像作为一种史料的运用，试图证明图像史学的独立性和合法性，并积极探索中国图像史学的理论体系，希望构建立足于中国传统的图像史研究学科。比如，韩丛耀结合潘诺夫斯基的研究方法，提出"三种形态"和"三个场域"的方法论构建，为图像史学研究提供了明确的体系和研究思路。他指出，图像有三种形态：技术性的、构成性的和社会性的，这三种不同的面向提供了我们研究图像的不同视角，进而得出不同结论。分析图像的技术性、构成性和社会性问题是图像传播研究的基础。图像的意义场域包括了图像制作的场域、图像自身的场域和图像传播的场域，无论是哪个场域，我们都应该从技术性的、构成性的和社会性的三个层面或形态去考察图像，对图像"意义"的阐释要循着描述、分析和诠释三个层次进行。这是图像传播研究相对独立和完整的方法论工具。③ 他总结道："只有尊重历史、正确认识历史，才有资格用历史图像的方式建构历史，这样的图像史学研究文本才能做到图文同源、图文互融、图文互证、图文互构。"④

中国学者的探索为中国图像史研究提供了坚实的理论基础，中国图像史学发展得以不断深化和拓展。进入21世纪后，图像史学迎来了一个新的发展阶段，中国"图像史学"学科已经呼之欲出。然而客观地说，中国图像史学的发展仍处于相对发散的阶段，未来的道路仍很漫长。

---

① （南宋）郑樵：《通志》卷72《图谱略》，杭州：浙江古籍出版社，1988年，第837页。
② 饶宗颐：《中华图像文化史·序》，北京：中国摄影出版社，2016年。
③ 韩丛耀：《图像的传播形态及场域研究》，《中国出版》2014年第22期。
④ 韩丛耀：《建立中国图像史学的理论体系》，《中国社会科学报》，2018年1月3日，第1版。

二、研究意义

　　职贡图是中国传统图像史料的重要部分，它是指中国古代中央朝廷展示其与周边部族或外藩交往关系的图画。"职贡"，也称"朝贡"，是中国古代周边部族或外藩向中央朝廷贡奉方物，以示臣服的一种行为。这种中央朝廷与周边部族和外藩不平等的交往关系早在先秦时期就已经存在。《尚书》载："禹别九州，随山浚川，任土作贡。"唐孔颖达疏曰："贡者，从下献上之称。谓以所出之谷，市其土地所生异物，献其所有，谓之厥贡。"① 因此，凡是内容上反映古代中央朝廷与周边部族或外藩交往的图画，无论是描绘远方前来朝贡的使者形象，还是描绘入贡之方物，如"入朝图""王会图""职贡图""贡马图"等之类的绘画，均属职贡图之范畴。据史料记载，早在商周时期就已经出现此类主题的图画②，其后历朝历代相袭不绝，清乾隆时期出现了集大成的《皇清职贡图》③。

　　《皇清职贡图》是清代乾隆时期制作的官方民族图册，它以图文并茂的形式展现了清代国内外各族群的服饰样貌、风俗习惯、生产方式、与清廷的关系以及贡赋情形等内容，是研究清代民族历史、文化、服饰、艺术、中外交往等方面不可多得的珍贵史料。《皇清职贡图》作为乾隆亲自主持、军机处组织协调、宫廷画家绘制而成的集大成民族图册，并非普通的艺术作品，具有政治、艺术、历史、文化等多重价值和意义。《四库全书总目》说《皇清职贡图》：

---

① 《尚书正义》卷6《禹贡》，上海：上海古籍出版社，1985年。
② 《宣和画谱》卷一载颜师古语："昔周武时远国归款，乃集其事为《王会图》。"（俞剑华标点注译：《宣和画谱》，北京：人民美术出版社，1964年，第320页）。
③ 彩绘本原名《职贡图》，写本和刻本改称为《皇清职贡图》。为方便叙述，文中一般统称为《皇清职贡图》。

每图各绘其男女之状,及其部长属众衣冠之别。凡性情习俗、服食好尚,罔不具载。考《南史》载,梁武帝使裴子野撰《方国使图》,广述怀来之盛,自荒服至海表凡二十国。张彦远《历代名画记》载梁元帝有《职贡图》。史绳祖《学斋占毕》引李公麟云,元帝镇荆州,作《职贡图》,状其形而识其土俗,凡三十余国。其为数较今所绘不及十分之一。至《山海经》所载诸国,多出虚撰,概不足凭。《汉书·西域传》以下,史家所述,多出传闻,核以道里山川,亦往往失实。又不及今之所绘,或奉赞贡篚,亲睹其人,或仗钺乘轺,实经其地,允摄提、合雒以来所未睹之隆轨。①

四库馆臣认为,《皇清职贡图》无论是在图像的真实性,还是数量规模上,都是裴子野《方国使图》和梁元帝《职贡图》等无法比拟的。因此在按语中盛赞"此书及《西域图志》,皆以纪盛德昭宣,无远弗届,为亘古之所未有",虽有夸耀的成分,但也有历史事实作依据,基本反映了《皇清职贡图》的特质。

现代藏书家和目录学家郑振铎评价说:

《皇清职贡图》中所刊诸蕃夷,近自西南夷,远至西洋诸国人,则皆写实之作。原序云:"非我监臣所手量,我将帅所目击,我驿使所口陈者,不以登篆削焉。统计以部曲区名者,凡三百数,以男女别幅者,凡六百数"。此语诚可信。此六百幅图像,皆可作"信史",确非妄为向壁想象者,不啻"册府传信之巨观"也……笔法软弱,虽细致而不奔放,盖"匠人"之作也。皇家刻本,大抵皆然。②

郑振铎虽然认为该书"笔法软弱,虽细致而不奔放,盖'匠人'之作也",但将《皇清职贡图》的史料价值提到了"信史"的高度,为"册府传信之巨观",给予了高度评价。

然而,在一段相当长的时间内,《皇清职贡图》要么被当成书画作品被珍藏起来,要么仅仅被用来作为研究的佐证材料或注脚,对其价值认识远远不足,相关研究仍

---

① (清)纪昀纂:《四库全书总目》卷71《史部二十七·地理类四》"皇清职贡图"条,乾隆五十四年武英殿刻本。
② 郑振铎:《西谛书话》,北京:生活·读书·新知三联书店,2005年,第263页。

较为薄弱。一方面，仍有许多关键问题需要突破，尚有很大的空间，尤其缺乏整体性的专题研究；另一方面，与其他类别图像史料的研究进展相比，《皇清职贡图》也需要进一步提升整理和研究的深度，通过个案研究从研究方法、阐释角度等方面助推图像史学的发展。20世纪末以来，随着图像史料作为"第四重证据"被更多学者使用，某种程度上形成了以"图像转向"为主导的文化研究思潮，研究领域涉及艺术、文学、历史、宗教等，研究成果丰硕，观点百家争鸣。据统计，国家社科基金与图像相关的历年项目近200项，涉及美术、考古、宗教、文学等学科，并有逐年递增的趋势。但已有项目多集中于艺术风格、图文关系、实物考证、宗教思想、文化传播等方面的探讨，不仅没有与职贡图相关的项目，更缺乏整体上对图像政治意义的探索和图像对国家和文化认同重要意义的阐述。

《皇清职贡图》是历代职贡图的集大成者，具有制作时间跨度长，涉及面广；成果众多，版本情况复杂；政治意涵丰富，表征意义和实际用途突出等特点。它不是普通的图册，除了具有极高的艺术价值外，更具有区分、识别周边少数民族以便采取针对性统治措施以及构建国家形象、表征大一统的实际用途和意义，是中华民族共同体不断形成发展的历史见证。本书在前人研究基础上，全面搜集国内外各版本《皇清职贡图》，结合奏折、档案等文献对其文本和内容进行整理与综合性研究，具有重要的学术价值和现实意义。

（一）学术价值高

首先，《皇清职贡图》具有很高的史料价值。《皇清职贡图》的绘写强调"非我监臣所手量、我将帅所目击、我驿使所口陈者，不以登椠削"[①]，可以说是当时对国内外民族的实地考察结果，具有很高的史料价值。此外，作为一种图像史料，与传统文献多以文字记载为主相比，它承载的信息量更多，是历史学、民族学、民俗学、美术学等学科难得的第一手研究资料。

其次，有助于拓展相关研究的深度和广度。《皇清职贡图》整个系列产品的生产前后历经半个多世纪的时间，其间产生的成果数以千万，版本情况复杂。就制作

---

① （清）佚名：《职贡图》卷4，卷尾诸臣跋，北京故宫博物院藏手绘本。

方法而言，主要有三种版本类型：彩绘本，分手卷和册页两种形式，四卷；白描写本，有《四库全书荟要》本和《四库全书》本两种，均为九卷本；白描刻本，有乾隆四十五年（1780）武英殿刻本、嘉庆十年（1805）武英殿重刻增补本和清翻刻本三种版本，均为九卷本。此外，其所绘图像规模空前，以嘉庆刻本为例，最终完成画面304段，人物615人。因此，如果不廓清《皇清职贡图》各版本关系，梳厘清楚其版本体系脉络，就会造成许多利用和认识上的困扰，给研究者利用带来不便。因此，对《皇清职贡图》各种版本的考证及其体系脉络的梳理，以及对其中蕴含政治意义和思想内涵的揭示、阐释等研究内容，探索图像史学研究新方法新角度，不仅可以为中国图像史学提供个案研究参考，为建立中国图像史学学科提供更多的可能性，也可以拓展其他学科研究的纵深度，如政治史、民族史、艺术史、文学史等，给学界深入考察政治、民族、文学艺术与时代文化背景之互动关系提供参照，加强文化史研究的实证性。

（二）现实意义突出

首先，对国外"新清史"的部分错误观点进行有力回应。20世纪90年代以来，西方产生了以罗友枝（Evelyn S. Rawski）、柯娇燕（Pamela Kyle Crossley）、欧立德（Mark C. Elliott）等学者为代表的"新清史学派"。他们提出"内亚史观"，强调清朝的满族特性，认为清朝得以长期统治中国的原因在于统治者维持了满族的主体性，质疑了中国近代以来形成的"少数民族必将被中华文化所同化"的历史叙述方式，并对从秦汉到明清朝代更替与延续的大一统中华的历史叙事提出了尖锐挑战。对此，我国学界从史料、立场、表述、学理等各方面进行了回应和批判，产生了重要的影响。然而，这些回应基本以文字材料为论据。实际上，作为历代职贡图的集大成者，《皇清职贡图》呈现和构建了清前中期一幅相对完整的中华民族多彩画面，今日中华民族大家庭的大多数民族都能在画卷中找到昔日的身影，不仅通过视觉表征手段发挥了"以图证史"的功用，提供了重回中华民族共同体形成发展过程的历史现场，证实了中华民族共同体不断形成发展的历史事实，而且也是这一历史过程真实可靠的视觉事实。此外，无论是图册中的说文或是其视觉艺术表现方式，均体现了"中外一家"的"民族共同体"思想，其在绘制区域及在表述与各民族和外藩关系时的主体意识更说明，清朝并非一个"满洲帝国"，而是一个以满族、蒙古族、汉族为主体，包含边疆各族的统一的中华帝国。①充分分析和阐释《皇清职贡图》的这些特性和思想，可对新清史的"清朝非中国论"等论调进行有力回应。

其次，为铸牢中华民族共同体意识提供历史依据和文化根基。我国是统一的多民族国家，中华民族多元一体是我国国情的一个显著特征，也是我国发展的巨大优势。清朝是中华民族共同体形成发展的关键阶段，自觉的中华民族共同体意识处于不断孕育、萌芽的过程中。《皇清职贡图》是清朝廷构建"大一统"政治文化的一种方式，是中华民族共同体不断形成和发展的形象、具体、可信的历史体现形式，也是确凿的视觉历史事实。本书研究结论有利于讲好中华民族共同体的历史故事，为"各民族共创中华"提供历史图像依据，为增进"五个认同"、构建各民族共有精神家园提供实践资源，铸牢中华民族共同体意识，增强民族凝聚力和国家认同。

总之，本书的研究成果可为相关学科提供研究新材料，为建立中国图像史学学科提供方法和理论上的个案支撑；提升图像作为历史证据的可信度，为中华民族共同体形成发展的历史事实提供论据，回应部分西方学者的质疑；为铸牢中华民族共同体意识提供历史依据和实践资源，推进中华民族共同体理论体系建设。

---

① 苍铭、刘星雨：《从〈皇清职贡图〉看"新清史"的"清朝非中国论"》，《中央民族大学学报（哲学社会科学版）》2019年第6期；苍铭、张薇：《〈皇清职贡图〉的"大一统"与"中外一家"思想》，《云南师范大学学报（哲学社会科学版）》2019年第3期。

三、研究进展

《皇清职贡图》不仅存世实物数量众多,更因其具有政治意涵丰富、表征意义和实际用途突出等特点很早就进入了学者的研究视野。在图像史学不断发展的背景下,《皇清职贡图》等职贡图的研究成果显著,研究的深度和广度得到不断拓展,形成了中国图像史学研究的一个独特分支。自20世纪80年代末以来,从最初对制作过程和版本源流的考证,逐步扩展至民俗学、语言学、人类学和艺术学等多学科多视角的研究。尤其是进入21世纪以来,随着研究领域的不断拓展,相关研究成果逐步丰富起来。

(一)整理出版

在资料开放程度不高及数字化尚未普及的时期,对文献进行整理和出版是进一步研究的基础条件。在本书开展研究前,较为常见且以《皇清职贡图》为名的整理出版成果主要有以下几种:

1. 台湾华文书局1968年影印本(精装二册,扉页钤有"北京大学图书馆藏印")。该书系华文书局"中华文史丛书"第十一种,号称以"乾隆二十六年刊本"影印。遗憾的是,该书不仅版本界定错误,而且出版时肆意改动原配图,以致错误频出,是一个非常糟糕的"配本"[①],很容易以讹传讹、误导读者,参考价值大打折扣。

2. 台湾商务印书馆《景印文渊阁四库全书》本。《文渊阁四库全书》属于最早完成抄录,制作最为精良的一部。1983年至1986年,台湾商务印书馆根据《文渊阁四库全书》原抄本影印出版了整套全书,《皇清职贡图》为第594册。

---

① 朱和双:《台湾华文书局版〈皇清职贡图〉举误》,《寻根》2013年第5期。

3. 沈阳辽沈书社影印本。辽沈书社于1991年10月推出影印版《皇清职贡图》。其"出版说明"指出，因"此书自乾隆时由武英殿刻印出版以后，未曾再版，社会上今传本不多"，故辽沈书社"据武英殿本影印出版，以飨海内外读者"，并强调该书"是稀见的文图并茂的中国少数民族史料，是研究少数民族风情的珍贵图谱，它对于研究我国少数民族史、民族关系史，对于民俗学以及绘画艺术，都有着重要的史料价值"。

4. 天津古籍出版社影印本。1995年天津古籍出版社影印出版了民族文化宫图书馆藏《皇清职贡图》武英殿刻本。

5.《清殿版画汇刊》本。1998年学苑出版社将故宫博物院藏刻本《皇清职贡图》列入《清殿版画汇刊》第九册影印出版。其序称"《皇清职贡图》九卷……清乾隆年间武英殿刻本"。但实际上，该本只有八卷，也非武英殿刻本，而是翻刻本。①

6.《钦定四库全书荟要》影印本。2005年吉林出版集团有限责任公司将台北故宫博物院藏摛藻堂《四库全书荟要》进行影印出版，《皇清职贡图》是史部70种图书之一。

7. 广陵书社标点本。此书以《四库全书》为底本，书前提要落款时间为"乾隆四十三年"，当为文渊阁本。全书由殷伟、徐大军等整理校勘加以新式标点排印出版。书前所附"出版说明"充分肯定了《皇清职贡图》的价值，称"这部史籍，可以说是集绘画艺术与历史资料于一体的重要文献……所在地域疆界之广阔，国别民族之多，涉及内容之广，实前所未有，再现了清王朝在康、雍、乾三代积累下的国力之盛，展现了多民族的巩固与发展"（出版社说明，第2页），"是研究中外交往、民族学等方面的重要历史资料"。

以上几种成果，所选用底本均非最早的绘本，而是根据绘本制作的写本或刻本，其中第一种更是由不同的刻本拼凑而成。与彩绘本相比，无论是在细节的显示，还是与所画男女人物的原有样貌，都存在较大的差距，不能不说是一个遗憾。中国国家博物馆曾于2007年将馆藏金廷标绘《职贡图》卷二进行整理和公开出版②，这是目前存世《皇清职贡图》彩绘手卷正本唯一存世的传本，弥足珍贵，但只有一卷，不足以反映全貌。

---

① 参见黄金东:《〈皇清职贡图〉刻本考述》,《文献》2020年第6期。
② 见吕章申主编:《中国国家博物馆馆藏文物研究丛书·绘画卷·风俗画》,上海:上海古籍出版社,2007年。

此外，台湾学者庄吉发著《谢遂〈职贡图〉满文图说校注》（台北故宫博物院印行，1989 年）一书对台北故宫博物院藏谢遂《职贡图》进行了整理校注，侧重于考察图说满文的书写规范、与汉文的对应及翻译等，为研究 18 世纪的满文提供了丰富的语料，也使得深藏台北故宫博物院中的《皇清职贡图》彩绘本得以进入大众视野。

（二）版本考证与梳理

《皇清职贡图》不仅有彩绘本、写本、刻本三种版本类型，而且每种类型中又包含多种版本，版本情况复杂。确定其版本性质，明晰其版本体系脉络，是论述《皇清职贡图》多重价值、阐述其深刻思想内涵、进行文本和内容研究等方面的前提。

1989 年，庄吉发《谢遂〈职贡图〉满文图说校注》一书除对《皇清职贡图》进行详细的满文校注之外，还对《皇清职贡图》的绘制经过及绘制时间进行了讨论，推断出谢遂《职贡图》画卷开始绘制的时间上限是乾隆十六年（1751）。①

1992 年至 1993 年，故宫博物院畏冬（金卫东）连续在《紫禁城》发表《〈皇清职贡图〉创制始末》《乾隆时期〈皇清职贡图〉的增补》《嘉庆时期〈皇清职贡图〉的再次增补》三文，致力于复杂版本的考订和制作流程的重建，指出其版本有彩绘本、写本和刊本三种类型，首次梳理了《皇清职贡图》的制作和增补过程，对厘清版本渊源具有开创之功。

受到以上成果的影响，祁庆富撰《〈皇清职贡图〉的编绘与刊刻》一文，对《皇清职贡图》的创作背景和版本进行了补充和研究，对嘉庆时期的补绘进行了论说，认为《皇清职贡图》的编纂始于乾隆十五年（1750），"彩绘正本四卷'告成'应在乾隆二十六年"，"刊本刊刻完成于乾隆五十四年"②。齐光撰《〈皇清职贡图〉绘本成于何时》认为"直至乾隆五十八年（1793）增绘完《巴勒布大头人并从人即郭尔喀》之后，《皇清职贡图》才最终得以增补完成"③。随后，黄金东撰《〈皇清职贡图〉刻本考述》一文厘清了三种刻本的关系及其成书时间，纠正了以往研究的错误。④

在原始稿本研究方面，主要有畏冬、刘若芳撰《〈苗瑶黎僮等族衣冠图〉册及

---

① 庄吉发：《谢遂〈职贡图〉画卷的绘制经过及其史料价值》，庄吉发：《谢遂〈职贡图〉满文图说校注》，台北故宫博物院印行，1989 年，第 1—37 页。
② 祁庆富：《〈皇清职贡图〉的编绘与刊刻》，《民族研究》2003 年第 5 期。
③ 齐光：《〈皇清职贡图〉绘本成于何时》，《文汇报》，2013 年 5 月 6 日，第 00C 版。
④ 黄金东：《〈皇清职贡图〉刻本考述》，《文献》2020 年第 6 期。

〈职贡图·第六册〉考》①和黄金东撰《〈云南民族图考〉版本考》②两文。前文对首次出现的地方稿本和早期册页绘本进行了考证，大大丰富了相关认识；后者则进一步论述了地方稿本和最后定本的关系，并指出地方稿本的重要价值。以上两文对廓清《皇清职贡图》的制作过程、厘清其版本体系脉络具有重要的佐证作用。

早期册页本考证和研究成果有徐建霞《绚绘衣冠 广述怀来——皇清职贡图册页本浅析》（载《收藏家》2018 年 8 期）和陈恒新《法国国家图书馆藏〈皇清职贡图〉册页本考》（载《北京大学中国古文献研究中心集刊》2021 第 2 期，第 84—92 页）。前者对法国国家图书馆藏册页本和中国国家博物馆藏《广舆胜览》进行对比，认为《广舆胜览》应当为另一个册页本。③然而，从绘画质量及图文对应等情况看，《广舆胜览》与最终成型的彩绘本之间仍有较大的差距，其版本性质仍有待进一步明确。后者通过研究，认为册页本为乾隆四卷本的祖本，成书于乾隆二十二年，具有不可替代的版本学价值。

总的来看，随着相关收藏机构大量实物的出现和档案等文献的披露和揭示，经过相关学者深入考证和梳理，基本厘清了《皇清职贡图》版本及其版本的脉络，为进一步研究奠定了坚实基础。

（三）政治学与思想史研究

《皇清职贡图》的制作，从最初的动员、图像的选择和编排乃至后期的传播，都贯穿着乾隆的政治意志，是清朝廷构建"大一统"政治文化的重要实践，蕴含着深刻的政治内涵和思想史意义。

周妙龄《乾隆朝〈职贡图〉〈万国来朝图〉之研究》（台湾师范大学 2004 年硕士论文）从画面风格入手，探讨了其中所采用的表现形式、来源及其隐含的意涵。文章指出，乾隆朝《皇清职贡图》的排列顺序，呈现了一个与清朝关系由外藩而至属地、由亲近而至疏远、由东向而至西向的安排，透显出一个由中心而至边缘及秩序井然

---

① 畏冬、刘若芳：《〈苗瑶黎僮等族衣冠图〉册及〈职贡图·第六册〉考》，《故宫学术季刊》（台北）2009 年第 2 期。
② 黄金东：《〈皇清职贡图〉刻本考述》，《文献》2020 年第 6 期。
③ 徐建霞：《绚绘衣冠 广述怀来——皇清职贡图册页本浅析》，《收藏家》2018 年 8 期。

的天下观念。^① 赖毓芝《图像帝国：乾隆朝〈皇清职贡图〉的制作与帝都呈现》^②一文则以图像生产为中心，重点探讨了第一卷西洋部分的排列和组合顺序，借此来说明制作此类图像的政治意图。结合其他文献材料，文章论证了现代意义下的"西洋"是乾隆形象帝都和结构帝国不可或缺的成员。齐光考察了文本中满汉图说的书写，以此说明清朝廷民族政策的灵活性，从中窥见清朝廷如何处理"民族"与"国家"的关系，以及对自身定位的认识等。^③ 林欣玲通过图像所见的国名、图说、服饰等线索，指出受全球化影响，在多文化碰撞过程中清朝对于西方国家的认知以及通过将西方形象纳入图册，建立西洋形象的过程。^④ 邓津华《台湾的想像地理》（台湾大学出版中心 2018 年版）一书以《皇清职贡图》内的台湾民族图像为例，说明了清代宫廷对于种族观念的建构，及其在帝国扩张主义下的运用。

国外学者对《皇清职贡图》的研究多侧重于政治权力对《皇清职贡图》的介入及其运用等议题。这当中，以美国学者何罗娜（Laura Hostetler）的研究最为用力和深入，《清代殖民事业：前近代中国的人种志与图像学》（Qing Colonial Enterprise: Ethnography and Cartography in Early Modern China, Chicago: The University of Chicago Press, 2001）将乾隆朝《职贡图》视为清帝国构建帝国形象的视觉材料，用于协助帝国管理，有其现代史的意义；《全球还是地方？近代早期中欧地理知识的联系》（"Global or Local? Exploring Connections between Chinese and European Geographical Knowledge During the Early Modern Period". East Asian Science, Technology, and Medicine, 26, 2007）描述了《皇清职贡图》包含的地理知识，并探讨早期现代性概念在中国与欧洲的运用问题；《清廷与中亚和内亚人群：〈皇清职贡图〉中的朝贡关系以及清朝边疆管理》（"The Qing Court and Peoples of Central and Inner Asia: Representations of Tributary Relationships from the Huang Qing Zhigong tu", Managing Frontiers in Qing China, Leiden: Brill, 2017）指出《皇清职贡图》是清帝国殖民扩张过程的呈现。此外，柯娇燕（Pamela Kyle Crossley）《半透明之镜：清帝国意识形态中的"历史"与"身份"》（A Translucent Mirror: History and Identity in Qing Imperial

---

① 周妙龄：《乾隆朝〈职贡图〉〈万国来朝图〉之研究》，台湾师范大学 2004 年硕士学位论文。
② 赖毓芝：《图像帝国：乾隆朝〈皇清职贡图〉的制作与帝都呈现》，《"中央研究院"近代史研究所集刊》（台北）2012 年第 75 期。
③ 齐光：《解析〈皇清职贡图〉绘卷及其满汉文图说》，《清史研究》2014 年第 4 期。
④ 林欣玲：《士兵与圣母——清宫〈职贡图〉所呈现之西洋印象》，《议艺份子》（台北）2015 年第 24 期。

Ideology，Berkeley：University of California Press，1999）认为《皇清职贡图》作为他者的文本，其重点在于绘写的选择上，基本上只是一个清帝国所及他者的目录。毫无疑问，国外学者的研究扩展了《皇清职贡图》研究的新向度，但对于其中的观点应审慎思辨。

葛兆光是较早关注图像中思想史内容的学者，职贡图是其关注的重点之一。《思想史研究视野中的图像》（《中国社会科学》2002 年第 4 期）一文从思想史角度阐释了图像文献研究的方法，指出我们不仅可以在文字文献中找到思想史，也可以在图像资料中找到思想史。如《职贡图》等图像把异国人物画得"非我族类"和有些变形，就表现着天朝大国的自我意识。《职贡图》也是对世界的一种理解，从梁元帝《职贡图》到《皇清职贡图》，无论是写实的，还是想象的，它都充当着关于"异域的想象"。通过观察从《山海经》、明代类书《三才图会》到清代的《皇清职贡图》《万国来朝图》等图像及文字记载由充满想象到逐渐清晰准确的变化过程，葛兆光进一步阐释这类图像的思想史意义，指出明清之际传教士陆续来到中国，其所带来的地图与散播的地理知识，致使中国人的"天下观念"逐渐演变而为"万国观念"。《皇清职贡图》被收录入官方修撰的《四库全书》中，说明这些关于"万国"的认知已经拥有了合法性，可以成为一种官方认可的、民众普遍认同的观念和知识。① 葛兆光尝试突破学科藩篱的努力和尝试，为思想史研究提供开阔的视野，拓展了《皇清职贡图》研究的领域。

与葛兆光将职贡图作为"想象天下帝国"② 文献的思路不同，苍铭通过研究指出，《皇清职贡图》体现了"中外一家"的"民族共同体"思想。他进一步通过《皇清职贡图》的绘制区域及在表述与各民族和外藩关系时的主体意识，说明清朝并非一个"满洲帝国"，而是一个以满族、蒙古族、汉族为主体，包含边疆各族的统一的中华帝国，对新清史的"清朝非中国论"进行了有力驳斥。③ 刘星雨《"貂皮装点的王朝"——〈皇清职贡图〉中"贡貂人"与"貂皮政治"的呈现》以《皇清职贡图》中七个贡貂部落

---

① 葛兆光：《山海经、职贡图和旅行记中的异域记忆——利玛窦来华前后中国人想象异域的资源变化》，葛兆光：《古代中国的历史、思想与宗教》，北京：北京师范大学出版社，2006 年，第 71—87 页。
② 葛兆光：《想象天下帝国——以（传）李公麟〈万方职贡图〉为中心》，《复旦学报（社会科学版）》2018 年第 3 期。
③ 苍铭、刘星雨：《从〈皇清职贡图〉看"新清史"的"清朝非中国论"》，《中央民族大学学报（哲学社会科学版）》2019 年第 6 期；苍铭、张薇：《〈皇清职贡图〉的"大一统"与"中外一家"思想》，《云南师范大学学报（哲学社会科学版）》2019 年第 3 期。

的图像和说文为切入点,从图文结合的视角探讨了贡貂制度以及画像背后深刻的政治意涵①。

综上所述,《皇清职贡图》图像背后隐藏的思想史和政治史信息被越来越多的学者所注意。这说明,《皇清职贡图》等图像资料不仅仅是美术史的专有研究领域,从历史学和思想史的角度看,这些学者的意识和研究角度的转换可能意味着今后一个时期图像资料研究的新增长点。

(四)专题研究

《皇清职贡图》的图画和文字基本据实绘写,可以说是当时对国内外民族的实地考察结果,可信度很高,具有重要的史料价值。随着对《皇清职贡图》文本研究的深入,相关专题研究不断出现,其中以服饰和民族历史文化研究成果最为突出。此外,《皇清职贡图》也因其突出的艺术价值为艺术学研究提供了新的视角,催生了一批重要成果。

1. 服饰文化研究

服饰是《皇清职贡图》中各种人物图像外在特征最为显著的地方,不同样式、颜色各异的多彩服饰,不仅具有区别人群的功能,更有突出形象的意义。《皇清职贡图》在启动之初就明确要求沿边各地官员对所见内外苗夷番众"仿其男女服饰,绘图送军机处"②。服饰文化研究是《皇清职贡图》研究经久不衰的一个关注点,沈从文先生心血之作《中国古代服饰研究》一书中清代少数民族部分图示即大多来源于《皇清职贡图》。

《皇清职贡图》服饰文化研究成果丰富,代表性的有:秦永章、李丽《〈皇清职贡图〉与清初青海少数民族服饰习俗》(《青海民族学院学报》1991年第3期);陈韦明,汤苑芳:《自然环境与清代岭南少数民族头饰文化的演变及特色——以〈皇清职贡图〉为中心》(《贵州民族研究》2009年第5期);刘延庆《〈皇清职贡图〉绘民族服饰与当代中国少数民族服饰比较研究》(中央民族大学2015年硕士学位论文);李瑜《清中期广西瑶族服饰特征解析——以〈皇清职贡图〉为中心》(《贺州学院学报》

---

① 刘星雨:《"貂皮装点的王朝"——〈皇清职贡图〉中"贡貂人"与"貂皮政治"的呈现》,《美术大观》2019年第8期。
② (清)佚名:《职贡图》第一册《谕旨》,法国国家图书馆藏册页绘本。

2017年第2期）；张犇《近源而异派——〈皇清职贡图〉中川西北与陇南番民服饰样貌比较研究》（《艺术设计研究》2020年第6期）以及郎朗天《〈皇清职贡图〉中西洋人物形象及服饰研究》（中央民族大学2013年硕士学位论文）；白爱萍《从〈皇清职贡图〉看东南亚国家的服饰文化特征》（《南宁职业技术学院学报》2011年第6期）；姜梅珍《从〈皇清职贡图〉看西洋民族的服饰文化特征》（《人文天下》2016年第18期）等。

  以上研究成果以白描本或彩绘本《皇清职贡图》为史料来源，结合其他材料对海内外不同民族服饰文化进行了探究，视角新颖，方法多样，范围广泛。研究对象上，既有域内边地民族，又包括东南亚、西洋等国外族群；研究方法上，既有对图像的具体解读，也有对服饰文化历史流变及成因的梳理和考证。这些成果为民族服饰文化和图册研究提供了新的可能。

2. 民族历史文化研究

  《皇清职贡图》是一部集大成的民族图志，所绘男女形象600余幅，包含中国与国外300多个民族及其支系，以国内少数民族为主，其说文侧重书写各民族分布区域、服饰样貌、风俗习惯、民族关系、与清朝廷关系等内容，对研究清代少数民族历史文化具有很高的史料价值。围绕《皇清职贡图》丰富的历史文化研究价值，学者们展开了多维度的研究。

  其一，对特定地区民族的整体研究。郝庆云、张嘉宾《〈皇清职贡图〉记载的黑龙江域各族》（《黑龙江民族丛刊》2009年第6期）、阮立影《从〈皇清职贡图〉看清前期贵州少数民族社会》（西南大学2010年硕士学位论文）、张薇《〈皇清职贡图〉及所绘河湟民族研究》（中央民族大学2020年博士学位论文）等论文通过对图文的解读和研究，分析了某一区域内民族历史文化的成因及流变，不断推进《皇清职贡图》研究向更深层次发展。

  其二，对特定民族习俗的研究。庄吉发《从谢遂的〈职贡图〉谈金川民俗》（台北《故宫文物》1988年第3期）与《职贡有图——台湾原住民的民俗图像》（载《故宫台湾史料概述》，台北：故宫博物院，1995年，第31—46页）立足谢遂《职贡图》探讨民族风俗，并肯定图绘的正确性；刘凡《从〈皇清职贡图〉看鄂伦春族民俗》（《沈阳故宫博物院院刊》2007年第1期）从饮食、宗教信仰、行路和礼仪等习俗对图册中所载"鄂伦绰"（鄂伦春族）进行研究，指出《皇清职贡图》佐证了鄂伦春民俗形成的必然规律。此外，侯瑞秋《〈皇清职贡图〉与赫哲族民俗》(《满族研究》1998年第3期)、李绍明《清〈职贡图〉所见绵阳藏羌习俗考》(《西南民族大学学报》2005年第10期)等文章也从民俗学等角度对《皇清职贡图》图文进行了新颖解读和多维分析。

其三，对特定民族形象的研究。王荟《清代前期西南少数民族族群形象研究——以〈皇清职贡图〉为中心》(西南大学2012年硕士学位论文)对清代前期西南少数民族族群形象进行研究，探讨了主流文化对西南少数民族形象的模塑及其呈现的程序格局和背后的成因等内容；李瑜《"滇夷图"中的云南古宗图像解析》(《云南民族大学学报(哲学社会科学版)》2016第4期)对清代云南境内的藏族体质特征等进行了解析；吴雪梅《蛮夷形象的帝国想象——以谢遂〈职贡图〉中的贵州苗人为中心》(《华中师范大学学报(人文社会科学版)》2019年第4期)对谢遂《职贡图》23幅贵州苗人图像进行观察和分类，并对分类标准进行了探讨，指出《职贡图》对贵州苗人形象的想象与当时对苗疆的政治治理和文化认知紧密相关，在一定程度上是对苗疆的治理在视觉上的表征；张薇等《〈皇清职贡图〉所绘清代土族图像解析》(《北方民族大学学报》2019年第2期)对《皇清职贡图》所绘清代土族先民形貌特征问题进行讨论。这些研究成果是图册研究的新尝试，大多运用了历史学、艺术学等多学科交叉的研究方法，对推动研究领域的扩展大有裨益。

值得一提的是，李泽奉、刘如仲编著《清代民族图志》(青海人民出版社，1997年)一书利用中国国家博物馆藏金廷标《职贡图》卷二、庄玉德绘《职贡图》、佚名《广舆胜览》以及馆藏苗蛮图等图册对清代赫哲族、土家族、门巴族等四十多个少数民族进行了详细介绍和分析。该书图文并茂，内容涉及各民族历史演变、宗教信仰、文学艺术、婚嫁习俗等，从总体上勾画出了一幅清代各民族绚丽的画卷，资料价值突出，为后来研究者提供了不可多得的彩色图像，但研究性稍显薄弱。

3. 艺术学研究

《皇清职贡图》彩绘本由宫廷画家亲自绘写，如乾隆朝《职贡图》卷一至卷四分别由丁观鹏、金廷标、姚文瀚、程梁绘画，艺术价值高。而且作为乾隆亲自主持的文化工程，其政治意义的发挥也需通过图像来表达，由此赋予了《皇清职贡图》在艺术学研究领域上的特殊价值。实际上，前期已经发表的许多研究成果或多或少都使用了艺术学的研究方法，尤其是对《皇清职贡图》图象进行具体解析的成果，如王荟《清代前期西南少数民族族群形象研究——以〈皇清职贡图〉为中心》(西南大学 2012 年硕士学位论文)通过分析《皇清职贡图》绘写人物图像特征,包括面部表情、佩戴器具、所持武器或工具等,将西南地区少数民族形象划分为驯顺类、朴鲁类、狡悍类、愚顽类四类;郎朗天《〈皇清职贡图〉中西洋人物形象及服饰研究》(中央民族大学 2013 年硕士学位论文)分析了《皇清职贡图》在绘写西洋诸国人物服饰所使用的技法等,概括了当时西洋诸国反映出的两种不同的服饰风格,并分析原因、总结其艺术价值;万伊《清代职贡图像研究——从〈皇清职贡图〉出发》(中央美术学院 2018 年硕士学位论文)以乾隆朝《皇清职贡图》为主要研究对象,探讨整个清代职贡图像系统的建立过程。文章指出,传统的职贡"图像"在清朝发展成为职贡主题下的"群像",同时产生了一类新型的、专门的对贡品的图绘,由此使得职贡图模式由一元转为二元。文章还探讨了在《皇清职贡图》影响下产生的"万国来朝图"形式来源及其影响。

随着研究的深入,出现了针对《皇清职贡图》绘画艺术的专门研究。王蔚《〈皇清职贡图〉的绘画史意义》(《云南师范大学学报(哲学社会科学版)》2018 年第 6 期)一文在探讨其绘画源流和风格基础上,首次讨论《皇清职贡图》在绘画史上的意义。文章指出,《皇清职贡图》的绘画风格主要体现在对"职贡图"风俗体例的继承、突破和对后世的影响;《皇清职贡图》的绘画史意义并非仅限于技法的突破和体量的庞大,而且在于由此建立的一种职贡绘画体系和文化模式,使得皇权对边疆地域和民族的"华夷之辨"文化概念通过这些图册的绘制得以推广和展示,对清代中后期"汉文化圈"看待边民的视角和描绘方式产生了深远的影响。袁俊华、戚峰《〈皇清职贡图〉与鄂伦春民族题材绘画的发生》(《美术大观》2013 年第 2 期)认为《皇清职贡图》中的"鄂伦绰"绘画图像是我国历史上第一件鄂伦春民族题材绘画作品。这些成果深化了我们对《皇清职贡图》意义的认识,为推动跨学科研究提供了艺术学的有力支撑。

此外,《皇清职贡图》在语言学[①]、宗教学[②]、人类学[③]等研究也取得了进展。

---

① 如佟颖:《〈皇清职贡图〉满语词汇分析》,《满语研究》2010 年第 1 期;《满语同义连用现象研究—以〈皇清职贡图〉为例》,《满语研究》2012 年第 1 期。
② 如佟颖:《〈皇清职贡图〉所载盘瓠信仰探析》,《伊犁师范学院学报(社会科学版)》2012 年第 2 期。
③ 如林茨:《〈皇清职贡图〉与人类学影像》,《中国摄影家》2007 年第 4 期。

（五）小结

我们欣喜地看到，近年来，图像史学迎来了一个相对快速发展的时期，《皇清职贡图》等相关民族图册研究项目和成果不断出现：

1. 民族图册研究越来越受到学界重视，国家社科基金获批项目逐渐增多。如2021年"中国古代职贡图像文献整理与研究"、2022年"意大利藏'百苗图'附图的谱系梳理与文化史料价值研究"、2023年"中国职贡图绘与丝绸之路文化交流史研究（6—11世纪）""《琼州海黎图》的职贡图绘本艺术及民族文献价值""民族交融视阈下'百苗图'图像叙事研究"等，"海内外藏中国西南民族图志收集、整理与研究暨数据库建设"获批2023年度国家社会科学基金重大项目。

2. 研究领域不断拓展，民族学、艺术学、文物与博物馆学等研究学者纷纷加入，产生了一批重要成果。如中国国家博物馆研究院专门组建团队整理和研究民族图册，2022年、2023年连续组织召开专题研讨会，发表了《清代"滇夷图"溯源——国家博物馆、哈佛燕京图书馆、傅斯年图书馆所藏"夷人图"关系考释》（《民族研究》2023年第1期）、《清宫收藏与〈皇清职贡图〉的绘制》（《美术》2023年第6期）等一批论文。此外，越来越多的年轻学者以民族图册为研究对象完成了学位论文，如李晓璐《从〈皇清职贡图〉出发：大航海背景下（16—18世纪）男女对偶民族志图像研究》（中央美术学院2021年博士学位论文）等。

3. 整理出版呈现勃兴的趋势。2023年，贵州民族出版社将法国藏册页本《职贡图》（1—4册）原版原大全真影印出版、故宫出版社申报的《皇清职贡图》获批2023年度国家古籍整理出版资助项目。与此相关，陕西师范大学出版总社有限公司于2022年出版了《德国和捷克藏贵州"苗图"》（吴雅迪编）、商务印书馆于2022年出版了《京都大学藏苗图五种》（日本田中和子，木津佑子编）等。

不难看出，随着国内外收藏机构陆续公开高清图像或开放阅览，《皇清职贡图》的多重价值受到越来越多学者的认识和肯定，出现了研究深度和广度不断扩展、领域不断延伸的趋势，形成了图像史学研究较为独特的一个分支，学术影响力逐步提升。

然而，客观地看，《皇清职贡图》研究仍存在着单一性、局部性等局限，尚有很大的研究空间。主要体现在：图像史学具有突出的跨学科特点，但目前能采用多种方法交叉研究的佳作并不多，不同研究方法在文本上的表达和逻辑链接有待进一步探索；研究整体性不足，目前尚无一部专门的研究著作，也缺乏职贡图类整体脉络发展历史以及不同版本职贡图的对比研究等成果；在政治研究方面，大多成果将重心放在乾隆的个人喜好及国家构建形象的需要，没有将其放入中华民族共同体形成发展的历史长时段及背景中进行考察。

在具体问题的研究上，也仍有许多问题需要进一步厘清和阐释。如《皇清职贡图》版本体系各版本的关系及其演变脉络是什么？其图式来源，是来自中国传统，还是受到域外影响的结果？《皇清职贡图》为何长时间没有得到应有重视，尤其在艺术研究领域长期被当作风俗画而非艺术品，对其价值如何重估？《皇清职贡图》在清朝廷构建"大一统"政治文化中处于什么地位，为何乾隆在晚年已有众多成果的情况下，仍命令嘉庆组织画家进行重绘？与传统职贡图相比，《皇清职贡图》为何将女性和孩童入图，其背后的思想是什么？诸如此类的问题都值得进一步探讨。

总之，《皇清职贡图》是中华民族宝贵的历史文化遗产，在全面推进中华民族共同体建设的过程中，其画卷所展现的统一多民族国家发展与巩固的历史进程以及体现的"华夷一体""中外一家"等思想，意义重大，亟须深入挖掘、整理和进行整体性、系统性的研究。

四、研究内容

本书研究具有突出的跨学科特点，除了主要运用传统的历史学、文献学方法外，还需参照图像学、艺术学、民族学、政治学等学科的研究方法，注重多种方法的交叉运用。

本书在全面搜集国内外各版本《皇清职贡图》的基础上，结合奏折、档案等文献对《皇清职贡图》文本及其内容进行整理与综合性研究。首先，梳理《皇清职贡图》的版本渊源，全面廓清创制过程和事实，厘清版本脉络；其次，在前期工作基础上进行专门研究，侧重于《皇清职贡图》表现形式的创新与流传、《皇清职贡图》与"大一统"政治文化和民族形象的构建等内容，从而丰富人们对《皇清职贡图》的认识，进一步揭示其价值。本研究在充分吸收国内外已有成果的基础上，跳出传统历史学、文献学研究的视野，从中华民族共同体形成发展的历史脉络出发，利用历史学、版本学、图像学、民族学等多种研究方法进行整体研究。除绪论、结语外，主要框架如下：

第一章"职贡图产生的历史渊源"。职贡图的产生有着深厚的社会和历史背景。大致说来，中国古代朝贡制度为职贡图的形成与发展提供了政治上的动力和现实的题材；"左图右史"的悠久传统构成了职贡图产生与发展的最主要技术因素，其中人物画的发展，尤其是其突出的教育和道德劝诫等功用为职贡图的形成与发展提供了经验借鉴和技术支撑。

第二章"清朝以前职贡图文献发展流变"。自《山海经》开启了中国古代民族志书写的传统后，相关题材作品在历朝历代不断出现。现存最早职贡图为南朝梁萧绎《职贡图》，唐时绘制职贡图成为一项制度，直至明代历代中央朝廷均有组织绘制职贡图的记录，留下了大量作品。通过对历代职贡图发展状况进行梳理，分析了各个时期的发展特点。职贡图发展到明代时期，表现出叙事方式由想象向纪实转变、图像类型不断丰富等特点，为清代集大成职贡图的出现奠定了基础。

第三章"《皇清职贡图》的绘制与增补"。在论述《皇清职贡图》绘制历史背景的基础上，对其稿本的绘制、彩绘本的绘制及增补进行了考证和论述，廓清了绘本制作和增补过程中的诸多细节和事实，厘清了彩绘本的版本脉络，大大丰富了对《皇清职贡图》的认知。

第四章"《皇清职贡图》版本体系及其流传"。对《皇清职贡图》版本体系中的写本和刻本进行论述和考证。通过论证，补充了《四库全书荟要》本和《四库全书》文渊阁、文溯阁及文津阁本的完成时间；对《皇清职贡图》三种刻本进行了考证和论述，明确其版本性质，纠正了以往的错误认知，全面厘清了其版本体系和脉络。此外，还对彩绘本在内的三种版本类型流传情形进行考证，阐述其创制背后深刻的政治动机。

第五章"《皇清职贡图》对民族形象与'大一统'政治文化的构建"。结合其他传世文献，探讨《皇清职贡图》在政治议题上的运用，考察其在建构民族形象、"大一统"政治文化等方面的具体实践和表征意义，论证清前中期中华民族共同体不断形成发展的历史事实。主要内容包括《皇清职贡图》中呈现的广西壮族形象及其意义、图说表达的"中华天下观"和女性绘像的出现及其变化等，意在阐明《皇清职贡图》并非一般意义上的图像资料，它是清朝廷力图重塑正统意识、构建"大一统"话语体系的重要文化工程之一，具有突出的政治意义。

第一章
职贡图的历史渊源

中国朝贡制度历史悠久，是中国古代中央朝廷处理民族关系和对外关系的主要模式之一。朝贡制度的实行基于中央朝廷的强盛国力和文化优势，从先秦时期的萌芽到清代的最后终结，历朝一直延续不断，对历史发展产生了重要影响。

朝贡制度为职贡图的形成与发展提供了政治上的动力和现实的题材。职贡图是对"职贡"之事进行描绘和阐释说明的绘画作品，因其图文并茂的形式给观看者带来强烈的视觉冲击和心理感受，以及具有表征大一统和现实资政的突出作用，受到统治者的大力推动，形成了中国绘画史上独特的主题之一，历代赓续不断，直至民国时期仍有类似主题的摹本出现。

中国古代悠久的"左图右史"传统也是职贡图起源和发展的重要因素。中国古代的图像具有显著的"治世"特点，被认为是传播知识、教化臣民的一种重要方式，同时承担着颂扬王权、宣扬道德规范等功利性功能。作为兼具功利性和写实性的人物画，其成型和发展对职贡图的起源和发展有着重要的促进作用，提供了认识基础和操作空间。

第一节　职贡图产生与发展的制度因素：朝贡制度

一、职贡的定义

"职贡"中的"职"可理解为"职守"，"贡"可理解为"贡赋"，与"献""纳"近义，后来演变为中央朝廷与各少数民族或外国交往中的专用名词。其基本含义是：国内少数民族部族或外国奉中央王朝为君、宗主，并以臣属地位定期来朝觐纳贡；作为君、宗主国，中央朝廷向部族或藩属国提供某种保护，少数民族部族或藩属国则需政治上表示臣属，军事上同御外敌，经济上定期贡献珍稀特产等财物。《中国历史大辞典》将"职贡"定义为：

> 古代诸侯国按等级、地区向王朝贡纳的制度。相传周代诸侯分为五服，其贡纳各有不同规定（参见"五服"）。武王克商，九夷、百蛮等边远部族皆贡纳当地特产。春秋时期小国向大国的贡纳，亦称职贡。其后，藩属国或外国按期向朝廷纳贡亦称职贡。《清史稿·礼志一》："厥后至者弥众，乃令各守疆围，修职贡，设理藩院统之。"[1]

这个定义与顾颉刚先生的理解基本一致。他认为，"职贡"原指华夏诸侯与少数民族政权按尊卑等级对天子的定期进贡，列尊者贡重，列卑者贡薄，二者成正比，

---

[1] 郑天挺等：《中国历史大辞典》（下卷），上海：上海辞书出版社，2000年，第2617页。

职贡与朝觐关系密切，有朝觐一般就有职贡。"职贡"一名为春秋时人所习用，除连用外，亦有单言"职"或"贡"者。之所以"使各以其方贿来贡"，目的是"使无忘职业"，因此"九夷、百蛮俱有贡职，远方职贡分与异姓，使其鉴之以无忘服事王朝"也。① 从这一理解出发，包括《中国历史大辞典》定义在内，不难看出"职贡"的范围从最初的诸侯、少数民族政权与天子的关系逐步演化为将中央王朝与外国（外藩）之关系也囊括其中了，"职贡"的定义发生了外延。

在中国古代，用于表述朝贡制度的用语还有"朝贡""来贡""来朝""朝献""奉献""贡献""朝""宾""奉""献""贡"等词语，且互相混用，并无严格的统一用法。从整体实际情形看，"职贡"往往伴随着朝觐而产生，因此广义上的朝贡制度包括了奉朝觐和修职贡两部分内容。正因如此，后世多以"朝贡制度"来指称这种活动和关系，其中"朝"本义为觐见天子，"贡"指向天子进献贡品。需要指出的是，"朝"与"贡"在先秦典籍中本是分开使用的。"朝贡"一词连用在文献记载中，最早出现在西汉后期，《汉书》载王莽女儿被封为皇后，大臣上奏"请以新野田二万五千六百顷益封莽"，王莽上奏答道："臣莽国邑足以共朝贡，不须复加益地之宠，愿归所益"，谢绝了增封田地的赏赐。② 此处"朝贡"指臣下对皇帝的"朝贡"，亦即地方对中央承担的义务之一。东汉时期，"朝贡"所涉范围逐渐扩展至宗主国与藩属国的关系，《汉书·叙传下》序文载："昭、宣承业，都护是立，总督城郭，三十有六，修奉朝贡，各以其职"③，记述了西域36个小国遣使至汉廷朝见天子，贡纳方物，谨守藩臣之职。"朝贡"成为描述域外政权与中国建立或维系政治关系的一种方式。此后，"朝贡"一词屡见诸史籍，既指中央朝廷对周边民族政权的统辖，也包括中央朝廷与其他国家的外交关系。当然，不同历史时期的朝贡制度表现形式、内涵亦因时代特征、统治者身份等因素而有所不同。

李云泉指出，从严格意义上来说，朝贡制度建立于双向交往、沟通之基础上，包括朝贡一方的"称臣纳贡"和宗主一方的"册封赏赐"双重内容，因此称"朝贡——封赏制度"或"封贡制度"更为贴切。但鉴于中外学者长期沿用朝贡制度，因此一般仍从成说。④ 随着大一统国家的建立，"朝贡"也不断被推广，并且朝贡往往以职贡

---

① 顾颉刚：《史林杂识初编·职贡》，北京：中华书局，1963年，第20—25页。
② （汉）班固：《汉书》卷99《王莽传》，北京：中华书局，1962年，第4052页。
③ （汉）班固：《汉书》卷100下《叙传下》，北京：中华书局，1962年，第4268页。
④ 李云泉：《万邦来朝：朝贡制度史论》，北京：新华出版社，2014年，第1页。

的形式出现，从而与国内中央与地方普通的"土贡"相区别，逐步发展成为中央政权与少数民族政权间交往的模式，再后则被推广至中国与外国（外藩）交往中，对中国历史的进程产生了重要影响。布罗代尔认为，如果不讨论中国国内的未开化民族和国外的属国，"中国是不可理解的"①。可见，朝贡制度及其背后的思想基础和政治意涵正是理解古代中国的一把钥匙。

二、朝贡制度产生的思想基础

在政治领域中，每一种事物或制度的产生，尤其是长期存在的事物和得到广泛运用的制度，其背后必然蕴含着深刻的思想基础。作为一项几乎伴随整个中国古代社会的制度，朝贡制度的理论发端于先秦时期的天下观，在后世中突出表现在由其衍生出的"大一统"政治理念和"华夷之辨"（即华夏中心）观念。此外，源于儒家政治的"修德怀柔远人""厚往薄来"思想也对朝贡制度发展产生了重要影响。经过秦汉统一政权的激荡，这些思想从理论走向实践，并与儒家"德治""仁政"等治国理念结合，形成了中国古代特色的对外交往理念和制度，深刻影响了中国历史的进程。李叶宏指出，影响中国古代朝贡制度的"大一统"、华夏中心意识、华夷之辨、"厚往薄来"等思想联系密切，相互交融、相互影响，形成一种重要的思想体系，共同构成朝贡制度的理论基础。一方面，这些思想影响着朝贡制度；另一方面，朝贡制度也促进了这些思想的发展。②

（一）"大一统"天下观

"天下"即普天之下，天下观即人们对自己所居住世界的整体认知，是中国古人"观"世界、"观"宇宙的方式和方法，在古代多集中表现于古人对周边世界的想象与构造。

天下观是中国传统的空间概念，来源于古代中国人对方位的界定。有学者推测，

---

① ［法］布罗代尔著；顾良、施康强译：《15至18世纪的物质文明、经济和资本主义》，北京：三联书店，1992年，第117页。
② 李叶宏：《唐朝域外朝贡制度研究》，北京：中国社会科学出版社，2021年，第34页。

"天下、中国、四方、四海、九州、四夷似乎在夏代以前就已存在了"①。《尚书·禹贡》描述当时的天下"东渐于海,西被于流沙,朔、南暨声教讫于四海"②,奠定了"天下"表达和认知中的四至概念,深刻影响了此后历朝对"天下"的认知和描述。商朝时期,关于中心和四方等方位概念就已确切出现了,在甲骨文中"四方""四土"等词语频繁出现可为佐证。周代,虽然"四海""四荒""四极""万邦"等词语与"天下"仍多混用,但已朝着明确的方向发展,如《周书·召诰》有"用于天下,越王显"的记载;《诗经·小雅·北山》提出了"溥天之下,莫非王土;率土之滨,莫非王臣"③的观念。西周末年,太史史伯在回答郑桓公的话中将华夏形成初期关于"天下"的地理空间作了清楚交代:

> 桓公为司徒,甚得周众与东土之人,问于史伯曰:"王室多故,余惧及焉,其何所可以逃死?"史伯对曰:"王室将卑,戎、狄必昌,不可逼也。当成周者,南有荆、蛮、申、吕、应、邓、陈、蔡、随、唐;北有卫、燕、狄、鲜虞、潞、洛、泉、徐、蒲;西有虞、虢、晋、隗、霍、杨、魏、芮;东有齐、鲁、曹、宋、滕、薛、邹、莒;是非王之支子母弟甥舅也,则皆蛮、荆、戎、狄之人也。非亲则顽,不可入也。"④

换句话说,在当时人的观念里,"天下"不仅包括文明的华夏诸邦,也包括"蛮、荆、戎、狄"等落后蛮夷。秦代,在前人知识积累基础上,发展为"六合"概念,以天、地、东、西、南、北代替原来的四方概念,拓展了"天下"的地理空间,是一种更明确、更立体的"普天之下",即"六合之内,皇帝之土。西涉流沙,南尽北户。东有东海,北过大夏。人迹所至,无不臣者。功盖五帝,泽及牛马。莫不受德,各安其宇"⑤。秦代"天下"观念所奠定的地理空间成为此后历朝历代所享有的地理空间经验,直至近代仍是中国人心目中所认知的"天下"基本空间范围。可见,中国古代

---

① 邢义田:《从古代天下观看秦汉长城的象征意义》,《燕京学报》2002年第13期,第16页。
② (清)孙星衍撰;陈抗、盛冬铃点校:《尚书今古文注疏》,北京:中华书局,1986年,第207页。
③ 程俊英、蒋见元:《诗经注析》,北京:中华书局,1991年,第643页。
④ (春秋)左丘明撰;徐元诰集解:《国语集解》卷16《郑语》,北京:中华书局,2002年,第461—462页。
⑤ (汉)司马迁:《史记》卷6《秦始皇本纪》,北京:中华书局,1982年,第245页。

"天下观"首先表达的是地理空间范围，是世界观的直接反映。

中国古代的天下观不仅仅是一种地理空间概念，更是一种统治思想和治理实践，突出表现于由天下观衍生出的"大一统"观。"大一统"倡导并追求政令、思想、制度、文化、国家和民族等无所不包的高度统一，从最初的一种政治思想逐步发展成为一套国家治理技术和统治经验的实施方式。"大一统"也因此成为历朝统治者共同追求的目标，成为一种坚定的政治和文化理念，深刻影响和形塑了中国的历史发展进程。

"大一统"观念在夏商周时期虽已萌芽，但其形成却相对较晚。孔子指出，"四海之内皆兄弟也"[①]，然"礼乐征伐自天子出"才能"天下有道"，如"礼乐征伐自诸侯出"，则"天下无道"[②]；《孟子·尽心上》载"中天下而立，定四海之民"[③]，反映了追求政治统一的要求，并且孟子认为只有"定于一"才能实现天下的安定。可见，春秋战国时期儒家的这些观点已经初步蕴含了"大一统"的思想，尤其是战国时期，"天下归一"已成为各种思想流派的核心话题。战国晚期，"大一统"观正式提出，《春秋公羊传》隐公元年（前722）载：

> 春，王正月。元年者何？君之始年也。春者何？岁之始也。王者孰谓？谓文王也。曷为先言王而后言正月？王正月也。何言乎王正月？大一统也。疏曰：大一统也，解云：所以书正月者，王者受命，制正月一统天下，令万物无不一一皆奉之以为始，故言大一统也。[④]

大一统就是"重视一统"崇尚一统之义，《春秋公羊传》借强调历法一统来强调王政一统，反映了统治者与民众"四海一家，化被天下"的共同理想。《公羊传》所主张的"大一统"强调周文化为正统，正为平衡王室与诸侯间上下关系，为维持周之

---

① （魏）何晏集解，（宋）邢昺疏：《论语注疏》卷12《颜渊》，（清）阮元校刻：《十三经注疏》，北京：中华书局，2009年，第5436页。
② （魏）何晏集解，（宋）邢昺疏：《论语注疏》卷16《季氏》，（清）阮元校刻：《十三经注疏》，北京：中华书局，2009年，第5477页。
③ （汉）赵岐注，（宋）孙奭疏：《孟子注疏》卷13上《尽心二》，（清）阮元校刻：《十三经注疏》，北京：中华书局，2009年，第6019页。
④ （汉）何休注，（唐）徐彦疏：《春秋公羊传注疏》卷1《隐公元年》，（清）阮元校刻：《十三经注疏》，北京：中华书局，2009年，第2196页。

王统与文统，而求进一步之理据。① 此后，秦汉统一国家的形成为"大一统"提供了制度保障和实践舞台，"大一统"的政治理想得以不断发展和完善，"大一统"思想受到统治阶层的推崇和重视，逐步深入人心。

随着历史的发展，"大一统"观产生了新的内涵，思想体系不断丰富。汉代董仲舒在"大一统"思想演变过程中发挥了承上启下的作用，他在《春秋繁露》中说：

《春秋》曰："王正月。"传曰："王者孰谓？谓文王也。曷为先言王而后言正月？王正月也。"何以谓之王正月？曰："王者必受命而后王，王者必改正朔，易服色，制礼乐，一统于天下，所以明易姓非继仁，通以己受之于天也。王者受命而王，制此月以应变，故作科以奉天地，故谓之王正月也。"②

他在"天人三策"中进一步阐述：

《春秋》大一统者，天地之常经，古今之通谊也。今师异道，人异论，百家殊方，指意不同，是以上亡以持一统；法制数变，下不知所守。臣愚以为诸不在六艺之科、孔子之术者，皆绝其道，勿使并进。邪辟之说灭息，然后统纪可一而法度可明，民知所从矣。③

这是董仲舒向汉武帝所提出的"罢黜百家，独尊儒术"建议，得到汉武帝采纳，从而把儒家定于一尊，成为中国传统文化的主流。可以看出，在阐释《春秋》大义时，董仲舒反复强调大一统思想在治国中的重要作用，抓住了大一统思想最为关键的政治意蕴，即君主统一天下，并具体指明了实现"大一统"的手段，即统一思想、政令、法度等，从而使原初"大一统"的"尊始"观念混入了"大统一"的含义。有学者指出："董仲舒大一统思想的内容大大超越了《公羊传》统一历法的意义，而被赋

---

① 李新霖：《春秋公羊传要义》，台北：台湾文津出版社，1990年，第49页。
② （汉）董仲舒：《春秋繁露》卷7《三代改质文》，（清）苏舆：《春秋繁露义证》，北京：中华书局，1992年，第184页。
③ （汉）班固：《汉书》卷56《董仲舒传》，北京：中华书局，1962年，第2523页。

予了维护国家统一、政治统一,以及维护皇权等多方面的含义。"[1]"大一统"思想经过先秦至秦汉的发展,最终完成了概念的重构和更新。杨念群总结道,"大一统"至少在政教秩序、突破"华夷之辨"限定的种族区隔界线、军事扩张行动的道德合法性、治理技术和统治经验等几个方面为古代帝王君临天下制定了相应规则。[2]

秦汉以后,"大一统"成为历朝推崇的统治思想,并以此思想为指导,积极推行朝贡制度。绘制"职贡图"不仅可以再现职贡场景、表现其职贡盛况,同时也可以突出统治者把周边民族纳入统治范围,进而实现"普天之下,莫非王土;率土之滨,莫非王臣"的政治理想,是其政权"大一统"的重要表现形式。因此,早在周代开始就产生了绘制职贡图的传统,并一直延续至清朝,贯穿中国古代历史的各个时期。

(二)"华夷之辨"观念

"华夷之辨"观念本质上是一种"华夏中心论",它源自先秦时期华夏诸族因地理环境、经济发展及文化先进所带来的优越感。华夏中心论是中国古代基本的族际观和对外交往理念。自春秋时期肇始后,无论是华夏/汉,还是入主中原的少数民族统治者,甚至是边疆地区的少数民族政权,无不受其影响,均不同程度上秉持"华夷有别"的理念。"华夏中心论"除了秉持华夏居中、四夷守四边的地理空间表述和华夷有别、华尊夷卑的观念外,更重要的是其理论基础源自"华夷一体"共同构成天下的观念,以及"夷可变夏"的认同原则,根本上是一种文化优越感。

"华""夷"之别的观念产生很早,商代甲骨卜辞中已出现了"夷"的称呼,有"东夷""北夷""西夷"等。春秋时期以后,"夷""蛮""戎""狄"等称呼开始与东、南、西、北四个方位固定结合在一起。《礼记·曲礼》篇中有"东夷、北狄、西戎、南蛮"之记载,《礼记·王制》篇进一步解释说"东方曰夷""南方曰蛮""西方曰戎""北方曰狄"[3],将"夷""蛮""戎""狄"与东、南、西、北四个方向固定在一起,凸显了华夏的中心地位,标志着华夏中心观念的出现。《尚书》所载之"五服"和《周礼》所载之"九服"制度,更将这种空间等级理论化,确立了"华夏"中心与外围"蛮夷"按照地理距离、血缘亲疏等体现出的结构,呈现了一幅包括中国内部和外

---

[1] 黄新宪:《董仲舒的大一统思想探略》,《福建论坛》2004年第5期。
[2] 杨念群:《"大一统"与"中国""天下"观比较论纲》,《史学理论研究》2021年第2期。
[3] (汉)郑玄注,(唐)孔颖达疏:《礼记正义》卷12《王制》(清)阮元校刻:《十三经注疏》,北京:中华书局,2009年,第2896—2897页。

部世界共同构成"天下"的"同心圆"等级秩序，实际上包含了"中国属内以制夷狄，夷狄属外以奉中国"的等级思想。

《尚书·禹贡》载：

五百里甸服：百里赋纳总，二百里纳铚，三百里纳秸服，四百里粟，五百里米。

五百里侯服：百里采，二百里男邦，三百里诸侯。

五百里绥服：三百里揆文教，二百里奋武卫。

五百里要服：三百里夷，二百里蔡。

五百里荒服：三百里蛮，二百里流。

东渐于海，西被于流沙，朔、南暨声教讫于四海。①

《国语·周语》曰：

夫先王之制，邦内甸服，邦外侯服，侯、卫宾服，夷、蛮要服，戎、狄荒服。甸服者祭，侯服者祀，宾服者享，要服者贡，荒服者王。日祭、月祀、时享、岁贡、终王，先王之训也。②

《尚书·禹贡》《国语·周语》所载"五服"制度揭示了朝贡制度由内而外延伸发展的事实，反映出华夏与夷狄有别的观念不仅体现在思想认识上，更付诸具体的实践中。《春秋公羊传》成公十五年十一月记载："《春秋》内其国而外诸夏，内诸夏而外夷狄。王者欲一乎天下，曷为以外内之辞言之？言自近者始也"③，清晰地表达了华夏与夷狄内外有别、远近亲疏各不同的理念。

"华夷之辨"观念不仅认为华夏和夷狄在空间上有中心与边缘之别，在文化上也有文明先进和野蛮落后之分，尤其是经历了春秋"尊王攘夷"洗礼后，这二者在地理和文化上的界限已经泾渭分明。《礼记·王制篇》曰：

---

① 张绍德：《解读尚书》，济南：齐鲁书社，2018年，第58—59页。
② 邬国义、胡果文译注：《国语选译》，武汉：崇文书局，2022年，第13页。
③ （汉）何休注，（唐）徐彦疏：《春秋公羊传注疏》卷18《成公十五年》，（清）阮元校刻：《十三经注疏》，北京：中华书局，2009年，第4988页。

中国戎夷，五方之民，皆有性也，不可推移。东方曰夷，被发文身，有不火食者矣；南方曰蛮，雕题交趾，有不火食者矣；西方曰戎，被发衣皮，有不粒食者矣；北方曰狄，衣羽毛穴居，有不粒食者矣。中国、夷、蛮、戎、狄，皆有安居和味、宜服、利用、备器。五方之民，言语不通，嗜欲不同。①

华夏与蛮夷戎狄在习性上产生了天然区分。毫无疑问，华夏文化居于中心，代表着文明进步，夷狄文化则意味着野蛮落后，因此才有了"中国有礼仪之大，故称夏；有服章之美，谓之华"②的说法。春秋时期，孔子说："夷狄之有君，不如诸夏之亡也。"③战国时期，赵公子成驳斥赵武灵王的"胡服骑射"，其理由就是他认为华夏文明十分优越："中国者，聪明睿智之所居也，万物财用之所聚也，贤圣之所教也，仁义之所施也，诗书礼乐之所用也，异敏技艺之所试也，远方之所观赴也，蛮夷之所义行也"④，因此不应该效仿北族之俗。与此相对应的夷狄，班固在《汉书》中总结道："夷狄之人贪而好利，被发左衽，人面兽心。其与中国殊章服，异习俗，饮食不同，言语不通……天地所以绝内外也。是以圣王禽兽畜之。"⑤于是乎，华夏与夷狄的这种内外优劣之分与华夷之辨联系了起来，形成了明显的文明先进和野蛮落后之思维定式。

"华夷之辨"观念虽然认为华夏和夷狄在空间和文化上有界限，但并非以夷狄为敌。无论是有关"天下"的最早想象，还是后世实施的"五服""九服"等朝贡制度，都承认天下由华夏和夷狄共同构成。换个角度说，即只有天下存有夷狄，华夏才能成为中心，只有"华夷一体"才是完整的天下。最早系统提出"夷夏之辨"的孔子也

---

① 陈成国：《礼记译注》，长沙：岳麓书社，2004年，第97页。
② （晋）杜预注，（唐）孔颖达等正义：《春秋左传正义》卷56《定公十年》，（清）阮元校刻：《十三经注疏》，北京：中华书局，2009年，第4664页。
③ （魏）何晏集解，（宋）邢昺疏：《论语注疏》卷3《八佾》，（清）阮元校刻：《十三经注疏》，北京：中华书局，2009年，第5356页。
④ （汉）司马迁：《史记》卷43《赵世家》，北京：中华书局，1982年，第245页。
⑤ （汉）班固：《汉书》卷94下《匈奴传下》，北京：中华书局，1962年，第3834页。

说"四海之内皆兄弟也"①，他并不排斥异族，甚至表示想到九夷之地居住，认为信守周礼的九夷之地"君子居之，何陋之有？"②夷狄通过学习可以进为华夏。荀子说："四海之内若一家，通达之属莫不从服，夫是之谓人师。《诗》曰：'自西自东，自南自北，无思不服。'此之谓也。"③唐太宗言："中国百姓，实天下之根本，四夷之人，乃同枝叶，扰其根本以厚枝叶而求久安，未之有也。"④就是说，"华夷之辨"虽有中心和外围之别，但其关照点是整体和宏观的，秉持"天下一家"的取向和理念。

由上可知，华夷之别最主要的标准在于文化，在认同上采取"诸夏用夷礼则夷之，夷狄用诸夏礼则诸夏之"⑤的原则。这种弹性立场认为二者之间的差异源于文化发展程度的不同，从而为二者之间的流动与转换预留了渠道与空间。但华夷有别，夷不如华，因此只能以夏变夷。孟子说："吾闻用夏变夷者，未闻变于夷者也。"⑥孟子继承孔子"远人不服，则修文德以来之，既来之，则安之"⑦等仁义思想，认为"天子不仁，不保四海"⑧，"苟行王政，四海之内，皆举首而望之，欲以为君"⑨，主张实行仁政。在孟子看来，君主施行"仁政"和"德治"，是实现"用夏变夷"的重要前提。

与孔子、孟子主张"用夏变夷"的策略有所不同，荀子反对机械地搬用"用夏变夷"理论，他强调环境和后天教化的影响和作用，主张"因俗而治"，所以他不同意世俗所谓楚、越不受汤、武之制的说法：

---

① （魏）何晏集解，（宋）邢昺疏：《论语注疏》卷12《颜渊》，（清）阮元校刻：《十三经注疏》，北京：中华书局，2009年，第5436页。
② （魏）何晏集解，（宋）邢昺疏：《论语注疏》卷9《子罕》，（清）阮元校刻：《十三经注疏》，北京：中华书局，2009年，第5409页。
③ 王先谦：《荀子集解》卷10《议兵篇第十五》，载《诸子集成》第2册，北京：中华书局，1954年，第185页。
④ （唐）吴兢编著；王贵标点：《贞观政要》卷9《议安边第三十六》，长沙：岳麓书社，1991年，第326页。
⑤ 钱穆：《国史大纲》（修订本），北京：商务印书馆，1996年，第57页。
⑥ 焦循：《孟子正义》卷11《滕文公上》，北京：中华书局，1987年，第393页。
⑦ （魏）何晏集解，（宋）邢昺疏：《论语注疏》卷16《季氏》，（清）阮元校刻：《十三经注疏》，北京：中华书局，2009年，第5476页。
⑧ （汉）赵岐注，（宋）孙奭疏：《孟子注疏》卷7上《离娄上》，（清）阮元校刻：《十三经注疏》，北京：中华书局，2009年，第5912页。
⑨ （汉）赵岐注，（宋）孙奭疏：《孟子注疏》卷6上《滕文公下》，（清）阮元校刻：《十三经注疏》，北京：中华书局，2009年，第5898页。

彼王者之制也，视形埶而制械用，称远迩而等贡献，岂必齐哉！故鲁人以榶，卫人用柯，齐人用一革。土地刑制不同者，械用备饰不可不异也。故诸夏之国同服同仪，蛮、夷、戎、狄之国同服不同制。封内甸服，封外侯服，侯卫宾服，蛮夷要服，戎狄荒服。甸服者祭，侯服者祀，宾服者享，要服者贡，荒服者终王……彼楚、越者，且时享、岁贡、终王之属也，必齐之日祭、月祀之属，然后日受制邪？是规磨之说也。①

荀子的思想更有开放性，更开明和宽容。他认为，天下各方地理位置、环境气候存在差异，因此不同地方的人们生活方式、人文风俗也不一样，不能一味强求整齐划一地"用夏变夷"，就如同"鲁人以榶，卫人月柯，齐人用一革"。统治者应该实行因地制宜、因俗而治的政策，如此才能使其他各族更易于接受中原华夏的统治，最终实现"以夏变夷"。

综上所述，儒家提出的"华夷之辨"虽以强调华夷看别为出发点，以突出华夏的优越感，但其更深层次的意义在于其在政治实践层面上为打破二者的区别打开了一条通道，即以文化作为标准，以文化的高下、是否拥有文明判别华夷身份。这就意味着华夷之间的民族边际就此被打破，从而把华夏与夷狄置于一种动态演变的框架之中。对此，韩愈在《原道》中评价道："孔子之作《春秋》也，诸侯用夷礼，则夷之；进于中国，则中国之。"②朝贡制度体现了作为居于天下中心、拥有高度文明王朝的优越感，是"华夷之辨"思想实践的产物。

（三）注重修德与重义轻利思想

注重修德与重义轻利是影响中国古代朝贡制度的重要思想基础，它与历代中央朝廷秉持的"守在四夷"治边思想和实践密切相关。

"守在四夷"是中国历代中原王朝经略边疆的重要指导思想之一，有着深厚的历史文化底蕴，对后世影响深远。春秋时期，时人沈尹戌已明确提出"古者，天子守在四夷"观念。杜预注曰："德及远。"竹添光鸿会笺曰："亦言其和柔四夷以为诸夏

---

① （清）王先谦：《荀子集解》卷12《正论篇》，北京：中华书局，1988年，第330页。
② 刘真伦、岳珍：《韩愈文集汇校笺注》卷1《原道》，北京：中华书局，2010年，第3页。

之卫也。"① 其意为以四夷为藩屏，形成拱卫天子于中央的局面，诸夏与四夷共同组成和谐统一的天下秩序。在此思想影响下，虽然统治者高举"大一统"旗帜，但对"夷狄"却多倡导和采取不干预的策略。东汉何休在注疏《公羊传》时说过的一段话就是此策略的典型表现，他说："王者不治夷狄，录戎来者不拒，去者不追也"②，把能够守在四夷视为中国安全的象征。汉代时期，"守在四夷"思想逐步成熟，形成了一套完整的理论。如班固所言：

> 是以《春秋》内诸夏而外夷狄。夷狄之人，贪而好利，被发左衽，人面兽心，其与中国殊章服，异习俗，饮食不同，言语不通，辟居北垂寒露之野，逐草随畜，射猎为生，隔以山谷，雍以沙幕，天地所以绝内外也。是故圣王禽兽畜之，不与约誓，不就攻伐；约之则费赂而见欺，攻之则劳师而招寇。其地不可耕而食也，其民不可臣而畜也，是以外而不内，疏而不戚，政教不及其人，正朔不加其国；来则惩而御之，去则备而守之。其慕义而贡献，则接之以礼让，羁縻不绝，使曲在彼，盖圣王制御蛮夷之常道也。③

他认为诸夏与夷狄有明显区别，故与夷狄交往时"来则惩而御之，去则备而守之"；若夷狄慕义来朝贡，则"接之以礼让"，有争端必"使曲在彼"，以体现王朝威德和仁义风范，如此可"羁縻不绝"，这是"圣王制御蛮夷之常道也"，最终达到"守边治中"之目的。班固的论述反映"守在四夷"思想已逐步成熟，可视作其思想体系正式形成的标志之一。

汉代以后，历代统治者无不受"守在四夷"思想影响，并积极践行。以明朝为例，明太祖朱元璋对大臣说："海外蛮夷之国，有为患于中国者，不可不讨；不为中国患者，不可辄自兴兵。"④ 明初大臣桂彦良也说："天子有道，守在四夷，言以德怀之，以威服之，使四夷之臣，各守其地，此为最上者也"，穷兵黩武、无端征伐等行

---

① ［日］竹添光鸿：《左传会笺》，沈阳：辽海出版社，2008年，第505页。
② 孔凡礼点校：《苏轼文集》卷2《王者不治夷狄论》，北京：中华书局，1986年，第43页。
③ （汉）班固：《汉书》卷94下《匈奴传下》，北京：中华书局，1962年，第2255页。
④ （明）余继登：《典故纪闻》，北京：中华书局，1981年，第43页。

为"非守在四夷之道也"①。此话道出了实现"守在四夷"无非就是"以德怀之""以威服之"。"以德怀之"就是告诉统治者要注重修德、实行仁政，同时在处理与"夷狄"关系时秉持"厚往薄来"原则。

要求统治者注重修德、实行仁政是中国古代重要治国思想。在处理与周边民族关系时，提倡行怀柔、恩抚之策，积极奉行"修德怀柔远夷"思想。孔子曰："远人不服，则修文德以来之。既来之，则安之。"②他所说的远人包括与华夏不同族类的夷狄，他把政治的实施过程看作道德感化过程。孔子认为，"如有王者，必世而后仁"③，实行仁德之政；"为政以德，譬如北辰，居其所而众星共之"④。孟子说："不仁而得国者，有之矣；不仁而得天下者，未之有也。……仁者无敌于天下。"⑤董仲舒进一步阐释道："《春秋》之所治，人与我也。所以治人与我者，仁与义也。以人安人，以义正我。故仁之为言人也，义之为言我也，言名以别矣。仁之于人，义之于我者，不可不察也"，提出"仁者爱人""王者爱及四夷"思想。⑥因此，在实行朝贡制度时，儒家主张天子应对夷狄抚以恩德。管仲提出："招携以礼，怀远以德。"颜师古注曰："携，谓离贰者也。怀，来也。言有离贰者则招集之，恃险远者则怀来之也。"⑦贾谊指出，中国皇帝"宜以厚德怀服四夷，举明义博示远方"⑧。正如唐代杜佑《通典》所云：

---

① （明）桂良彦：《上太平治要十二条》，（明）万表编：《皇明经济文录》，沈阳：辽海出版社，2009年，第7页。

② （魏）何晏集解，（宋）邢昺疏：《论语注疏》卷16《季氏》，（清）阮元校刻：《十三经注疏》，北京：中华书局，2009年，第5476页。

③ （魏）何晏集解，（宋）邢昺疏：《论语注疏》卷13《子路》，（清）阮元校刻：《十三经注疏》，北京：中华书局，2009年，第5447页。

④ （魏）何晏集解，（宋）邢昺疏：《论语注疏》卷2《为政》，（清）阮元校刻：《十三经注疏》，北京：中华书局，2009年，第5346页。

⑤ （汉）赵岐注，（宋）孙奭疏：《孟子注疏》卷14上《尽心下》，（清）阮元校刻：《十三经注疏》，北京：中华书局，2009年，第6037页。

⑥ （汉）董仲舒：《春秋繁露》卷8《仁义法》，（清）苏舆：《春秋繁露义证》，北京：中华书局，1992年，第249、252页。

⑦ （汉）班固：《汉书》卷95《西南夷两粤朝鲜传》，北京：中华书局，1962年，第3868页。

⑧ （汉）贾谊撰；阎振益、钟夏校注：《新书校注》卷4《匈奴》，北京：中华书局，2000年，第135页。

夫天生烝人，树君司牧，是以一人治天下，非以天下奉一人。患在德不广，不患功不广。秦汉之后，以重敛为国富，卒众为兵强，拓境为业大，远贡为德盛；争城杀人盈城，争地杀人满野，用生人膏血，易不殖土田。小则天下怨咨，群盗蜂起；大则殒命歼族，遗恶万代，不亦谬哉！①

天子之治重在德而不在于开边，杜佑对那些不顾后果、毫无节制的开边行为进行了严厉批评，认为"是以一人治天下，非以天下奉一人"，天子应该以德为重，体恤天下普通民众，反映了其民本思想。实行仁政，以仁爱为本，重在恩抚、怀柔的思想是历代中央朝廷施行朝贡制度奉行的主要思想之一。

除了实行德治，实行怀柔政策外，在与远夷交往时"厚往薄来"是怀服四夷的重要手段，这是儒家"重利轻义"的体现。孔子云："君子喻于义，小人喻于利。"②通过财利对四夷进行招抚也是天子厚德的具体体现。《中庸》曰："柔远人则四方归之，怀诸侯则天下畏之"，"厚往而薄来，所以怀诸侯也"。孔颖达疏："厚往，谓诸侯还国，王者以其材贿厚重往报之。薄来，谓诸侯贡献使轻薄而来。如此，则诸侯归服。"③随着朝贡制度的实施，远夷也从中央朝廷获得大量赏赐，加强了朝廷的政治影响力。自汉代后，"厚往薄来"原则成为中原朝廷朝贡制度的主要方针之一。汉朝时，呼韩邪单于来朝，"郅支单于亦遣使奉献，汉遇之甚厚"④。东汉建武年间，"东夷诸国皆来献见。二十五年，夫馀王遣使奉贡，光武厚答报之，于是使命岁通。……永宁元年，乃遣嗣子尉仇台诣阙贡献，天子赐尉仇台印绶金彩"⑤。统治阶层认为，恩德怀柔，厚加抚慰是驾驭远夷的重要手段。五代史家评论唐朝治边策略时总结道："夷狄之国，犹石田也，得之无益，失之何伤，必务求虚名，以劳有用。但当修文德以来之，被声教以服之，择信臣以抚之，谨边备以防之，使重译来庭，航海入贡，兹庶得其道也。"⑥《册府元龟》云："怀柔之以德，厚其存恤。以至张官置吏，设亭筑塞，

---

① （唐）杜佑：《通典》卷171《州郡》，北京：中华书局，1988年，第4451页。
② （魏）何晏集解，（宋）邢昺疏：《论语注疏》卷4《里仁》，（清）阮元校刻：《十三经注疏》，北京：中华书局，2009年，第5367页。
③ （汉）郑玄注，（唐）孔颖达疏：《礼记正义》卷52《中庸》，（清）阮元校刻：《十三经注疏》，北京：中华书局，2009年，第3537页。
④ （汉）班固：《汉书》卷94下《匈奴传下》，北京：中华书局，1962年，第3798页。
⑤ （南朝宋）范晔：《后汉书》卷85《东夷列传》，北京：中华书局，1965年，第2812页。
⑥ （后晋）刘昫：《旧唐书》卷199下《北狄》，北京：中华书局，1975年，第5364页。

锡之以衣冠印绶，振之以缯絮菽粟，因以弭兵息役，开疆拓土。斯皆得来远之道，达御戎之要者焉。"①由此可见，出于政治和现实需要，历代中央朝廷通过对朝贡的番夷赐予财物，对其进行招抚，实现了"守在四夷"，中央政权获得了稳定、安全的周边环境，同时加强了朝廷的政治影响力，因此不能简单从经济角度进行评价，认为中央朝廷浪费财力。李云泉认为，朝贡制度的现实依据是利益的交换，中央朝廷通过物质上的付出，不仅换来了周边民族和属国对自己宗主地位的承认，更重要的是，彼此稳定的朝贡关系使中国获得了安定的周边环境，从而达到"守在四夷"的政治目的。②"厚往薄来"是中央朝廷文化高度自信的表现，通过厚赐，辅以政治和文化上的优势地位，吸引了大量远夷的归服，朝贡制度也因有巨大的现实利益驱动而得到不断发展。

三、朝贡制度的起源与确立

在古代中国，"职贡"是国之大事，历代王朝均有与此相关的制度和实践。朝贡制度源远流长，早在夏商时期，就已经出现中央与地方之间、征服部落与被征服部落之间较为原始和初级的朝贡关系。西周初年实行的五服制度标志着朝贡关系被正式运用于处理民族关系和对外关系的原则，为后世朝贡制度提供了理论和实践基础。这一时期的朝贡制度虽然不完善，却起到了典范作用，后世统治者在阐释对外关系原则时无不追溯先秦朝贡制度，从中寻求理论依据。③此后，朝贡制度历代相沿，成为中央朝廷处理民族关系和对外关系的主要模式。

（一）朝贡制度的起源

关于朝贡制度的起源，学者们一般认为，古代中国与周边民族和其他国家所建立的朝贡关系及其相关制度，是先秦时期中央与地方、天子与诸侯之间朝聘制度的

---

① （北宋）王钦若等：《册府元龟》卷977《外臣部·降附》，南京：凤凰出版社，2006年，第11304页。
② 李云泉：《朝贡制度的理论渊源与时代特征》，《中国边疆史地研究》2006年第3期。
③ 李云泉：《万邦来朝：朝贡制度史论》，北京：新华出版社，2014年，第11—12页。

延伸和发展。① 有学者认为,西周的五服制是周朝对国内诸侯及边疆民族方国所规定的朝贡制度。因此,蛮夷戎狄只要承认周天子的最高宗主权,按规定的时间纳贡和朝见周天子,其政治制度、风俗习惯等一切均可照旧,其酋长亦拥有对本民族内部事务的处理权。②

"职贡"之事历史久远,《竹书纪年》记载尧时"渠搜氏来宾",舜时"西王母来朝","献白环玉珏"③。由此推断,早在传说时代的尧舜时期,朝贡制度可能已经起源,但此记载内容无法确定,多半出于后人的想象。夏朝,中央与地方之间已经出现较为固定的朝贡关系。《尚书·禹贡》载:"禹别九州,随山浚川,任土作贡。"孔颖达疏曰:"贡者,从下献上之称。谓以所出之谷,市其土地所生异物,献其所有,谓之厥贡。"④《史记》也认可此说,认为大禹"披九山,通九泽,决九河,定九州,各以其职来贡,不失厥宜。方五千里,至于荒服"⑤。大禹划定九州,并规定各州向朝廷贡献当地土特产的做法对后世影响深远,其所确立的用于象征臣服关系的"任土作贡"原则成为后世王朝推行朝贡制度的理论源头。

商代,中央朝廷凭借强大的武力做后盾,通过"贡纳"制度控制周边方国。《诗经》载成汤建国后各方国来献享的情景,曰:"昔有成汤,自彼氐羌,莫敢不来享,莫敢不来王,曰商是常"⑥,经过朝廷的不断开拓,"龙旂十乘,大糦是承。邦畿千里,维民所止,肇域彼四海。四海来假,来假祁祁"⑦,商朝出现了"四夷来朝"的盛况。这说明,方国向商王朝纳贡的义务已经成为王朝国家的一种常规体制。《荀子·解蔽》说汤用伊尹灭夏"受九有"而"远方莫不致其珍"⑧;晋人皇甫谧著《帝王世纪》说,

---

① 张存武:《〈清代韩中朝贡关系综考〉评介》,《思与言》1968年第5卷第6期。

② 马大正:《中国边疆经略史》,武汉:武汉大学出版社,2013年,第39—40页。

③ (清)郝懿行:《竹书纪年校证》,济南:齐鲁书社,2010年,第3827页。

④ (汉)孔安国传,(唐)孔颖达正义:《尚书正义》卷6,(清)阮元校刻:《十三经注疏》,北京:中华书局,2009年,第307页。

⑤ (汉)司马迁:《史记》卷1《五帝本纪》,北京:中华书局,1982年,第43页。

⑥ (唐)孔颖达疏:《毛诗正义》,(清)阮元校刻:《十三经注疏》,北京:中华书局,2009年,第1354页。

⑦ (唐)孔颖达疏:《毛诗正义》,(清)阮元校刻:《十三经注疏》,北京:中华书局,2009年,第1344页。

⑧ (战国)荀子著;孙安邦、马银华译注:《荀子》,太原:山西古籍出版社,2003年,第215页。

诸侯叛桀附汤，"同日职贡者五百国"。① 出土的殷墟甲骨文中也证实了商代"贡纳"制度的存在。② 与此同时，商王朝还设立"宾"一项，管理诸侯和周边方国的朝觐，"教民以礼待宾客，相往来也"③，设立"司工"掌管诸侯和周边方国进贡之事，表明对朝贡的管理逐步制度化。

《逸周书·王会解》篇所附《商书·伊尹朝献》一文详细记载了商汤命令伊尹制定四方献令的过程："汤问伊尹曰：诸侯来献，或无马牜之所生，而献远方之物，事实相反，不利。今吾欲因其地势所有献之，必易得而不贵。其为四方献令。伊尹受命，于是为四方献令"，其后列东、南、西、北方位各方国名称及贡献物品的种类。④ 出土的甲骨文也证实商朝与周边民族、国家之间存在着朝贡关系。⑤ 随着商朝对外征讨的不断加强，朝贡制度已初具雏形。

西周朝廷继承商代的贡纳制度，并在分封基础上完善五服制度，成为后世朝贡制度的直接源头。《国语·周语上》载：

> 夫先王之制，邦内甸服，邦外侯服，侯、卫宾服，蛮、夷要服，戎、狄荒服。甸服者祭，侯服者祀，宾服者享，要服者贡，荒服者王。日祭、月祀、时享、岁贡、终王，先王之训也。有不祭则修意，有不祀则修言，有不享则修文，有不贡则修名，有不王则修德，序成而有不至则修刑。于是乎有刑不祭，伐不祀，征不享，让不贡，告不王；于是乎有刑罚之辟，有攻伐之兵，有征讨之备，有威让之令，有文告之辞。布令陈辞而又不至，则增修于德而无勤民于远，是以近无不听，远无不服。⑥

---

① （晋）皇甫谧著；徐宗元辑：《帝王世纪辑存》，北京：中华书局，1964年，第64页。
② 相关论述可参考王贵民：《甲骨文所记商朝贡纳及所显示的相关制度》，王宇信、宋镇豪主编：《纪念殷墟甲骨文发现一百周年国际学术研讨会论文集》，北京：社会科学文献出版社，2003年，第415—424页；沈建华：《卜辞所见商代的封疆与纳贡》，《中国史研究》2004年第4期。
③ （汉）孔安国传，（唐）孔颖达正义：《尚书正义》卷12《洪范》，（清）阮元校刻：《十三经注疏》，北京：中华书局，2009年，第401页。
④ （晋）孔晁注：《逸周书》卷7《王会解第五十九》，上海：中华书局，《四部备要》校刊本，第11B—12A页。
⑤ 参见黎虎：《殷代外交制度初探》，《历史研究》1988年第5期；沈建华：《卜辞所见商代的封疆与纳贡》，《中国史研究》2004年第4期，等。
⑥ 邬国义、胡果文译注：《国语选译》，武汉：崇文书局，2022年，第13页。

西周王朝继承"先王之训",实施了由甸服、侯服、宾服、要服、荒服组成的五服制。这一制度以宗法和政治关系的亲疏为标准,确立了周王室与诸侯国和周边蛮夷戎狄由内而外亲疏关系递减的朝贡秩序。从五服制所反映的朝贡作为诸侯对天子应尽的义务来看,朝贡制度在周初已初具规模和逐步成熟。五服制是一种维持"天下"政治秩序的制度安排,被后世各朝统治者奉为经典并不断进行阐释和发挥,影响深远。《周礼》提出了九服制度,《夏官·职方氏》篇曰:

> 乃辨九服之邦国,方千里曰王畿,其外方五百里曰侯服,又其外方五百里曰甸服,又其外方五百里曰男服,又其外方五百里曰采服,又其外方五百里曰卫服,又其外方五百里曰蛮服,又其外方五百里曰夷服,又其外方五百里曰镇服,又其外方五百里曰藩服。
> ……
> 凡邦国,大小相维,王设其牧,制其职,各以其所能;制其贡,各以其所有。①

《秋官·大行人》篇则改为六服一藩:

> 邦畿方千里。其外方五百里,谓之侯服,岁一见,其贡祀物;又其外方五百里,谓之甸服,二岁一见,其贡嫔物;又其外方五百里,谓之男服,三岁一见,其贡器物;又其外方五百里,谓之采服,四岁一见,其贡服物;又其外方五百里,谓之卫服,五岁一见,其贡材物;又其外方五百里,谓之要服,六岁一见,其贡货物;九州之外,谓之蕃国,世一见,各以其所贵宝为挚。②

以上所引材料,无论是五服、六服还是九服都表明,西周时期的服事制度规定

---

① (汉)郑玄注,(唐)贾公彦疏:《周礼注疏》卷39《夏官司马下》,上海:上海古籍出版社,2010年,第1279、1282—1283页。
② (汉)郑玄注,(唐)贾公彦疏:《周礼注疏》卷37《大行人》,(清)阮元校刻:《十三经注疏》,北京:中华书局,2009年,第1928页。

越来越详尽，理论也越来越详细，内容不断充实发展，也更具有操作性。总体而言，西周服事制度主要包含了根据距离远近来确定与朝贡一方的亲疏关系，以及根据亲疏关系确定不同的朝贡义务两方面内容。其中，朝贡义务包括贡期和朝贡物品等内容，如甸服者每年朝见一次，贡献祭祀用的物品；侯服者每两年一次，贡献嫔物；男服者每三年一次，贡献器物；卫服者五年一次，贡献财物；要服者六年一次，贡献货物；至于"九州"之外的藩属，则只需在位时朝见一次即可，贡献当地的"贵宝"。朝贡的具体情形，在《逸周书·王会解》《国语周语》等文献中均有记载，如《逸周书·王会解》载南边"禽人菅。路人大竹。长沙鳖"，"蛮扬之翟。仓吾翡翠"，向周室贡献菅草、大竹子、鳖、翟鸟、翡翠鸟等物，并说"其余皆可知自古之攻。南人至众，皆北向"①，诸侯贡献之事早已有之，南方诸侯都向北方朝廷进献以表臣服。

对于那些不遵守规定的诸侯及四夷，朝廷也制定了相应的惩罚措施，如要服者不共则"修名"，荒服者不王则"修德"，如果"修意""修言""修文""修名""修德"等政治办法均不奏效，则进行军事讨伐，"刑不祭，伐不祀，征不享，让不贡，告不王"，最终"近无不听，远无不服"②。此外，为了保障制度得以顺利实施，朝廷设职方氏"辨其邦国、都鄙、四夷、八蛮、七闽、九貉、五戎、六狄之人民与其财用、九谷、六畜之数要"③；设怀方氏"掌来远方之民，致方贡，致远物"④，设像胥"同夷狄之言"⑤，设掌客负责朝贡使臣饮食，执掌使臣的"牢礼饩献，饮食之等数与其政治"⑥，机构众多，职责明确。可见，西周时期朝贡制度已逐渐成熟。

春秋末至战国时期，随着分封制的瓦解，原有的朝贡制度逐步解体。早在周穆王时，周边夷狄叛服无常，已经"荒服者不至"，朝廷对此也是毫无办法，"蛮夷戎

---

① 黄怀信：《逸周书校补注译》，西安：三秦出版社，2006年，第331页。
② （吴）韦昭注：《国语》，上海：商务印书馆，1935年，第2—3页。
③ （汉）郑玄注，（唐）贾公彦疏：《周礼注疏》卷39《夏官司马下》，上海：上海古籍出版社，2010年，第1271页。
④ （汉）郑玄注，（唐）贾公彦疏：《周礼注疏》卷39《夏官司马下》，上海：上海古籍出版社，2010年，第1285页。
⑤ （汉）郑玄注，（唐）贾公彦疏：《周礼注疏》卷40《秋官司寇》，上海：上海古籍出版社，2010年，第1315页。
⑥ （汉）郑玄注，（唐）贾公彦疏：《周礼注疏》卷45《掌客》，上海：上海古籍出版社，2010年，第1492页。

狄,其不宾也久矣"①。战国时期,周室威信无存,各诸侯之间混战不断,中央朝廷与诸侯及四夷的朝贡关系难以维系,已是名存实亡。

(二)朝贡制度的确立

公元前221年,秦国统一中国。此后,秦朝廷通过北击匈奴、南征百越等军事行动,初步形成了全国大一统的政治局面。在此基础上,秦朝实行废分封行郡县、统一文字及度量衡等大规模改革,国家展现出强大的政治力量。然而秦朝国祚太短,仅二世而亡,未及实施朝贡制度,相关情形也未见详尽记载。但秦朝大一统的政治实践却为汉朝实施朝贡制度提供了初步框架和实践基础。

汉朝在继承先秦朝贡制度基础上,根据政治形势的变化做了一定调整与增益。整体上,汉朝朝贡制度体现出了较为明显的阶段性特征:1.汉高祖时期,朝贡初立,并且面对强大的匈奴,朝廷不得不与匈奴结为"昆弟",并向匈奴供奉财物,出现了"华夷并尊"格局。2.文景二帝统治时期,朝廷实行休养生息的政策,汉文帝即位后,"令郡国无来献。施惠天下,诸侯四夷远近欢洽"②,一般不主动要求和接受朝贡。3.汉武帝时期,朝廷空前强大,出现了"四夷来朝"局面,在实现对匈奴和西域的控制和管理过程中,朝贡逐步朝着制度化的方向发展。4.西汉末期至东汉初期,尤其是王莽新政时期,诸国绝贡,朝贡体系崩解。5.东汉光武中兴后,朝贡逐步正常化并得到扩张,远距离藩国名义上的朝贡增多。可以看出,朝贡体系的建构和运行与王朝自身综合实力和影响力密切相关,证明了国家实力是朝贡制度顺利实施的基础条件。

汉代是中国朝贡制度发展的重要阶段。经过文景之治的积累,尤其是汉武帝时期的大力开拓,国力逐渐强大,影响越来越广,朝鲜、西域诸国、南越等纷纷来朝进贡。以西域为例。张骞在给汉武帝汇报时说:"大宛及大夏、安息之属皆大国,多奇物,土著,颇与中国同业,而兵弱,贵汉财物;其北有大月氏、康居之属,兵强,可以赂遗设利朝也。且诚得而以义属之,则广地万里,重九译,致殊俗,威德遍于四海。"③汉武帝"因益发使抵安息、奄蔡、黎轩、条支、身毒国"④,积极构建西域诸

---

① (春秋)左丘明:《国语集解》卷17《楚语上》,北京:中华书局,2002年,第485页。
② (汉)班固:《汉书》卷4《文帝纪》,北京:中华书局,1962年,第114页。
③ (汉)司马迁:《史记》卷123《大宛列传》,北京:中华书局,1982年,第3166页。
④ (汉)司马迁:《史记》卷123《大宛列传》,北京:中华书局,1982年,第3170页。

国列入朝贡体系中。最终，经过积极经营，西域诸国"自宣、元后，单于称藩臣，西域服从"①，"最凡国五十。自译长、城长、君、监、吏、大禄、百长、千长、都尉、且渠、当户、将、相至侯、王，皆佩汉印绶，凡三百七十六人"②，西域诸国朝贡于汉，皆受汉帝国的册封，为汉藩臣。汉朝在西域设西域都护，"镇抚诸国，诛伐怀集之，汉之号令班西域矣"③，因此《汉书》说西域诸国"三十有六，修奉朝贡，各以其职"④。随着汉代朝贡扩张，朝贡者范围逐步扩大，如东夷倭奴国王"遣使奉献"⑤；"自鲜卑、乌桓、夫余、秽貊之辈，皆随时朝贡，无敢扰边者"⑥；"日南徼外叶调国、掸国遣使贡献"⑦，反映出汉代朝贡进一步发展的事实。

在处理汉匈关系的过程中，朝贡成为汉朝控制和管理匈奴的重要手段，并逐步朝着制度化方向发展。甘露元年（前53），匈奴呼韩邪单于决定"称臣入朝事汉"⑧。甘露三年（前51）正月，匈奴呼韩邪单于亲自入汉朝贡。《汉书·宣帝纪》载："匈奴呼韩邪单于稽侯㹪来朝，赞谒称藩臣而不名。赐以玺绶、冠带、衣裳、安车、驷马、黄金、锦绣、缯絮。"⑨汉朝对呼韩邪单于给予了特殊待遇，"位在诸侯王上"⑩。同年，"郅支单于亦遣使奉献，汉遇之甚厚"⑪。这一时期，反映在汉匈朝贡关系上，相关的制度已逐渐明晰，即匈奴须朝贡、纳质；汉朝对其回赐、册封；回赐财物有例可循，入朝使团人数须经汉朝同意。

从文献记载看，迟至汉武帝时期开始，朝廷已经对来朝外藩或民族首领进行册封。如汉武帝时期，滇王"请置吏入朝"，"于是以为益州郡，赐滇王印，复长其民"⑫；东汉和帝永元九年（97），"徼外蛮及掸国王雍由调遣使重译奉国珍宝。和帝赐

---

① （汉）班固：《汉书》卷96上《西域传上》，北京：中华书局，1962年，第3874页。
② （汉）班固：《汉书》卷96下《西域传下》，北京：中华书局，1962年，第3928页。
③ （汉）班固：《汉书》卷70《傅常郑甘陈段传》，北京：中华书局，1962年，第3006页。
④ （汉）班固：《汉书》卷100下《叙传下》，北京：中华书局，1962年，第4268页。
⑤ （南朝宋）范晔：《后汉书》卷1下《光武帝纪下》，北京：中华书局，1965年，第84页。
⑥ （南朝宋）范晔：《后汉书》卷73《刘虞传》，北京：中华书局，1965年，第2353页。
⑦ （南朝宋）范晔：《后汉书》卷6《顺帝纪》，北京：中华书局，1965年，第258页。
⑧ （汉）班固：《汉书》卷94下《匈奴传下》，北京：中华书局，1962年，第3797页。
⑨ （汉）班固：《汉书》卷8《宣帝纪》，北京：中华书局，1962年，第271页。
⑩ （汉）班固：《汉书》卷8《宣帝纪》，北京：中华书局，1962年，第270页。
⑪ （汉）班固：《汉书》卷94下《匈奴传下》，北京：中华书局，1962年，第3798页。
⑫ （汉）班固：《汉书》卷95《西南夷列传》，北京：中华书局，1962年，第3842页。

金印、紫绶，小君长皆加印绶、钱帛"①。此外，汉朝对来朝的匈奴单于进行了特殊礼遇，"待以不臣之礼，位在诸侯王上"②。此后，对归降首领进行册封便渐成定制，包括授封号、颁印玺、赐冠带等。如东汉建武二十六年（50），南单于"遣子入侍，奉奏诣阙。诏赐单于冠带衣裳"③。自汉宣帝甘露三年（前51），呼韩邪单于来汉，到哀帝元寿二年（前1），匈奴五世朝贡不绝，汉朝都按规定进行了回赐和册封。

在入朝使团人数的规范和回赐物品数上，汉朝也有条例遵循。最初，汉朝对甘露三年（前51）呼韩邪单于入贡"赐以冠带、衣裳、黄金玺、戾绶、玉具剑、佩刀、弓一张、矢四发、棨戟十、安车一乘、鞍勒一具、马十五匹、黄金二十斤、钱二十万、衣被七十七袭、锦绣绮縠杂帛八千匹、絮六千斤"；宣帝黄龙元年（前49），甘露三年之额"加衣百一十袭、锦帛九千匹、絮八千"；元帝竟宁元年（前33），甘露三年之额"加衣服锦帛絮皆倍于黄龙时"；哀帝元寿二年（前1），"加赐衣三百七十袭、锦绣缯帛三万匹、絮三万斤，它如河平时"。④汉朝对匈奴朝贡的回赐物品及数量有章可循。此外，汉朝对匈奴来朝人数也做了限制。元寿元年（前2），匈奴单于遣使上书，希望在第二年朝贡时突破以往人数限制，允许派500人前来，得到汉哀帝同意。《汉书·匈奴传》称："故事，单于朝从名王以下及从者二百余人，单于又上书言：'蒙天子神灵，人民盛壮，愿从五百人入朝，以明天子盛德。'上皆许之。元寿二年（前1），单于来朝。"这说明，汉朝对匈奴入朝人数有据可依，如欲增加，均须征得朝廷同意。

汉代朝贡制度的发展还体现在朝廷设有专门的管理机构，并明确了相关职责。在中央，管理朝贡事务的主要有典属国、大鸿胪和尚书主客曹。典属国是西汉时期在中央设置的主管藩属事务的机构。据《汉书·百官公卿表上》载："典属国，秦官，掌蛮夷降者。武帝元狩三年（前100）昆邪王降，复增属国，置都尉、丞、候、千人。属官，九译令。成帝河平元年省并大鸿胪。"由此可知典属国职责主要"掌蛮夷降者"，此后归并入大鸿胪。大鸿胪的设置源自秦朝的典客一职，而最初的源头则是周王朝时期的大行人之职。大鸿胪"掌诸侯及四方归义蛮夷。其郊庙行礼，赞导，请行事，既可，以命群司。诸王入朝，当郊迎，典其礼仪。及郡国上计，匡四方来，亦属焉。皇子拜王，赞授印绶。及拜诸侯、诸侯嗣子及四方夷狄封者，奏下鸿胪召

---

① （南朝宋）范晔：《后汉书》卷86《西南夷传》，北京：中华书局，1965年，第2851页。
② （汉）班固：《汉书》卷78《萧望之传》，北京：中华书局，1962年，第3282页。
③ （南朝宋）范晔：《后汉书》卷89《南匈奴列传》，北京：中华书局，1965年，第2943页。
④ （汉）班固：《汉书》卷94《匈奴传下》，北京：中华书局，1962年，第3817页。

拜之。王薨则使吊之，及拜王嗣"①，职责广泛。大致来说，大鸿胪涉外职能主要体现在负责归义蛮夷、诸侯及周边少数民族及外国的来朝礼仪和接待事务等诸多方面。尚书主客曹在汉代也逐渐成为重要的外交主管机构。东汉时期，随着尚书权力上升，尚书主客曹外交职权越来越重，"客曹尚书，主外国夷狄事"②，负责起草及颁行外交文书等事务。此外，汉代的一些地方机构也参与外交事务，参与朝贡事务的组织和管理等，主要为与周边少数民族政权及外国政权相邻的沿边州郡及边防关塞等军事机构，如属国都尉、西域都护、护羌校尉等。

魏晋南北朝时期，中原陷入分裂，政权更迭频繁，但朝贡体系并未消亡，各地方政权仍然在力所能及的范围内维持、扩展朝贡体系。这一时期朝贡制度主要体现在各割据政权的对外交往中，显示出多元并存的局面。一方面，中原王朝试图通过发展与周边政权的朝贡关系来拓展同盟，以保障政权的安全和稳定；另一方面，朝贡国也希望通过中原朝廷的册封来加强自身合法性和获得庇护，以此巩固自身统治。如魏国建立后积极招徕朝贡，"魏兴，西域虽不能尽至，其大国龟兹、于阗、康居、乌孙、疏勒、月氏、鄯善、车师之属，无岁不奉朝贡，略如汉氏故事"③。黄初三年（222）二月，西域鄯善、龟兹、于阗等使来朝，魏文帝曹丕颁布诏书："西戎即叙，氐、羌来王，《诗》《书》美之。顷者，西域外夷并款塞内附，其遣使者抚劳之"④，魏国和西域诸国关系得到不断发展。在不同时期，其他政权如日本也积极向魏国、西晋朝廷朝贡，扶南也多次向东吴政权朝贡，勿吉、契丹、库莫奚等北方民族也先后向北魏朝贡。可见，魏晋南北朝时期的朝贡并未因分裂割据而中断，仍延续不断，并有所发展。《梁书》记载，南海诸国"晋代通中国者盖鲜，故不载史官；及宋、齐至者有十余国，始为之传。自梁革运，其奉正朔，修贡职，航海岁至，逾于前代矣"⑤。

在朝贡事务管理机构设置上，魏晋南北朝时期基本延续了汉代的制度，主要由大鸿胪和尚书主客曹负责。这一时期，大鸿胪职责与汉代基本一致，但其职权却大为下降，逐步被尚书主客曹所取代，反过来，尚书主客曹地位得到了大力提升。西

---

① （南朝宋）范晔：《后汉书》卷35《百官二》，北京：中华书局，1955年，第3583页。
② （南朝宋）范晔：《后汉书》卷36《百官三》，北京：中华书局，1955年，第3597页。
③ （晋）陈寿：《三国志》卷30《魏书·东夷传》，北京：中华书局，1982年，第840页。
④ （晋）陈寿：《三国志》卷2《魏书·文帝纪第二》，北京：中华书局，1982年，第78页。
⑤ （唐）姚思廉：《梁书》卷54《海南诸国传》，北京：中华书局，1982年，第783页。

晋初年"主护驾羌胡朝贡事"①后，大鸿胪的文书起草、朝觐礼仪和接待等事务逐渐归尚书主客曹。东晋时期，大鸿胪沦为临时机构，"有事则权置，无事则省"②，北魏时其任务变成了负责管理来朝使者客馆。无论南朝，还是北朝，大鸿胪的作用被进一步削弱了。此外，各割据政权出于维护自身统治地位的考量，也在地方上设置了诸如护匈奴中郎将、诸蛮夷校尉、平越中郎将等机构管理朝贡事务。

总而言之，汉朝至魏晋南北朝时期是中国古代朝贡制度得以正式确立的重要阶段。西汉中期以后，随着朝贡范围的扩大和朝贡国家的增多，朝廷对来朝人数、时间、贡献物品以及回赐财物等都做出了相应的规范。此后，朝贡事务逐步制度化和规范化。崔瑞德指出："汉代对世界秩序的认识在制度上的主要表现是有名的纳贡制度的发展。这些常规的制度化以及它们在对外关系领域中的应用无疑是汉代的独特贡献。"③魏晋南北朝时期的朝贡并未因割据局面而中断，反而呈现出多元的局面，朝贡范围得到了进一步拓展，册封制度也在这一时期得以最终确立。对中国朝贡体制有深入研究的韩国学者全海宗认为，中国的"朝贡制度直到魏晋南北朝时期已基本完备并趋以（于）制度化"，"可以确定我国在三国时代后半期与中国建立了朝贡关系。这也表明此时中国的朝贡制度已初步成立"④。

四、朝贡制度的发展

（一）唐宋时期逐步完善

隋朝立国虽短，但也积极构建朝贡体系。据史料记载，从隋炀帝经营西域重新打通朝贡通道到大业十一年（615），共有26个国家向中国朝贡，包括突厥、新罗、靺鞨、疏勒、契丹等⑤，繁盛一时。在机构设置方面，隋朝于京城建国门外设四方馆，

---

① （唐）房玄龄：《晋书》卷24《职官志》，北京：中华书局，1974年，第731页。
② （唐）房玄龄：《晋书》卷24《职官志》，北京：中华书局，1974年，第737页。
③ 〔英〕崔瑞德、鲁惟一编：《剑桥中国秦汉史》，北京：中国社会科学出版社，1992年，第410页。
④ 〔韩〕全海宗：《中韩关系史论集》，全善姬译，北京：中国社会科学出版社，1997年，第13—14页。
⑤ （唐）魏徵：《隋书》卷4《隋炀帝纪下》，北京：中华书局，1997年，第88页。

"以待四方使客","掌其方国及互市事"①,专门管理朝贡事务;在鸿胪寺下设置蕃客馆,负责外国使节的食宿、接待等。隋朝的朝贡实践为唐代朝贡制度的完善提供了直接参照。

唐代是中国统一多民族国家发展的繁荣时期,国力强盛,朝贡制度得到进一步完善,呈现出四夷宾服的盛况。唐代朝贡者主要来自边疆民族政权和境外政权两部分,其中边疆民族政权主要为唐朝在边疆地区所设置的羁縻府州,境外政权以陆上国家为主,包括新罗、百济、波斯、大食、契丹、天竺等70余国。《新唐书》载:"唐之德大矣! 际天所覆,悉臣而属之,薄海内外,无不州县,遂尊天子曰'天可汗'。三王以来,未有以过之。至荒区君长,待唐玺纛,乃能国,一为不宾,随辄夷缚,故蛮琛夷宝,踵相逮于廷。"②唐代朝贡呈现出超越前朝的盛况。据记载,仅贞观十五年(641)来华朝贡的国家和地区就有15个之多③,贞观末年出现了"四夷大小君长争遣使入献见,道路不绝,每元正朝贺,常数百千人"④的景象。此后"九天阊阖开宫殿,万国衣冠拜冕旒"⑤的盛况更是屡见不鲜,诸多国家贡使聚集到长安,争相拜谒唐朝天子——"天可汗","朝贡"一词也在唐朝成为专用词语屡屡见诸典籍。

随着朝贡规模的扩大,唐代朝贡制度也逐步走向成熟。

首先,管理体制日趋严密。中央机构主要由鸿胪寺和尚书主客司负责,但已经需要中书省属官侍郎和通事舍人、门下省属官侍中的参与,各部门职责分明,配合密切。如鸿胪寺掌"朝贡之礼,享宴之数,高下之等,往来之命","凡四方夷狄君长朝见者,辨其等位,以宾待之"⑥,此外还负责朝贡使者入境验证及进京员额的核定,接受贡物并估值,拟定回赐物品与数量等;尚书主客司掌"诸蕃朝聘之事"⑦,负责朝贡者来朝的审批、向皇帝朝觐、宴享等方面的管理;中书省侍郎的职掌为"凡四夷来朝,监轩则受其表疏,升于西阶而奏。若献贽币则受之,以授于所司"⑧。中书

---

① (唐)魏徵:《隋书》卷28《百官志下》,北京:中华书局,1973年,第798页。
② (宋)欧阳修:《新唐书》卷219《北狄列传》,北京:中华书局,1975年,第6183页。
③ (宋)王钦若等:《册府元龟》卷970《外臣部·朝贡三》,明刻本。
④ (宋)司马光编著,(元)胡三省音注:《资治通鉴》卷198"唐太宗贞观二十二年二月"条,北京:中华书局,1956年,第6253页。
⑤ (清)蘅塘退士编,(清)陈婉俊补注:《唐诗三百首》,北京:线装书局,2009年,第229页。
⑥ (后晋)刘昫:《旧唐书》卷44《职官志三》,北京:中华书局,1975年,第1885页。
⑦ (后晋)刘昫:《旧唐书》卷43《职官志二》,北京:中华书局,1975年,第1832页。
⑧ (后晋)刘昫:《旧唐书》卷43《职官志二》,北京:中华书局,1975年,第1850页。

省通事舍人承担受理"四方通表，华夷纳贡"；门下省侍中负责对朝觐藩王"承诏而劳问之"①。地方上的边境地方政府和市舶司也一定程度上被纳入了朝贡制度，承担引导和管理藩国朝贡、维护贡道畅通等职责。如唐玄宗开元年间设置的市舶司，在原有基础上增加了"进奉"职能，负责征收和管理蕃国进献的贡物。

其次，朝贡事务管理规范化。除了贡有定期和封有常制外，唐代在朝贡前期手续、朝贡程序和礼节细节、贡道设置以及朝贡次数和人数等方面均有例可循。如在朝贡准备这一环节上，需先分辨贡使等位，以便确定接待规格；详细规定朝贡的程序及各个细节，如贡使的朝贡程序与接见本国的国君无异，有接受国书、贡使叩拜、音乐伴奏等程序，气势颇为宏大，塑造了万国来朝的盛世气象；贡使返回途中，沿途有驿馆负责接待，贡使衣食住行标准依其国距离远近标准来配给。《新唐书》记载藩国朝贡，"中国有报赠、册吊、程粮、传驿之费"，"视地远近而给费"②。贡道设置也有章可循，据《新唐书·地理志》记载，四夷入贡有安东道、渤海道、云中道、回鹘道、西域道、天竺道、海夷道等7个贡道③。朝廷在贡道上每隔30里设置驿站，以方便贡使往来。

由上可知，唐朝凭借强大的国家实力和领先的文化地位，吸引了大量周边政权和国家向其称臣纳贡。随着朝贡范围和规模的扩大，唐朝加强了对朝贡的制度建设，体现了较为明显的法制化特征，具有明显的政治性和程序性。

宋代是中国历史上一个比较特殊的时期，面临着辽、金、西夏等周边政权的强大压力，南宋时期更是被迫偏安江南，其政治军事实力相对偏弱，在对外的朝贡关系上呈现出复杂的局面。北宋时期，统治者注重发展朝贡关系，其目的在于维护正统地位和尊严，为此不惜牺牲经济利益，广泛招徕朝贡，不仅对来朝者贡物"估价酬值"，还大量回赐财物，对其首领封官授爵。南宋时期，由于受地缘政治局势影响，往来朝贡大为减少，统治者也不着急发展仅具有政治象征意义的朝贡关系，转而从实际出发，大力发展海上贸易，进一步扩大了中外关系。

受经济利益的驱动，许多政权和国家纷纷寻求与宋朝廷建立稳定的朝贡关系，海内外诸政权和国家贡使纷至沓来，促进了中外朝贡关系的扩大和朝贡贸易的发展。据有关学者不完全统计，"与宋朝建立朝贡关系的国家共有26个，入贡次数为302

---

① （后晋）刘昫：《旧唐书》卷43《职官志二》，北京：中华书局，1975年，第1843页。
② （宋）欧阳修：《新唐书》卷221下《西域列传》，北京：中华书局，1975年，第6264—6265页。
③ （宋）欧阳修：《新唐书》卷43下《地理志》，北京：中华书局，1975年，第1146页。

次"①，实际数量应不止于此，从北宋前期"二圣以来，匹夷朝贡无虚岁"②的记载情形看，中外朝贡往来的频繁程度可见一斑。据统计，宋代交趾来华朝贡45次，高丽41次，占城56次，三佛齐33次，于阗34次，龟兹31次。③南宋时期，虽然前来朝贡的国家大幅减少，仅剩下交趾、占城等东南亚国家，但通过积极发展市舶贸易，朝贡的贸易功能更加突出。

宋朝进一步充实了唐代已经较为完备的朝贡制度，形成了自身的时代特征。

其一，二元并存和多层结构。黄纯艳认为，宋代朝贡体系总体上表现为宋—辽或宋—金两大朝贡体系并存的格局，宋、辽、金各自在本朝朝贡体系内规定了多层次的秩序。他指出，对于二元并存体系，无论是宋—辽，还是宋—金，各自朝贡体系并存不仅是事实，而且双方都承认对方与各自朝贡诸国或政权的朝贡或册封关系，同时也彼此竞争和相互抑制。④

其二，管理机构朝着独立化方向发展。宋朝在中央和地方都设置了管理朝贡事务的相关机构。中央机构主要有鸿胪寺、礼部主客司、客省和四方馆等。鸿胪寺"凡四夷君长、使价朝见，辨其等位，以宾礼待之，授以馆舍；而颁其见辞、赐予、宴设之式，戒有司先期办具；有贡物，则具其数报四方馆，引见以进。诸蕃封册，即行其礼命"⑤，职责较为庞杂。南宋时期，鸿胪寺被归并入礼部。礼部主客司"掌以宾礼待四夷之朝贡。凡郊劳、授馆、宴设、赐予，辨其等而一式颁之。至则图其衣冠，书其山川风俗。有封爵礼命，则承诏颁付"⑥。在宋代，以上两个机构并不负责具体的朝贡事务，尤其是鸿胪寺，被戏称为"睡卿"。宋代具体负责朝贡事务的机构有国信所、客省和四方馆。其中国信所主要负责辽、金的具体朝贡事务，客省主要负责其他国家的具体朝贡事务。国信所和客省直接听命于枢密院，负责朝贡事务的方方面面，权力很大。宋代朝贡管理机构已经出现了独立化的趋势。

其三，制度建设不断细化。如馆驿管理，规定"其大辽使人，在都亭驿，夏国在都亭西驿，高丽在梁门外安州巷同文馆，回纥、于阗在礼宾院，诸番国在瞻云馆

---

① 李金明、廖大珂：《中国古代海外贸易史》，南宁：广西人民出版社，1995年，第104页。
② （宋）李焘：《续资治通鉴长编》卷85，真宗大中祥符八年条，北京：中华书局，2004年，第1951页。
③ 周宝珠：《宋代东京研究》，郑州：河南大学出版社，1992年，第583—587页。
④ 黄纯艳：《宋代朝贡体系研究》，北京：商务印书馆，2014年，第259页。
⑤ （元）脱脱等：《宋史》卷165《职官志五》，北京：中华书局，1985年，第3903页。
⑥ （元）脱脱等：《宋史》卷163《职官志三》，北京：中华书局，1985年，第3854页。

或怀远驿"①,实现了馆驿的专门化管理。不仅如此,馆驿还建立了非常严格的保卫制度和保密制度。在贡使的派遣和管理上,宋朝也制定了较为详细的制度。如朝廷规定:"诸蕃蛮入贡托故不行,而押伴使臣保申不实者,徒二年";"诸冒化外人入贡者,徒二年";"敕海舶擅载外国人贡者,徒二年,财物没官";"诸蕃使往来道路,公私不得养雇本蕃人"②,对贡使身份、行程和行为各方面进行规范。

综上所述,宋代朝贡体系得到了进一步充实,其制度逐渐趋于完备。宋朝统治者在军事力量偏弱的情势下,通过多种形式的经济贸易作为维持朝贡体系的主要手段。无论是通过北宋时期的"厚往薄来"回赐,还是南宋时期的海上贸易,周边政权和其他国家出于经济利益的需求,积极与宋朝建立朝贡关系。与此相适应,宋代朝贡制度日益完善,相关规定越来越健全。

(二)明代进一步发展

元代统治者也积极发展海外贸易和中外交往。元世祖就曾特意"招谕南夷诸国",诏告唆都等官员说:"诸蕃国列居东南岛屿者,皆有慕义之心,可因蕃舶诸人宣布朕意:诚能来朝,朕将宠礼之。其往来互市,各从所欲。"③与此同时,元朝统治者凭借强大的武力东征西讨,采取高压手段,体现出明显的实用主义色彩,使朝贡成为其聚敛财富、实现强权政治的工具和手段。元代朝贡的鲜明时代特征,与中国传统朝贡"修德以怀柔远人""厚往薄来"思想和做法相比已经发生了偏离,至元末明初,其朝贡体系已几近分崩离析。

明朝建立后,继承并发展了传统的朝贡制度。经过洪武、永乐两代皇帝努力,尤其是在永乐年间郑和下西洋壮举的推动下,朝贡制度进一步发展,其朝贡范围之广、规模之大、制度之完备、组织管理之完善,皆为历代所不及。

洪武二年(1369),朱元璋接连派遣使者诏谕日本、占城、爪哇、西洋诸国,称:"曩者,我中华为胡人窃据百年,遂使夷狄布满四方,废我中华之彝伦,朕是以起兵讨之,垂二十年,芟夷既平。朕主中国,天下方安,恐四夷未知,故遣使以报诸国"④,对其他国家表示采取和平的外交政策。在朱元璋的诏谕下,高丽、占城、爪

---

① (宋)孟元老:《东京梦华录》卷6《元旦朝会》,郑州:大象出版社,2019年,第43页。
② (南宋)谢深甫:《庆元条法事类》卷78,1948年燕京大学刊本。
③ (明)宋濂:《元史》卷10《世祖纪七》,北京:中华书局,1976年,第204页。
④ 《明太祖实录》卷39,洪武二年二月辛未条,台北:"中研院"历史语言研究所影印本,1962年,第775页。

哇、渤泥、暹罗等10余国遣使朝贡。① 建文四年（1402），明成祖立足未稳就遣使告谕周边国家，并指示礼部大臣："太祖高皇帝时，诸番国遣使来朝，一皆遇之以诚，其以土物来市易者，悉听其便。或有不知避忌而误干宪条，皆宽宥之，以怀远人。今四海一家，正当广示无外，诸国有输诚来贡者，听。"② 在朝廷积极推动下，形成了"四方俱服，受朝命而朝贡者三十国有余，幅员之广，远过汉唐，成功骏烈，卓乎盛矣"③ 的盛况。据《明会典》《皇明外夷朝贡考》《明史》等典籍记载，明朝时来华朝贡的国家和地区多达148个④，包括各级地方政府的朝贡、少数民族土官的朝贡、属国的朝贡、其他国家和地区的朝贡。

明代朝贡制度完备，从中央到地方均设置有专门负责的机构，各项规定既具体又明确。在中央，礼部作为朝贡事务主管机构，负责对外朝贡政策的制定与执行。礼部主客司"分掌诸蕃朝贡接待给赐之事"，负责朝贡整个过程的各个方面，凡朝廷赐赉之典，各省土物之贡，咸掌之⑤。设会同馆作为接待朝贡者的专门机构，其具体职责主要为负责贡使的食宿问题、作为贡物的中转机构和朝贡贸易的场所。洪武十三年（1380），设立行人司，负责朝贡国君主的招谕、册封和赏赐等。洪武三十年（1397），设鸿胪寺，但其职权进一步缩小，仅负责引导贡使履行朝贡礼仪，专掌殿廷礼仪。永乐五年（1407），明成祖下令设置四夷馆，"置译字生、通事，通译语言文字"⑥，这是真正意义上的专职翻译机构。地方上，负责朝贡事务的主要为市舶司和地方官员，其中市舶司"掌海外诸藩朝贡市易之事，辨其使人表文勘合之真伪，禁通番，征私货，平交易，闲其出入而慎馆谷之"⑦。

在制度的具体规定方面，明朝也比前代更加完善。如对四夷来华朝贡的贡期、贡道和朝贡规模的规定与限制，汉唐时期已经出现，但远不如明朝明确、具体。洪武五年（1372）十月，朱元璋谕令中书省臣："今高丽去中国稍近，人知经史，文物

---

① （清）张廷玉：《明史》卷2《太祖纪二》，北京：中华书局，1974年，第25—26页。
② 《明太宗实录》卷12上 洪武三十五年九月丁亥条，台北："中研院"历史语言研究所影印本，1962年。
③ （清）张廷玉：《明史》卷7《成祖纪三》，北京：中华书局，1974年，第105页。
④ 李云泉：《万邦来朝：朝贡制度史论》，北京：新华出版社，2014年，第57页。
⑤ （清）张廷玉：《明史》卷72《职官志一》，北京：中华书局，1974年，第1749页。
⑥ （清）张廷玉：《明史》卷74《职官志三》，北京：中华书局，1974年，第1797页。
⑦ （清）张廷玉：《明史》卷75《职官志四》，北京：中华书局，1974年，第1848页。

礼乐，略似中国，非他邦之比。宜令遵三年一聘之礼，或比年一来。所贡方物，止以所产之布十匹足矣，毋令过多。中书其以朕意谕之。占城、安南、西洋琐里、爪哇、渤尼、三佛齐、暹罗斛、真腊等国新附远邦，凡来朝者，亦明告以朕意。"① 除规定贡期外，朝廷对贡道及朝贡规模也做了限制。此外，在朝觐礼仪、贡品、回赐、封赏等方面，明朝也制定了详细规定。

值得一提的是，明朝还加强了表文制度，并创造性地将勘合用于朝贡制度。唐、宋、元时期，海外贸易活跃，来华贸易并不受表文制约，明朝则将海外国家的对华贸易纳入朝贡制度，规定"四夷入贡中国，必奉表文"②，不奉表文的非官方朝贡贸易行为，则被拒之门外。日本就曾因"赍其国臣之书达中书省而无表文"，导致"上命却其贡"③的结果。

勘合是明代国家事务管理中广泛采用的一种纸质凭证或文书。洪武十六年（1383），明太祖"遣使赍勘合文册，赐暹罗、占城、真腊诸国"④，开始在朝贡中实施勘合制度。除朝鲜和琉球外，明朝廷对来朝的暹罗、日本、占城等国家均发给了勘合。《皇明外夷朝贡考》载："凡各国四夷来贡者，惟朝鲜素号秉礼，与琉球国入贡谢恩，使者往来一以文移相通，不待符敕、勘合为信。其余海外列国，与凡四夷土官或以敕书，或以符牌，或以勘合比对相同，方与验入题赏。"⑤ 明朝将勘合用于朝贡制度，这是国家制度在对外关系中的延伸。

总之，在实行海禁的背景下，明朝统治者将朝贡与贸易结合起来，奉行有贡才有市的原则，秉承"厚往薄来"思想，对朝贡者"有物则偿，有贡则赏"，吸引了海内外各政权和国家纷纷前来朝贡。在此过程中，明朝完善了相关制度，加强了对朝贡事务的管理，将朝贡制度推向了一个新的发展阶段。

（三）清代成熟并转入衰落

清代，朝廷基本沿袭前代"厚往薄来"思想，以朝贡制度作为对外交往的主要模式。清初，顺治皇帝颁布诏书表示："南海诸国，暹罗、安南，附近广地，明初皆遣

---

① 赵其昌主编：《明实录北京史料》，第1册，北京：北京出版社，2018年，第38页。
② 郑舜功：《日本一鉴·穷河话海》卷7《表章》，1939年影印旧抄本。
③ 赵其昌主编：《明实录北京史料》，第1册，北京：北京出版社，2018年，第48页。
④ （明）何栋如：《皇祖四大法》卷6《法治》，明万历刻本。
⑤ （明）佚名撰；陈鸿瑜校注：《皇明外夷朝贡考校注》，台北：台湾新文丰出版公司，2021年，第80页。

使朝贡。各国有能倾心向化、称臣入贡者，朝廷一矢不加，与朝鲜一体优待。贡使往来，悉从正道直达京师，以示怀柔。"①但与明代大规模遣使域外、积极招徕朝贡的做法形成鲜明对比，清朝除了与朝贡国之间保持基本的礼节往来外，在朝贡事务上并没有特别的措施，其重心更多放在治国安邦和开疆拓土上。因此，有清一代朝贡国的数量不仅远远不及明朝前期，即使与唐宋相比，也大为减少。这个变化，从清朝不同时期修订的《会典》所载朝贡国范围及数量有明显体现。康熙、雍正朝修订的《会典》所列朝贡国包括边疆地区少数民族政权、周边藩属国和西洋诸国；乾隆、嘉庆年间的《会典》则将边疆少数民族政权排除在外；光绪年间修订的《会典》连西洋诸国也没有列入，最后只剩下朝鲜、琉球、安南、暹罗、苏禄、南掌、缅甸等7个国家。这种变化，说明随着清朝统治的深入，边疆少数民族政权地区已经彻底融入统一多民族国家中，这就将自汉唐以来既容纳边疆民族政权又包括周边国家政权的朝贡制度予以清晰和简化，反映了中华民族共同体不断形成发展的历史事实。

李云泉认为，清初朝贡制度的变化除了采取务实态度，没有明代大规模招徕行动外，也体现在对原来与明朝保持朝贡关系的国家，一面进行怀柔，一面谕令其缴纳明朝颁发的封诰印敕，以此作为与其确立新的朝贡关系的前提，与明初有贡必封有很大不同。他认为这种变化与清代时期人们观念的转变有直接关系。②

从负责朝贡制度的管理机构看，清代朝贡也体现了与前代不一样的特质。一方面，清朝继续延续前代制度，以礼部作为管理朝贡事务的主要机构之一。礼部掌管朝鲜、琉球、越南、暹罗、缅甸、苏禄、南掌等与中国东部、南部相邻的国家以及西洋诸国的朝贡、册封等事宜。《清史稿》载："主客掌宾礼。凡蕃使朝贡，馆饩赐予，辨其贡道远迩、贡使多寡、贡物丰约以定。"③乾隆五十五年（1790）后，清代除朝鲜以外的其他国家的贡使接待等事宜及部分职权由主客清吏司转为内务府负责。会同四译馆"掌四夷朝贡之国。设广厦以待贡使之至；置象译以通言语，习番夷书。凡贡使就馆，率大使庀治屋宇，稽其出入、互市之事，视其脯资饩牵，毋有不给。若朝见及赐宴、颁赏，皆馆卿率使臣以行礼焉"④。另一方面，清朝又设置了理藩院

---

① 《清世祖实录》卷33，顺治四年七月甲子，北京：中华书局，1985年，第272页。
② 李云泉：《万邦来朝：朝贡制度史论》，北京：新华出版社，2014年，第114—116页。
③ （清）赵尔巽：《清史稿》卷114《职官一》，北京：中华书局，1977年，第3280页。
④ （清）允裪等：《钦定大清会典》，（清）纪昀主编：《文渊阁四库全书》第619册，台北：商务印书馆，1982年，第504页上。

管理藩部（含蒙古、西藏等）及极少数境外国家（尼泊尔、俄罗斯）。《清朝通典》载理藩院："掌内外藩蒙古、回部及诸番部封授、朝觐、疆索、贡献、黜陟、征发之政令，控驭抚绥，以固邦翰。"①清乾隆中期以后，理藩院机构设置臻于完善。清代朝贡管理机构的这种变化，显示出清朝已经意识到周边国家与清朝的边境政权之间的区别。礼部和理藩院分管不同的朝贡事务，这种二元机构是清朝朝贡制度的一大特色。何新华指出，清代这种二元外交管理机构的设置，显示了清代处理对外关系的某种灵活性和开放性。他认为这种二元外交机构在一定程度上突破了僵硬的、一元化的传统朝贡管理机制，一定程度上舒缓了16世纪以来世界大变局对中国的冲击。②

此外，清朝在地方上也设置了相关的机构，负责朝贡的具体事务。如清政府就地方官员对朝贡事务的管理作如下规定："外裔入贡，由（礼）部覆准，行文该督抚填给勘合，于该省同知、通判中委派一员，伴送来京。应用武弁者，添派守备一员。经过各省，仍豫派干员护送趱行，按省更替，各营汛递遣官兵防护"，"至贡使回国，令该省原伴送官护送，行兵部换给勘合。经过各省，仍遴委干员更替护送。由（礼）部将起程日期知照各该督抚，仍令该督抚将贡使出境日期题明报（礼）部。凡贡使往来，沿途均给予馆舍、廪饩、夫马、船只。留边人役，地方官照例给以口粮，贡使回时，同送出境"③。

清朝的朝贡制度在很多方面延续了明朝的做法，但在细节和执行上比明代更为彻底。如对贡期、贡道规定更加严格而具体，非在贡期内的朝贡一律不接受，贡道如非特殊原因，绝对不允许更改。此外，针对来京贡使的活动制定了严厉的制度。

朝贡制度发展至清前期已达到成熟阶段。然而，随着1840年鸦片战争的爆发，西方列强凭借坚船利炮打碎了清朝天朝上国的迷梦，中国传统处理中外关系的朝贡制度受到强烈冲击。在相继失去琉球、越南、南掌、朝鲜等藩属国的宗主地位后，清朝的朝贡国消失殆尽，朝贡体系分崩离析。1861年，总理各国衙门设立，标志着中国对外关系迈向近代化；1875年，清政府开始派遣驻外公使；1877年首任驻英公使郭嵩焘在英国建立中国第一个驻外使馆，中国进一步向近代外交转变；最后，伴随着清朝的灭亡和中华民国的成立，朝贡制度最终走向了终结。

---

① 《清朝通典》卷26《职官四·理藩院》，杭州：浙江古籍出版社，2000年，第2175页。
② 何新华：《清代朝贡制度研究》，北京：中国书籍出版社，2020年，第47页。
③ （清）崑冈修，（清）吴树梅纂：《大清会典》卷39《主客清吏司》，清光绪石印本。

第二节　职贡图产生与发展的技术因素："左图右史"传统

图像是一种世界性的语言。从远古时期开始，人类就已经学会用图像来记录信息和交流情感。图像是早期人类认识、理解及把握世界的主要方式，在重构人类远古历史图景中发挥着不可替代的作用和价值。以内蒙古阴山、宁夏贺兰山等地岩画为代表的早期图像，表明原始时期的中国古人就已经掌握了通过图像记录生活、表达情感的技能。

图1　阴山岩画（《大百科全书》第三版网络版）

中国有着悠久的"左图右史"传统。饶宗颐先生指出:"中国是世界上最早兴起图像传播的国度之一,由于左图右史的文化传统,中国古代重视图像较之文字毫不逊色。"他表示,"这种视觉的、图像化的历史传承和文明形态与欧美等西方国家的表音文化体系迥然不同,它是超越言语化的视觉认知模式与逻辑,构造了中华文化独特的文明形态与智慧,并且从未中断过"①,一语道出中华图像文化史的特质。确实,图像不仅形象生动,而且具备认知、叙事、教化、审美等诸多功能,具有先天的优势。因此,即使在文字占据主体地位的不同历史时期,图像在我国社会生活的诸多领域中仍发挥着重要作用。

职贡图具有多方面的价值和作用,或可视之为古代舆图观念的延伸,作为国家、民族、文明"秩序的象征",抑或可视为古代人物画的政治表达,承担着劝诫、教育、审美、认知、宣威等诸多功能。职贡图的出现与中国古代悠久的"左图右史"传统密切相关。古人很早就认识到图像不仅可作为知识图典,而且具有叙事、教化、审美等功能。因此,即使在文字普及的时期,图像文本仍发挥着重要作用,"左图右史"仍被认为是传播知识、教化臣民的一种重要方式,留下了大量的相关文献。尤其是人物画作为中国成型最早、地位最突出的专门画科,一经与历朝大一统的政治实践相结合,直接促成了职贡图的产生,成果层出不穷。

一、"图文并重"的悠久传统

中国自古重视图像,提倡"图文并用"。中国古代语境下的"图像"包含了"图""像"两部分内容,"图"包括"形象""地图""图纬"等,"像"包含了具象的"形象"和抽象的"卦象"等,与现代语境的图像有所差别,研究和利用时需要注意辨别区分。比如,《周礼》所载"职方氏掌天下之图"②中的"图"即为地图。易东华指出,古代中国完整的"图""像"系统包括礼图、易象、纬图、画学、金石图、图谱、宗教等"图学"。③

---

① 饶宗颐:《中华图像文化史·序》,北京:中国摄影出版社,2016年,第1页。
② (清) 孙诒让:《周礼正义》,北京:中华书局,2000年,第2637页。
③ 易东华:《中国古典语境中的"图"与"象"》,黄专主编:《世界3:开放的图像学》,北京:中国民族摄影艺术出版社,2017年,第224页。

河图洛书的传说是中国"图文并重"传统的先声。《尚书》载:"河出龙图,洛出龟书,曰威,赤文绿字,以授轩辕。"① 《易·系辞上》说:"天垂象,见吉凶,圣人象之。河出图,洛出书,圣人则之。"② 这是中国最早涉及图像起源的记载,它揭示了"河出图,天地有自然之象,图谱之学,由此而兴"③,图像与文字一起承担着古人认识与探究自然形象与法则的重要功能。

关于中国图像的起源,《世本·作篇》载:"史皇作图,仓颉作书。"汉人宋衷注:"史皇,皇帝臣也。图,谓画物象也。"④ 唐代张彦远《历代名画记》说:"史皇,黄帝之臣也。始善图画,创制垂法,体象天地,功侔造化。"⑤ 也有人认为图画为伏羲所创造,汉代许慎《说文解字序》曰:"古者包牺氏之王天下也,仰则观象于天,俯则观法于地,观鸟兽之文与地之宜,近取诸身,远取诸物,于是始作八卦,以通神明之德,以类万物之情。"⑥ 伏羲发明的八卦被认为是一种图画,因此他也是图画的发明者。唐代裴孝源《贞观公私画史·叙》曰:"虑牺氏受龙图之后,史为掌图之官,有体物之作,盖以照远显幽,侔列群象。自玄黄萌始,方图辨正,有形可明之事,前贤成建之迹,遂追而写之。"⑦ 柳诒徵据此也说:"图画实始于伏羲。"⑧ 无论是史皇,还是伏羲创造图画,都揭示出中国图像起源甚早的事实。当然,图画的产生来自人类集体智慧的结晶或许更为符合历史真实。

先秦时期的中国古人已经将图像用于实际的生产生活中。《尚书·洛诰》记载周公营建洛邑时向召公告卜曰:"伻来,以图及献卜。"周公为营建新都进行了占卜和踏勘,绘制地图献给成王。《诗经·周颂》中有"堕山乔岳,允犹翕河"之句,汉郑玄笺注:"犹,图也","皆信案山川之图而次序祭之"⑨,大意就是按照地图来祭祀山

---

① (清)皮锡瑞:《尚书中候疏证》,南京:凤凰出版社,2014年,第7页。
② 曹元弼:《周易集解补释》,上海:上海人民出版社,2019年,第885—886页。
③ (南宋)郑樵:《通志(一)》,杭州:浙江古籍出版社,1988年,第3页。
④ (汉)宋衷注,(清)秦嘉谟等辑:《世本八种》,北京:商务印书馆,1957年,第111—112页。
⑤ (唐)张彦远:《历代名画记》,沈阳:辽宁教育出版社,2001年,第44页。
⑥ (汉)毛亨传,(汉)郑玄笺,(唐)孔颖达疏,(清)阮元校刻:《十三经注疏·周易正义》,北京:中华书局,1980年,第86页。
⑦ 肖占鹏主编:《隋唐五代文艺理论汇编评注》,天津:南开大学出版社,2015年,第1565页。
⑧ 柳诒徵:《中国文化史》,北京:北京联合出版公司,2015年,第34页。
⑨ (汉)毛亨传,(汉)郑玄笺,(唐)孔颖达疏,(清)阮元校刻:《十三经注疏·毛诗正义》,北京:中华书局,1980年,第605页。

岭、山峰和大河。《左传·宣公三年》曰:"昔夏之方有德也,远方图物,贡金九牧,铸鼎象物,百物而为之备,使民知神奸。"周代,中国已经出现了专门管理图像文献的官职,《周礼·地官司徒·大司徒》载:"大司徒之职,掌建邦之土地之图,与其人民之数,以佐王安扰邦国。以天下土地之图,周知九州之地域广轮之数,辨其山林、川泽、丘陵、坟衍、原隰之名物。"管理范围更广大的职方氏"掌天下之图,以掌天下之地。辨其邦国、都鄙、四夷、八蛮、七闽、九貉、五戎、六狄之人民,与其财用、九谷、六畜之数要,周知其利害"①。相关的官职还有"掌土地之图"的司书、"掌书版图之法"的内宰等。这些官职掌管范围从"土地之图"到"天下之图",包含自然山川、人群物产乃至动植物等不同类型图像,这些文献涉及了当时社会的各个方面。这从侧面证实了即使在文字产生的初期,图像在人类社会生活中仍发挥主导地位。

  图像在早期社会中的突出地位与其表达的内容比文字更直观、准确,以及由此具备知识图典、叙事、教化及审美等功能直接相关。

  首先,图像具有认识事物的功能。中国古人很早就意识到图像具有认识功能。《尚书》"乃命羲和,钦若昊天,历象日月星辰,敬授民时""象以典刑"的记载说明图画不仅可以记录日月星辰及其运行规律,也可以通过画像的方式对不法之徒进行惩罚。相传大禹在铸造的青铜大鼎上刻画各种神灵怪兽等远方之物,其目的就在于便于人们辨别这些怪物,避免受到伤害。《左传·宣公三年》对此解释说:"昔夏之方有德也,远方图物,贡金九牧,铸鼎象物,百物而为之备,使民知神奸,故民入川泽山林,不逢不若,魑魅罔两,莫能逢之。"②实际上,在某些领域里,图像表达的内容比文字更为准确、直观。对此,唐代张彦远说道:"若论衣服、车舆、土风、人物,年代各异,南北有殊,观画之宜,在乎详审。"③宋代郑樵《图谱略》对此总结说,天文、地理、宫室、器用、车旗、衣裳、坛兆、都邑、城筑、田里、会计、法制、班爵、古今、名物、书等十六类,有书无图,不可用也。比如,"凡宫室之属,非图无以作室""要别名物者,不可以不识虫鱼草木,而虫鱼之形,草木之状,非图无以别"④,等等。

  其次,图像具有叙事功能。从远古时期开始,人们就用图画来记录日常生活,

---

① (清)孙诒让:《周礼正义》,北京:中华书局,1987年,第2696页。
② 杨伯峻:《春秋左传注》,北京:中华书局,1990年,第669—671页。
③ (唐)张彦远:《历代名画记》,沈阳:辽宁教育出版社,2001年,第447页。
④ (南宋)郑樵:《通志》卷72《图谱略》,杭州:浙江古籍出版社,1988年,第837—838页。

并逐步衍生出图画的记录、叙事等功能。中国早期图象以叙事、纪事为主要目的。远古时期，中国古人就开始用图像记载历史。有学者认为，河南仰韶文化出土的鹳鱼石斧纹彩陶缸上所绘的《鹳鱼石斧图》其实就是记载了以"鹳"为图腾的氏族征服以"鱼"为图腾的氏族的历史事件。① 关于图像的叙事功能，唐代张彦远《历代名画记》有一段精彩的论述："留乎形容，式昭盛德之事，具其成败，以传既往之踪。纪传所以叙其事，不能载其形；赋颂有以咏其美，不能备其象；图画之制，所以兼之也"，认为画图兼具了"叙其事，载其形""咏其美，备其象"功能，其叙事能力比文字更为有效，因此他引用西晋文学家陆机的话反驳重文轻图的观点："宣物莫大于言，存形莫善于画。"② 龙迪勇指出，图像叙事的本质就在于"空间时间化"③。通常来说，图像叙事空间的表达是直观的、可见的，时间的表达是间接的、具有隐藏性的。纵观中国古代叙事图画，为了将"隐藏"的时间更好表现于特定的画面空间中，进而发展出了单一场景、纲要式、连环式等多种叙事策略。

最后，图像还承担着宣传教化等功能。根据历史文献记载，从夏禹时期开始，古人就已经注意到图画的教育功能，把历史上的著名人物或重要故事图像置于庙堂，供人瞻仰或引以为戒，试图通过图画来教育人民。《吕氏春秋·谕大》引《商书》曰："五世之庙，可以观怪。"④ 相传大禹铸鼎象物，"用能协于上下，以承天休"⑤。《墨子》云："纣为鹿台糟丘，酒池肉林，宫墙文画，雕琢刻镂，锦绣被堂，金玉珍玮。"⑥《淮南子·主术训》载："文王周观得失，遍览是非，尧舜所以昌，桀纣所以亡者，皆著于明堂。"高诱注："著，犹图也。"⑦《孔子家语》记载了孔子参观明堂后的感慨，说"孔子观乎明堂，睹四门墉有尧舜之容，桀纣之象，而各有善恶之状，兴废之诫焉。又有周公相成王，抱之负斧扆，南面以朝诸侯之图焉。孔子徘徊而望之，谓从者曰：'此周之所以盛也。'"⑧ 魏晋时期，曹植区分了不同人物画的教育作用："观画者见三

---

① 严文明：《鹳鱼石斧图跋》，《文物》1989 年第 12 期。
② （唐）张彦远：《历代名画记》，沈阳：辽宁教育出版社，2001 年，第 2 页。
③ 龙迪勇：《空间叙事研究》，北京：三联书店，2014 年，第 19 页。
④ 许维遹：《吕氏春秋集释》，北京：中华书局，2009 年，第 504 页。
⑤ 杨伯峻：《春秋左传注》，北京：中华书局，1990 年，第 669—671 页。
⑥ （清）孙诒让：《墨子间诂》，北京：中华书局，2001 年，第 655 页。
⑦ 何宁：《淮南子集释》，北京：中华书局，1998 年，第 595 页。
⑧ 陈士珂：《孔子家语疏证》，上海：上海书店，1987 年，第 72 页。

皇五帝，莫不仰戴；见三季暴主，莫不悲惋；见篡臣贼嗣，莫不切齿；见高节妙士，莫不忘食；见忠节死难，莫不抗首；见放臣斥子，莫不叹息；见淫夫妒妇，莫不侧目；见令妃顺后，莫不嘉贵。是知存乎鉴者，图画也。"①这说明，历史人物画具有形神交接、扬善惩恶的教育意义，通过观看不同类型的图画，可以让观画者区分是非善恶，所谓"知存乎鉴者，图画也"，具有鲜明的现实目的。南齐谢赫《古画品录》说："图绘者，莫不劝明戒，著升沉，千载寂寥，披图可鉴。"②唐代张彦远说得更为直白："夫画者，成教化、助人伦、穷神变、测幽微，与六籍同功"③，将图画的作用提高到了与"六经"同等的地位，不仅具有"成教化、助人伦"的教育功能，也有"穷神变、测幽微"的认识功能。纵观历史，这种"存乎鉴者，图画也""夫画者，成教化、助人伦"的意识一直被运用于中国古代图像的制作中，表明图像确乎发挥着宣传教化的巨大作用。

由于图像本身不仅具有直观、生动、形象，包含信息量大等特点，更具有认识、教育、审美等功能，因此即使在文字产生并逐渐普及后，中国仍延续着"左图右史"的优良传统。唐代张彦远说，远古时期"书画同体而未分，象制肇创而犹略，无以传其意，故有书；无以见其形，故有画"，指出了书画具有同源、同体，相辅相成的关系。在中国古代文献发展的历史脉络中，图文结合的历史非常悠久。不仅《山海经》等山川神怪内容的文献有图，而且《诗》《书》《礼》《乐》《易》《春秋》等经典都有配图。清代戚学标《鹤泉文钞续选》云："以古人左图右史，凡名物象数，非图莫考，每经传为之图：于《易》有《先后天图》，于《书》有《禹贡图》《洪范五行图》，于《礼》有《彝鼎图》《车制图》《深衣图》《宫室图》，于《诗》有《草木鸟兽图》，《春秋》有《古今地势图》，考校精洽，各附己论而折衷之。"④因此，在很长一段时间里，尤其是周秦汉唐时期的"图书"，实际包括了"图像"与"文字"两部分，只有文字而没有图像，则只能单称为"书"。蓝勇认为，中国古代地学文献就存在着一个从汉晋到唐宋的"图经时代"。在这个时代，图像与文字具有同等重要的意义。⑤宋代郑樵

---

① 赵幼文：《曹植集校注》，北京：人民文学出版社，1984年，第67—68页。
② （南齐）谢赫，（陈）姚最撰；王伯敏标点注译：《古画品录》，北京：人民美术出版社，1959年，第1页。
③ （唐）张彦远：《历代名画记》，沈阳：辽宁教育出版社，2001年，第1页。
④ 戚学标：《鹤泉文钞续选》卷7《刘文学恪亭墓碣》，清嘉庆十八年刻本。
⑤ 蓝勇：《中国古代史料运用的实践与理论建构》，《人文杂志》2014年第7期。

《通志·图谱略》对图像与文字的关系有精彩的论述：

> 见书不见图，闻其声、不见其形；见图不见书，见其人、不闻其语。图至约也，书至博也，即图而求易，即书而求难。古之学者，为学有要，置图于左，置书于右，索象于图，索理于书……天下之事，不务行而务说，不用图谱可也。若欲成天下之事业，未有无图谱而可行于世者。①

郑樵认为"图谱之学，学术之大者"。接着，他在《器用》篇中列举了天文、地理等十六种必须使用图谱的学术②。因此，即使在被边缘化的历史时期，图像也因特殊的功用而长期与文字共存，形成了悠久的"左图右史"传统。

《新唐书·杨绾传》曰："性沉静，独处一室，左图右史，凝尘满席，澹如也。"明人王绂《书画传习录》说："古人左图右史，是以星曜之真形，郡邑之遐迩，山川之曲折，氏族之支分而派别，有心者不待考索，而如建瓴之注。今之学者悉昧焉，以划山界水为余事，以象形绘状为粗工，试取六经图读之，茫如也。"③清朝雍正皇帝在《古今图书集成·凡例》中说："古人左图右史，如疆域山川，图必不可缺也。即禽兽、草木、器用之形体，往籍所有亦可存以备览观，或一物而诸家之图所传互异，亦并列之，以备参考。"④清代胡渭认为："古者有书必有图，图以佐书之所不能尽也。凡天文地理、鸣兽草木、宫室车旗、服饰器用、世系位著之类，非图则无以示隐赜之形，明古今之制，故《诗》《书》《礼》《乐》春秋皆不可以无图。"⑤郑振铎指出："图与文如鸟之双翼，互相辅助的……而历史书却正是需要插图最迫切的。从自然环境、历史人物、历史故事、历史现象，到建筑、艺术、日常用品、衣冠制度，都是非图不明的。有了图，可以少说了多少说明，少了图，便使读者有茫然之感。"⑥

以上文献记载无不说明，图像之地位虽有起落，但作为一种视觉存在，一直在图书史上发挥着作用。在悠久的"左图右史"传统影响下，中国不仅留下大量图文并

---

① （南宋）郑樵：《通志》卷72《图谱略·索象》，杭州：浙江古籍出版社，1988年，第837页。
② （南宋）郑樵：《通志》卷72《图谱略·索象》，杭州：浙江古籍出版社，1988年，第837—838页。
③ 王伯敏、任道斌主编：《画学集成（明—清）》，石家庄：河北美术出版社，2002年，第60页。
④ （清）陈梦雷：《钦定古今图书集成·简目汇编·序列》，台北：鼎文书局，1977年，第14页。
⑤ （清）胡渭：《易图明辨》，北京：中华书局，2008年，第1页。
⑥ 郑振铎编：《中国历史参考图谱·跋》，北京：文物出版社，1988年，第435页。

重的图书，如地理、方志类图书，《隋区宇图志》《隋诸州图经集》、唐《元和郡县图志》、宋《祥符州郡图经》等自不用说，明清方志更是有志必有图，清《一统志》第三次编纂时首要问题就是增加图；此外，也形成了诸多专门的图像文献，包括各类舆图、图谱等。

以舆图为例。中国舆图的历史可以追溯到商周时期，某些局部的地理性标识，甚至可以推至更早的远古时期。①《史记·五帝本纪》载大禹"铸九鼎，象九州"，将划定的天下范围铸到鼎上，形成了古代舆图的雏形。《周礼·大司徒》记载"大司徒"职责之一即为"掌建邦之土地之图"②。舆图体现国家意志，通过绘制地图，不仅可以概括疆域轮廓，获悉自然资源、生产资源等状况，同时也是"国家权力"的象征物。西周时期设职官掌管舆图的制度，一直影响到唐、宋、元、明、清，各代皆设有隶属于兵部的"职方司"，掌管疆域图册，作为军事文档的一个重要部分。先秦时期，《诗经》《战国策》《孙子兵法》等典籍已多有运用舆图的记载。《管子·地图》云"凡兵主者，必先审知地图"③，表明舆地图在当时军事活动中已得到广泛应用。

作为王朝政治权力的重要象征，中国传统舆图的发展历史悠久，留有数量众多的文献资料。比如，以整个王朝疆域范围为主要表现对象的全国总图，从东汉明帝所赐王景《禹贡图》，到西晋裴秀的《禹贡地域图》，再到唐代贾耽的《海内华夷图》，此类文献早已有之。从宋至清，留存下来的各类全国总图有"禹贡图"类，如禹迹图、九域守令图、禹贡总图、九州贡道图等；"华夷图"类，如古今华夷区域总要图、华夷一统图、四海华夷总图等；"历代疆域图"类，如历代地理指掌图、今古舆地图、历代沿革图、职方九州图等；"王朝疆域图"类，如宋代税安礼《太祖皇帝肇造之图》、元代陈元靓《大元混一图》、明代章潢《二十八宿分应各省地理总图》、明代王圻《九边总图》、清代顾祖禹《舆地总图》、清代黄千人《大清万年一统天下全图》等。这当中，王朝疆域图名称各异、种类繁多，又可分为一统图、广舆图、人物（迹）路程图、皇舆全览图、"大清万年一统"系图等五种类别。④这充分说明，中国绘制和应用舆图的传统一直连绵不绝。中国国家图书馆善本特藏部舆图组编《舆图要录》

---

① 赵珩:《也说左图右史》,《读书》2006 年第 5 期。
② （清）孙诒让:《周礼正义》,北京：中华书局,2013 年,第 689 页。
③ （清）黎翔凤撰；梁运华整理:《管子校注》,北京：中华书局,2004 年,第 574 页。
④ 石冰洁:《从现存宋至清"总图"图名看古人"由虚到实"的疆域地理认知》,《历史地理》2016 年第 1 期。

收录有 6348 种馆藏汉文古旧地图。① 除专门绘本外，作为古籍插图的舆图存量也很丰富。据成一农不完全统计，除方志地图外，至少有 6000 幅。②

清代学者章学诚指出："图象为无言之史，谱牒为无文之书，相辅而行，虽欲阙一而不可者也"③，文字与图像"虚实相资，详略互见，庶几可以无遗憾矣"④。这些说法与宋代郑樵《图谱略》中的言论有异曲同工之妙。我们看到，即使在文字普及的时代，图像文献在中国社会各领域中一直发挥着重要作用，其绘制、传播和使用从未中断，这也是中国有着悠久"左图右史"传统的一个重要原因。从原始时期的岩画、壁画、龟甲兽骨刻符，到先秦时期的器物铭文、铭图，再经秦汉至明清的各个时期，各种绘画、建筑、书法、工艺等图像文献题材多样、种类繁多，图像不仅普遍存在于以各种文字为主体的典籍中，也形成图谱、舆图、本草图等专类图像文献，共同组成了灿烂的中华图像文化史。

二、人物画发展的促进

人物画，即以人物形象为描绘主题的绘画作品。人物画历史悠久，成型最早，在中国传统绘画中地位最为突出。一般来说，中国人物画在造型上主要通过线条来表现事物，具有明确的写实性倾向，属于功利性最强的画科。⑤ 人物画的这些特点，与职贡图的表现方式和需要表达的内涵可谓不谋而合。从某种程度上说，人物画的发展为职贡图的产生提供了直接的参考依据。同时，职贡图也成为人物画的重要组成部分，无论是广义上包括各种贡物图，还是狭义上以人物为主的职贡图，其所关注的重点是人⑥，以及画像中的人群与中央朝廷的关系。通过梳理中国人物画的发展历程，有助于我们理解职贡图的形成发展及其与中国人物画的关系。

---

① 中国国家图书馆善本特藏部舆图组编：《舆图要录》，北京：北京图书馆出版社，1997 年。
② 成一农汇编：《中国古代舆地图研究》，北京：中国社会科学出版社，2018 年，第 1 页。
③ （清）章学诚：《文史通义》，上海：上海古籍出版社，2008 年，第 206 页。
④ （清）章学诚：《文史通义》，上海：上海古籍出版社，2008 年，第 241 页。
⑤ 吕瑛等：《中国传统绘画简编》，长春：吉林大学出版社，2009 年，第 97 页。
⑥ 元人的贡物图中其实把贡物带来的"人"隐藏在画面后了；此外，许多贡物图中都有人物形象，或手持，或牵引贡物，如元代任仁发《贡马图》以及《明人画麒麟沈度颂》等。

先秦时期是中国人物画的萌芽阶段。远古时期的岩画，如宁夏贺兰山岩画上已经出现了人物的形象。先秦时期，古人把历史上的著名人物图像置于庙堂，供人瞻仰，以起到教育或劝诫之作用。《史记集解》引刘向《别录》曰："九主者，有法君、专君、授君、劳君、等君、寄君、破君、国君、三岁社君，凡九品，图画其形。"①柳诒徵据此认为："疑当时史策，往往图绘古代帝皇之事，以昭监戒。史官所掌之外，学士大夫亦多习之，正不独九鼎之图画物象也。"②湖南长沙战国楚墓出土的《人物驭龙图》和《人物龙凤图》帛画，是目前见到的最早独立人物画，其造型准确，神情刻画逼真，水平已相当高。这时期，"以史为鉴"的观念已经较为成熟，尤其是春秋战国后期，如前述孔子观明堂的记载，都反映了这种情况。

秦汉至魏晋南北朝是中国人物画的重要发展时期。这一时期，人物画成为歌颂王权、宣扬道德规范的有力工具。秦汉时期的人物画以秦始皇陵兵马俑、汉墓帛画、画像石以及殿堂壁画等最有代表性。汉代王充《论衡》载："宣帝之时，画图汉列士。或不在于画上者，子孙耻之。"③汉代王延寿《鲁灵光殿赋》云："图画天地，品类群生……上纪开辟，遂古之初。五龙比翼，人皇九头。伏羲鳞身，女娲蛇躯。鸿荒朴略，厥状睢盱。焕炳可观，黄帝唐虞。轩冕以庸，衣裳有殊。下及三后，淫妃乱主。忠臣孝子，列士贞女。贤愚成败，靡不载叙。恶以诫世，善以示后。"④这些人物的形象"托之丹青，千变万化，事各缪形。随色象类，曲得其情"⑤。值得指出的是，汉代时期的人物画像不仅关注功臣将士、凡夫俗子、孝子列女、神仙怪鬼等题材，同时也将视角延伸到绘画域外及少数民族的形象。据载，汉元帝建昭三年（前36），朝廷打败郅支单于后，曾经派人画过其形象，"甘泉写阏氏之形，后宫玩单于之图"⑥。《鲁灵光殿赋》也说"胡人遥集于上楹"⑦，鲁灵光殿曾画有胡人形象的图画。这些将域外或非汉民族的人物绘成图像的做法，不仅可满足猎奇心理，同时也可表现文化的优越感。

---

① （汉）司马迁：《史记》卷3《殷本纪》，北京：中华书局，1959年，第94页。
② 柳诒徵：《中国文化史》，上海：上海古籍出版社，2001年，第87页。
③ 黄晖：《论衡校释》，北京：中华书局，1990年，第851页。
④ （南朝梁）萧统：《文选》，上海：上海古籍出版社，2019年，第524—525页。
⑤ （南朝梁）萧统：《文选》，上海：上海古籍出版社，1986年，第515—516页。
⑥ （唐）欧阳询：《艺文类聚》，上海：上海古籍出版社，2013年，第1509—1510页。
⑦ （清）姚鼐纂集：《古文辞类纂》，上海：上海古籍出版社，2016年，第773页。

魏晋南北朝时期人物画得到进一步发展。以顾恺之、陆探微、张僧繇为代表的一批画家，不仅技法高超，形成不同的风格，而且积极探索绘画理论，如顾恺之"以形写神"的传神论，将哲学观纳入绘画艺术中；曹仲达创立了"曹衣出水"的"曹家样"。这些人物画家的出现，为日后人物画的辉煌奠定了基础。陆探微《孝明帝像》《孔子十弟子像》、顾恺之《洛神赋图》《女史箴图》《列女仁智图》、张僧繇《宣圣像》等是这一时期人物画的代表作品。加之顾恺之《魏晋胜流画赞》、谢赫《古画品录》等专业画论著作的出现，表明这一时期人物画已经发展成为专门的独立画科，水平有了质的提高。同时，这一时期人物画跟现实社会结合更为紧密了，如洛阳烧沟汉墓壁画《鸿门宴》、山东嘉祥武氏祠画像石《周公辅成王》以及顾恺之《中朝名士图》、谢赫《晋明帝步辇图》等作品皆以政治为题材，宣扬主流的政治观念。

隋唐两宋是中国人物画发展的繁荣时期。这一时期，作品的数量和质量都达到了前所未有的高度，并表现出新的特点。隋唐时期，人物画水平进一步提升，达到了骨肉神的完美统一，出现了画家的分类，融合外来艺术形成了完整的宗教绘画，并且形成了世俗现实的题材和风格。以展子虔、董伯仁、阎立本、阎立德、吴道子、张萱、周昉等为代表的隋唐人物画家留下了《长安车马人物画》《凌烟阁二十四功臣图》《历代帝王图》《王会图》《步辇图》等不朽作品。尉迟乙僧《外国人物画》《释家像》，吴道子《释迦降生图》及其创作的大量壁画和卷轴画将外来佛教艺术与民族艺术结合，影响后世深远。在绘画技巧上，马蝗描、橛头描、减笔描等新技巧，丰富了绘画的语言元素，推动了人物画表现风格的多样性；"吴带当风"的吴家样以及周昉的"周家样"开创了人物画的新高度。五代时期，周文矩《宫中图》、顾闳中《韩熙载夜宴图》、贯休《老罗汉》等作品体现了这一时期人物画新的艺术境界，为中国人物画的发展开辟了新天地。

两宋时期，中国人物画得到持续发展，不少作品力求把现实与审美相结合，在历史和绘画两方面都体现出相当成熟的面貌。张择端《清明上河图》、李唐《采薇图》、陈居中《文姬归汉图》、佚名《折槛图》反映此时期人物风俗画和历史画的空前繁荣。李公麟是这一时期最有代表性的画家，是继吴道子之后最具影响力的人物画家，传世作品有《五马图》《维摩演教图》等。他被称为宋代画中第一人，于人物、山水、花鸟等无所不通，尤其把唐代吴道子的"白画"发展为"白描"，成为一种独立的绘画形式，为中国绘画开拓了新的空间。李公麟画人物"尤能分别状貌……至于动作态度，颦伸俯仰，大小美恶，与夫东西南北之人，才分点画，尊卑贵贱，咸有区别，非若世俗画工混为一律"①，苏轼称赞他说"龙眠胸中有千驷，不惟画肉兼画骨"②。清初收藏家孙承泽评价说："自龙眠而后，未有其匹，恐前世顾（恺之）、陆（探微）诸人亦所未及也。"③可见李公麟及其创作的艺术图像在历史上的不朽地位。

隋唐两宋中国人物画不仅受到社会经济发展的推动，如社会各阶层对绘画作品的大量需求极大地刺激了人物画的持续发展；同时也得到宫廷贵族的大力支持，尤其是五代时期出现的宫廷画院，到宋代发展到极盛，为人物画发展提供了坚实的物质基础。《画继》载："图画院，四方召考试者，源源而来……凡取画院人，不专以笔法，往往以人物为先。"④这一时期的人物画，不仅在技法、表现风格等方面表现出新的特点，而且有着更为明确的政治倾向和政治态度，其发展与朝廷的政治需要和国家意识形态高度结合，阎立本《历代帝王图》《步辇图》、吴道子《金桥图》、顾闳中《韩熙载夜宴图》、李公麟《免胄图》、刘松年《中兴四将》等作品均突出反映了此时期人物画的这一特征。值得注意的是，这些作品中还包含了民族关系和国际政治文化交流的内容。

元明清是中国人物画发展的僵化期。从元代开始，人物画的发展不仅随着山水画、花鸟画的兴旺而日渐衰落，而且文化上的保守、思想上的禁锢，也使得人物画的发展受到严重限制。元代人物画作品数量和画家比前代大大减少，仅占整个画坛的五分之一左右，明代以后仅余七分之一左右，题材也没有以前丰富。元朝人物画受到现实政治的影响，画家尽量避开反映社会现实的题材，出现了脱离现实的空灵思潮。然而，在民间上却兴起了与文学相关的木版画和年画，为人物画发展注入了一些新的活力，出现了王绎等杰出民间画家。明代，朝廷虽然重建了画院制度，但由于思想上的控制进一步加强，加深了画家脱离现实生活的倾向，反映现实的人物画进一步衰落。唐寅《秋风纨扇图》《孟蜀宫伎图》、仇英《高士图》《列女图》等是当时为数不多的杰作；明中叶后，丁云鹏、陈洪绶、徐渭等画家在人物画题材、风格上取得明显突破，对后世影响深远。清代，人物画家受思想束缚越发严重，普遍具有逃避现实的风气，但也有部分画家受西方文化思想影响，出现了一些敢于革新

---

① 岳仁译注：《宣和画谱》卷7《人物三》，长沙：湖南美术出版社，1999年，第156页。
② （宋）邓椿：《画继》卷3《轩冕才贤》，北京：人民美术出版社，1964年，第18页。
③ （清）孙承泽：《庚子销夏记》卷3，载《中国书画全书》第7册，上海：上海书画出版社，2000年，第764页。
④ （宋）邓椿：《画继》卷10《杂说·论近》，北京：人民美术出版社，1964年，第125页。

的画家，积极为复兴人物画作准备。清代人物画以乾隆、嘉庆时期为盛，仕女画发展较为突出，题材广泛，风格多样。清代人物画代表画家有上官周、高其佩、任熊、陈卓、焦秉贞、冷枚等，作品数量众多。

元明清是中国人物画的转换期，人物画的题材和表现逐渐形成程式化的套路，创新和批判不断弱化，总体发展显得较为沉闷。这种状况一定程度上反映出朝廷权力对绘画领域的深度介入和参与的社会现实，也是体现官方意志的职贡图在这一阶段得以不断创造和流传的一个重要原因。但在整体衰微的同时，民间的木版古籍插图和木版年画却异军突起，为人物画的发展和壮大起到了不可低估的作用。

综上所述，中国人物画历史悠久，在传统绘画史上占有重要地位。黑格尔指出："每种艺术作品都属于它的时代和它的民族，各有特殊环境，依存于特殊的历史和其他的观念和目的。"① 确实，中国人物画的形成最初即受到了其突出教育和鉴戒作用的推动。宋代郭若虚《图画见闻志》云："盖古人必以圣贤形象、往昔事实，含毫命素。制为图画者，要在指鉴贤愚，发明治乱。"② 清代松年《颐园论画》也说："古人左图右史，本为触目惊心，非徒玩好，实有益于身心之作。或传忠孝节义，或传懿行嘉言，莫非足资观感者，断非后人图绘淫冶美丽以娱目者比也。再观古人作画，以人物为最。"③

中国很早就产生人物画的创作活动。据《周礼》记载，商周时期已经设置有专门的官职，掌管描述"远民"和"远物"的"天下之图"，形成了用图像来表现远方之物和人的传统。显然，无论是主要通过线条来表现的方式，还是"以广闻见""以昭王会之盛""以诏方来而资治镜"的现实目的，职贡图都与人物画实现了完美结合。从"尼丘乃圣，犹有图人之法"，到汉代"甘泉写阏氏之形，后宫玩单于之图"④，包括各种画像石、敦煌壁画、"各国君王朝圣"图等大量远方民族人物图像，都给职贡图创作提供了直接的参考依据。

随着描绘远方民族图像的不断创作和发展，宋代《宣和画谱》更是首次将这些描绘少数民族的画作归类，设立番族门进行总结。《宣和画谱·番族叙论》认为对远

---

① [德]黑格尔：《美学》第一卷，北京：商务印书馆，1981年，第19页。
② 于民主编：《中国美学史资料选编》，上海：复旦大学出版社，2003年，第273页。
③ 俞剑华编：《中国古代画论类编》，北京：人民美术出版社，2004年，第326页。
④ （唐）欧阳询：《艺文类聚》，上海：上海古籍出版社，2013年，第1509—1510页。

方来朝番族的绘画"所以陋蛮夷之风,而有以尊华夏化原之信厚",虽然"所画非中华衣冠,而悉其风土故习,是则五方之民,虽器械异制,衣服异宜,亦可按图而考也"[①]。从这些论述和描述中,这些绘画与职贡图的表现风格与思想内涵几乎完全一致,其界限也变得越发模糊。以南朝萧绎《职贡图》为例,其图通过对前来朝贡使者"瞻其容貌,诉其风俗",并"别加访采"而绘成,图中人物各尽神妙,栩栩如生,通过服饰、表情、动作的细致描写,区别出不同人物的身份、地域和气质,表现使者的恭敬或喜悦之情,可谓深得中国人物画的精髓。从现存各种职贡图实物图像看,其绘制者无一不是人物画的高手。

---

① 岳仁译注:《宣和画谱》卷8《番族叙论》,长沙:湖南美术出版社,1999年,第179页。

第二章
清朝以前职贡图文献发展流变

先秦时期，伴随着朝贡制度的萌芽，为了突出华夏民族不仅地理上居于中心地位，而且文化先进文明，对异域民族的调查、了解以及描述、绘写就变得必要且紧迫，因为如果失去了四方异族的参照，华夏民族的自我中心将无法定位。实际上，自周武王建国分封各诸侯国，并由周公制定方国朝贡制度以后，中央朝廷就十分重视对边疆民族的调查和记录。比如，《禹贡》不仅记录了各州向中央朝廷进贡的情形，而且记录有不少民族服饰的内容；《周礼》记载了掌来远方之民的"怀方氏"、掌天下之图的"职方氏"等官职，表明当时已经产生了边疆"蛮夷"的图像文献，有了通过图像来表现远方物产和人物的传统。

从现存文献来看，职贡图的源头最早可追溯至《山海经图》。《山海经图》开启了中国图文并叙传统的先河，展示了上古时期华夏先民眼中的世界以及远方的异人、异物、异俗。《山海经图》对远方世界和民族的想象和幻想，自秦汉形成统一的多民族国家后，伴随着对周边地区民族认识和了解的深入，产生了南朝萧绎《职贡图》等一大批职贡图类文献，由此形成了中国绘画史上一个重要的主题和传统，其书写也实现了从想象到现实的转换，留下了大量的作品和文献材料。

第二章

古朝鲜族源文献文化研究

第一节 《山海经》：中国古代民族志书写传统的开启

《山海经》是中国古代的一部奇书，关于其性质，历来纷争不断，有神话书说、方志说、信史说、地理书说、巫书说、博物志说以及神话政治地理书说和历法说等。关于成书时间，前贤也莫衷一是，提出了禹夏说、殷商说、西周说、春秋战国说和秦汉魏晋说等不同说法。总体上，绝大多数学者普遍接受其成书于先秦时期，出自众人之手，其后经过不断增补而成，其内容无论是地理、天文、神话、巫术，还是动物、植物、医药、矿藏、人物等，都带有一定程度的想象成分，并非完全是真实世界的客观反映。

现行通行本《山海经》共十八篇，包括《山经》和《海经》两部分，其中《山经》由东、南、西、北、中五篇山经组成，主要记载自然地理，记录五方的山川物产以及神灵；《海经》包括海外经、海内经和大荒经，主要记载人文地理，记录生活在远离中心的海荒之地的异族、异国和神怪故事等。值得指出的是，《山海经》最早为图画，可称之为《山海经图》。顾颉刚指出："这部书本来是图画和文字并载的，而图画更早于文字。"[1]《山海经》图文发展的关系，大致经历了由依图写文到图、文各自变化发展，再到经文基本固定，到图像亡佚，最后到据文绘图的阶段。[2] 现存《山海经图》主要为明代胡文焕本、蒋应镐本和清代吴任臣本、汪绂本。这些图画虽然与最初的古图已经有了相当大的差别，带有鲜明的时代特征，但其图据文而成，仍很大程度上反映了古图的原貌。

《山海经》内容包罗万象，可谓一部上古时期社会生活的百科全书，其中《海经》图文对远方异域民族的描绘和记述，长期以来吸引着众多的关注。刘歆《上〈山海

---

[1] 顾颉刚：《山海经中的昆仑区》，《中国社会科学》1982年第1期。
[2] 周恬逸：《〈山海经〉文图关系研究》，南京大学2012年硕士学位论文，第13页。

经〉表》认为《山海经》一书记录了五方之山、八方之海所出的各种宝物和怪物,"及四海之外绝域之国,殊类之人",指出其书"可以考祯祥变怪之物,见远国异人之谣俗"①。袁珂根据远方国人的形貌和禀赋将其分为"异形""异禀"两大类。他指出,禹为治洪水周历了九州土地,天下万国,见到了不少奇人奇事,到过许多稀奇古怪的国家,如羽人国、裸民国、不死国、一臂三面国、夸父国等②。这些国家大多记载于《海经》《大荒经》中。根据现存图文,可以将这些"远国异人"分为以下三种类别③。

其一,身体异形:

三首国,其为人一身三首。

结匈国,其为人结匈。羽民国,其为人长头,身生羽。

无臂之国,为人无臂。

无肠之国,其为人长而无肠。

大人国,为人大。

…………

图 2 清代吴任臣《山海经》之"三首国"

---

① (晋)郭璞注;张耘点校:《山海经》,长沙:岳麓书社,1992年,第189—190页。
② 袁珂:《中国古代神话》,北京:华夏出版社,2006年,第270—300页。
③ 三种类别均引自(晋)郭璞注;(清)郝懿行笺疏;沈海波校:《山海经》,上海:上海古籍出版社,2015年。

从正常的角度看，这些人身体都发生了畸形或变异。他们的肤色或黑或白；身材或特别高大，或特别矮小；身体畸形，有一目的、一臂的、三身的、三面的、长脚的、交胫的，有些胸前突起一大块，有些胸前穿了个大洞；有些身上长着鸟羽或者兽毛；有些躯体与动物相似，或长着鸟一样的嘴巴、头和脚，或长着老虎一样的头，如此等等，不一而足。

其二，天赋禀异：

讙头国，其为人人面有翼，鸟喙，方捕鱼。

厌火国，兽身黑色，生火出其口中。

不死民，其为人黑色，寿不死。

轩辕之国，其不寿者八百岁。人面蛇身，尾交首上。

有司幽之国……司幽生司土，不妻；思女，不夫。

有寿麻之国……寿麻正立无景，疾呼无响。

有互人之国……是能上下于天。

有人，名曰柏高，柏高上下于此，至于天。

…………

这些地方的人有着与生俱来的特殊禀赋。有的能遥感而生子，有的长生不死，有的口能喷火，有的能自由来往于天地之间，有的站在地下没有影子，诸如此类。

其三，拥有异俗、异物：

君子国……衣冠带剑，食兽，使二大虎在旁，其人好让不争。

玄股之国……其为人衣鱼食䚦，是两鸟夹之。穿鱼衣，食水鸟。

东方句芒，鸟身人面，乘两龙。

流沙之西，有鸟山者，三水出焉，爰有黄金、璇瑰、丹货、银、铁，皆流于此中。

都广之野……百谷自生，冬夏播琴。鸾鸟自歌，凤鸟自儛。

肃慎国……有树名曰雄常，先入伐帝，于此取之。

青丘国，其狐四足九尾。

黑齿国……为人黑，食稻啖蛇。为人黑首，九日居下枝，一日居上枝。

…………

此类国家风俗迥异，当地人有些乘龙，有些食鸟兽，有些穿鱼衣，有些国男子不娶妻、女子不嫁夫等。此外，当地也出产各种宝物、异物，如四足九尾狐、会唱歌跳舞的鸟、自动流出黄金等宝物的山，等等。

不难看出，以上所列诸多"远国异人"的形象大多出于华夏先民的想象和幻想，以一种居高临下的眼光将远方异人想象成"非我族类"，甚至是非正常人类的形象，进而凸显华夏民族的优越感。这种书写，体现了华夏民族的"自我中心主义"。陈连山认为，《山海经》对异域民族的想象遵守着某种"逻辑"，对异族、异国国民形象的怪异化想象，事实上构成了对华夏人自身正常的证明。他指出，其逻辑出发点的所谓"正常人"，其实就是华夏人的自我认识。这种自我认识包含了一定的自我中心主义的偏见。① 这种自我中心主义的心理倾向，与人类根深蒂固的思维模式有很大关系。人类学家列维·斯特劳斯指出："人们不无理由地说，原始社会把他们的部落集团的界限当成是人类的边界，而把他们之外的一切人都看成外人，即肮脏、粗鄙的低等人，甚至是非人；危险的野兽或鬼怪。"② 这一观点与《山海经》对"远国异人"的绘写和划分不谋而合，通过对他人"非人"的建构和解释，从而将自我认定为世界的中心。

《山海经》对远国异人的想象基于先秦时期华夏民族的地理观和华夏中心意识之上而建构，并非任意捏造。

首先，无论是《禹贡》所构建的"五服"，还是《周礼》记载的"九服"制度，都表明，直至战国时期，人们已经形成了华夏居中心，夷狄分处四方的地理观，华夏和夷狄在空间上形成了中心与边缘的分布格局。《山海经》对远方异人的想象，正是当时华夷五方格局天下观的投影。叶舒宪将《山海经》定位为"神话政治地理"书，认为此书反映了一种"神话政治地理观"。他指出，《山海经》那五方空间秩序井然的世界结构……是一种既成的想象世界的结构模式向现实世界的投射。这种靠想象构建出来的同心方空间模式，"是以'中原'为中心的文化展开的层次结构，反映着由'中央王国'（中国）的自我中心意识所投射出来的辐射性的空间区域分布"③。《山海经》"远国异人"形象的书写和呈现，与春秋战国以来形成的华夷五方地理观一脉相承。

其次，《山海经》对华夏边缘及边远地区民族的"异化"书写，是为了凸显华夏民族的文化优越性。叶舒宪说道："文化他者作为参照，越是被说得异常，就越能反

---

① 陈连山：《〈山海经〉对异族的想象与自我认知》，《北京大学学报（哲学社会科学版）》2012年第1期。
② ［法］列维·斯特劳斯：《野性的思维》，北京：商务印书馆，1987年，第188页。
③ 叶舒宪：《〈山海经〉神话政治地理观》，《民族艺术》1999年第3期。

正自我的正常，越是被描绘得丑怪化，就越能反衬自我的优越与完美。"①《山海经》对其他地区民族"异化"的描绘，一方面是为了满足好奇心和幻想，另一方面则是为了凸显本民族文化的优越性。于是乎，就有了我们看到的那些"身体异形""天赋禀异""拥有异俗、异物"的"远国异人"形象。然而，必须指出的是，《山海经》整体呈现的是一种对异民族、异文化兼容的"大世界观"，而并非简单的憎恶或狂热。《海外南经》开篇云："地之所载，六合之间，四海之内，照之以日月，经之以星辰，纪之以四时，要之以太岁，神灵所生，其物异形，或夭或寿，唯圣人能通其道。"②这条材料揭示了《山海经》对异族形象书写的目的在于让"圣人"掌握所有民族及文化，以便建立一个更好的理想国度，呈现出的是一幅纵横四海、总览天下、无所不包、气势恢宏的天下图式。

以上论述说明，《山海经》本质上呈现的是中国传统的大一统天下观，即全书的写作，服务于统一的政治目的。叶舒宪认为，《山海经》用同心方的世界结构把处于中央帝国周围的各个"非中国"文化统合起来，用空间距离上的远近分布来取代彼此之间性质的差别，其实质在于从山河地理的"认识空间"组合来呼应大一统的帝国秩序。③大一统的政治格局，是《山海经》内容搜集、整理、编排的背后力量。

《山海经》开启的中国民族志书写传统，对后世影响深远。后世历朝统治者对异域民族想象和认知的重要来源之一便是《山海经》。以职贡图为例，无论是其先有图画，后补充文字说明的制作过程，还是内容上对异域民族样貌、习俗、种类等方面的详细描述，以及通过图文记录周边国家和民族，借此了解和认识周边民族和国家、表征"大一统"政治文化、体现华夏文化优越感的内涵，都远承自《山海经》。王以忠认为，《山海经》为古代中国各部族间由会盟征伐及民间"十口相传"之地理知识之图像与记载，与后世职贡图之性质相类似，故《山海经图》亦可谓为职贡图之初祖。④贺次君同意此说。他指出，《海内》《海外》《大荒》诸经犹如一部上古时代的职贡图，其中所记述各民族（国）的事物比较详细，描写一国（人）的形状、种类、

---

① 叶舒宪：《〈山海经〉与"文化他者"神话》，《海南大学学报》1993年第2期。
② （晋）郭璞注；（清）郝懿行笺疏；沈海波校：《山海经》，上海：上海古籍出版社，2015年，第239页。
③ 叶舒宪：《〈山海经〉神话政治地理观》，《民族艺术》1999年第3期。
④ 王以中：《山海经图与职贡图》，《禹贡》1934年第3期。

生活状况等，也与《苗民风俗图》《皇清职贡图》一样。^①叶舒宪从《山海经》创作的内涵角度进行分析，认为它表面上好像在叙述地理和民俗知识，实际上在确认权力的统一，让四方之人对"一统河山"表示服从、认同，也就是对朝贡体制的认可与屈从。^②此话可谓一语中的，指出了职贡图与《山海经》之间的渊源关系。

---

① 贺次君：《"山海经图与职贡图"的讨论》，《禹贡》1934年第6期。
② 叶舒宪：《〈山海经〉神话政治地理观》，《民族艺术》1999年第3期。

第二节　南朝萧绎《职贡图》：现存最早的职贡图

自《山海经》后，《禹贡》《逸周书·王会解》等先秦文献皆为早期有关"职贡"的文献。《禹贡》《逸周书·王会解》早期皆配有图画。《后汉书·王景传》载："（景）尝修浚仪，功业有成，（明帝）乃赐景《山海经》《河渠书》《禹贡图》及钱帛衣物。"[①] 宋代《宣和画谱》曰："昔周武时，远国归款，乃集其事为《王会图》。"[②] 不幸的是，这些图很早就亡佚了，我们无从获知其具体画面和内容。

秦汉时期，中央朝廷和边疆民族地区的联系越发紧密，不仅建立了"道""初郡"等行政建制以及设置都尉、都护、中郎将等机构和官职对民族地区进行管理，而且在中央也设置典属国、大鸿胪和尚书主客曹等机构专门负责朝贡事务。随着朝贡制度的初步形成，产生了对周边"四夷"进行书写和记录的需求，如《史记》首创各民族传记体例，为周边民族专门立传，后世典籍撰述多受其影响。在此过程中，出现了描绘异域民族形象，或者反映朝贡的图像文献。

汉元帝建昭三年（前36），朝廷打败郅支单于后，曾经派人图绘其形象，"甘泉写阏氏之形，后宫玩单于之图"[③]。《汉书·元帝本纪》载：（建昭）四年春正月，以诛郅支单于告祠郊庙，赦天下。群臣上寿。置酒，以其图书示后宫贵人。注引服虔曰："讨郅支之图书也。"[④] 汉元帝所示之图，应为"后宫贵人"所乐睹，最大的可能性应该是匈奴人奇异样貌或当地异物之风俗图。汉代王延寿《鲁灵光殿赋》也说"胡人遥

[①]（南朝宋）范晔：《后汉书》卷76《王景传》，北京：中华书局，1955年，第2465页。

[②] 于安澜编：《画史丛书》，上海：上海人民美术出版社，1982年，第7页。

[③]（南朝梁）萧绎撰；许逸民校笺：《金楼子校笺》卷5《著书篇第十》，北京：中华书局，2011年，第1016页。

[④]（汉）班固：《汉书》卷9《元帝纪》，北京：中华书局，1962年，第295页。

集于上楹"①，鲁灵光殿曾画有胡人形象的图画。可见，汉代已经产生了类似职贡图的图画，可以说是最早的朝贡使者图像。这些图像通过对异域民族奇特面貌的描写，不仅满足了华夏民族本位的猎奇心理，表现华夏的文化优越性，同时也可借此了解周边的人群。从这个角度说，职贡图发端于汉朝。然而，与先秦时期的许多图像文献一样，这些图画均未能留存下来。

现存最早的职贡图出现于魏晋南北朝时期。这一时期，中国政局动乱、割据混战，尤其是南北分立时期，政权更迭频繁，为了彰显政权合法性和统治者德政，争夺文化上的正统地位，各朝统治者积极发展对外朝贡关系，随之产生了描绘朝贡使者的职贡图类文献。根据文献记载，这一时期的职贡图文献主要有：

（一）裴子野《方国使图》

《梁书·裴子野传》载：

> 是时西北徼外有白题及滑国，遣使由岷山道入贡。此二国历代弗宾，莫知所出。子野曰："汉颍阴侯斩胡白题将一人。服虔注云：'白题，胡名也。'又汉定远侯击虏，八滑从之，此其后乎。"时人服其博识。敕仍使撰《方国使图》，广述怀来之盛，自要服至于海表，凡二十国。②

南朝梁武帝令裴子野编纂《方国使图》，以便"广述怀来之盛"。《南史》所载与《梁书》大略相同，说其所敕撰《方国使图》为一卷③。

（二）萧绎《蕃客入朝图》

唐代张彦远《历代名画记》卷七载：

> 元帝萧绎……天生善书画……尝画圣僧，武帝亲为赞之。任荆州刺史日，画《蕃客入朝图》，帝极称善。④

---

① （清）姚鼐纂集；胡士明、李祚唐标校：《国学典藏·古文辞类纂》，上海：上海古籍出版社，2016年，第773页。
② （唐）姚思廉：《梁书》卷30《裴子野传》，北京：中华书局，1973年，第443页。
③ （唐）李延寿：《南史》卷33《裴子野传》，北京：中华书局，1975年，第866页。
④ （唐）张彦远：《历代名画记》卷7，杭州：浙江人民美术出版社，2019年，第118页。

宋代李廌《德隅斋画品》云："《蕃客入朝图》，梁元帝为荆州刺史日所作粉本，鲁国而上凡三十五国，皆写其使者，欲见胡越一家，黄荒种落，共来王之职。"① 清官修《石渠宝笈续编·养心殿》卷二著有《蕃客入朝图》，记云："白描各国人物，衣饰各异"，卷首尾有宋理宗题识云："《梁元帝蕃客入朝图》，定为南唐顾德谦所临。"② 明代张丑《清河书画舫》亦著为《梁元帝蕃客入朝图》，并注云'即《名画记》所载《职贡图》"。③

（三）萧绎《职贡图》

唐《历代名画记》载：

> 古之密画珍图，固多散逸人间，不得见之。今粗举领袖，则有：……职贡图。

张彦远在该图下列举其内容为："外国酋渠，诸蕃土俗本末，仍各图其来贡者之状。金楼子言之梁元帝画。"④ 同书卷七记载萧绎"画职贡图并序，善画外国来献之事"⑤。《旧唐书》卷四十六《经籍志》记有"职贡图一卷 梁元帝撰"⑥，《新唐书》《宋史》等记载与此同。

（四）萧绎《贡职图》

《梁书·元帝纪》与《南史·元帝纪》均记载："《贡职图》（一卷）"⑦。梁元帝撰《金楼子》卷五《著书篇》云："《贡职图》一袟一卷。"⑧《艺文类聚》卷55《梁元帝职贡图序》说其图为萧绎任职荆州时"沿溯荆门，瞻其容貌，诉其风俗。如有来朝京辇，

---

① 潘运告：《中国历代画论选·上》，长沙：湖南美术出版社，2007年，第337页。
② 台北故宫博物院编印：《秘殿珠林、石渠宝笈续编·石渠宝笈二》，台北：台北故宫博物院，1971年，第923页。
③ 卢辅圣：《中国书画全书》第4册，上海：上海书画出版社，1993年，第135页。
④ （唐）张彦远：《历代名画记》卷3《述古之密画珍图》，北京：人民美术出版社，2004年，第78页。
⑤ （唐）张彦远：《历代名画记》卷7《叙历代能画人名》，北京：人民美术出版社，2004年，第145页。
⑥ （后晋）刘昫：《旧唐书》卷46《经籍志》，北京：中华书局，1975年，第2016页。
⑦ （唐）姚思廉：《梁书》卷5《元帝纪》，北京：中华书局，1973年，第136页；（唐）李延寿：《南史》卷8《元帝纪》，北京：中华书局，1975年，第246页。
⑧ （南朝梁）萧绎撰；许逸民校笺：《金楼子校笺》卷5《著书篇第十》，北京：中华书局，2011年，第1014页。

不涉汉南，别加访采，以广闻见"编绘而成，名为《贡职图》。①

从所引文献记载可知，以上四种职贡图的关系非同寻常。传统观点认为，《职贡图》《蕃客入朝图》和《贡职图》系同一作品的不同名称。薛永年指出："《职贡图》一称《蕃客入朝图》，为梁元帝任荆州刺史时创稿。"②陈继春认为，《职贡图》《蕃客入朝图》《贡职图》之所以皆"图兹贡职"，可能为押韵所致，三者皆指同一作品。③陈长华也认为三者本为一图，《蕃客入朝图》为其底图，修补后称为《贡职图》，后讹为《职贡图》。④王素对此进行梳理，指出三者并非同一画卷，并由此提出了萧绎创作的三个阶段：即《蕃客入朝图》是最早的底图，系第一次任荆州刺史时创作；《职贡图》是稍后的增补图，系大同六年（540）任京官时利用京城文书档案增补而成；《贡职图》是最后的完成图，系即位后的承圣三年（554）春最终完成。三者所绘国家数量，《蕃客入朝图》最少，《职贡图》次之，《贡职图》最多。⑤王素在《梁元帝〈职贡图〉与西域诸国——从新出清张庚摹本〈诸番职贡图卷〉引出的话题》⑥一文中再次重申了这个观点。米婷婷在王素研究基础上进一步引申，对三个阶段所补充国家数量进行了梳理，指出：所谓梁元帝《职贡图》，收录三十五国，前者只是一个约定俗成的通称，后者只是一个含糊笼统的总数。它实际由裴子野《方国使图》与梁元帝《蕃客入朝图》《职贡图》《贡职图》三个不同阶段图递增而成。《蕃客入朝图》在裴子野《方国使图》二十国的基础上，增补了六国与蛮族；《职贡图》又在《蕃客入朝图》二十六国与蛮族的基础上，增补了七国；《贡职图》又在《职贡图》三十三国与蛮族的基础上，增补了二国；最终完成了三十五国之数。⑦至此，有关萧绎创作《职贡图》过程及其

---

① 《艺文类聚》卷55《梁元帝职贡图序》，（南朝梁）萧绎撰；许逸民校笺：《金楼子校笺》卷5《著书篇第十》，北京：中华书局，2011年，第1016页。
② 薛永年：《三国两晋南北朝的绘画艺术》，载《中国美术全集·绘画编1·原始社会至南北朝绘画》，北京：人民美术出版社，1986年，第16—34页。
③ 陈继春：《萧绎〈职贡图〉的再研究》，薛永年、罗世平主编：《中国美术史论文集——金维诺教授八十华诞暨从教六十周年纪念文集》，北京：紫禁城出版社，2006年，第153—160页。
④ 陈长华：《梁元帝〈职贡图〉名称考》，杨隽：《浦东史志论稿》，上海：上海远东出版社，2016年，第200—204页。
⑤ 王素：《梁元帝〈职贡图〉新探——兼说滑及高昌国史的几个问题》，《文物》1992年第2期。
⑥ 王素：《梁元帝〈职贡图〉与西域诸国——从新出清张庚摹本〈诸番职贡图卷〉引出的话题》，《文物》2020年第2期。
⑦ 米婷婷：《梁元帝〈职贡图〉的形成》，《魏晋南北朝隋唐史资料（第41辑）》，上海：上海古籍出版社，2020年，第93页。

细节基本得到廓清。此外,对裴子野《方国使图》创作在前,萧绎《职贡图》受其直接影响的观点,大多数学者均接受此说法①。

除以上所列外,魏晋南北朝时期尚有江僧宝《职贡图》。唐代张彦远《历代名画记》载"江僧宝……象人外亡所长",画有"《职贡图》"②。唐代裴孝源《贞观公私画史》记《职贡图三卷》为"江僧宝画"③。

遗憾的是,这一时期绘制的各种职贡图,原作均已亡佚。根据学者研究和现存材料,目前存有萧绎《职贡图》多种摹本:1.唐阎立本摹本。名为《王会图》,绢本设色,现藏台北故宫博物院。存虏至女蛮等二十四国使者画像,无题记。2.五代南唐顾德谦摹本。原名《梁元帝蕃客入朝图》,纸本白描,现藏台北故宫博物院。存鲁(虏)至扶南等三十三国使者画像,无题记。3.北宋熙宁十年(1077)摹本。原名《唐阎立德职贡图》,绢本设色,现藏中国国家博物馆。存滑至末等十二国使者图像与十三国题记(倭与狼牙修之间有宕昌残题记,无图像)。4.清张庚摹本。原名《诸番职贡图卷》,藏处不明,纸本白描。依次录渴盘陀至白题等十八国与蛮族题记,无图像。其他职贡图无摹本传世。

图3 萧绎《职贡图》局部(故宫博物院藏宋代摹本)

---

① [日]榎一雄:《梁职贡图について》,载《东方学》第26辑,1963年,第31—46页;米婷婷:《梁元帝〈职贡图〉的形成》,《魏晋南北朝隋唐史资料》,上海:上海古籍出版社,2020年,第79—93页。
② (唐)张彦远:《历代名画记》卷7《叙历代能画人名》,北京:人民美术出版社,2004年,第152页。
③ 吴孟复主编,张劲秋校注:《中国画论》卷1,合肥:安徽美术出版社,1995年,第38页。

萧绎《职贡图》具有多重意义。

首先，它是一种"图史"，其价值在于写实性，《梁书·诸夷传》记载之内容多来自该图。图中所记滑国、波斯、百济国、龟兹国、倭国、狼牙修国、邓至国、白题国等朝贡诸国，其题记内容与《梁书·诸夷传》记载相符且更翔实，大体符合我国南北朝时期中外交流的情况，是一种基于实际观察和材料的据实记录。

其次，《职贡图》所载三十五个朝贡国，大体符合梁朝的外交情况，是当时地缘政治的视觉呈现。从世界史的角度看，《职贡图》反映了作为当时世界主体或中心的梁朝与作为附从或外围的各国之间的相互关系。萧绎效仿"职方氏"之职责，呈现了当时与梁朝有朝贡关系的三十五国使者形象，具有记录朝贡民族情况、显国威、彰德政、表正统、促进自我认同等多种实际效果。就传统"以画为赞"画论思想而论，《职贡图》隐约展现了"华夏一体"的民族思想。

再次，萧绎《职贡图》具有突出的艺术价值。《职贡图》设色合理，人物形象饱满，造型庄重，比例准确，通过线条刻画出人物神态特征和服饰变化，达到了形神兼备的艺术效果。全图采用优美流畅的线条和淡雅的色彩，精练简洁地描绘出各国使者的人物形象、种族差异及其服饰特点，反映出画家具有很强的洞察力和表现力。唐朝李延寿称萧绎"工书善画，自图仲尼像，为之赞而书之，时人谓之三绝"[①]。萧绎《职贡图》的艺术特色，可称神妙。

最后，萧绎《职贡图》开创了职贡题材绘画的基本图式。《职贡图》通过对来朝使者的纪实描写，表现了不同地区民族人物的神情和特征，图中人物形态各异，服饰样貌各不相同，别具地方气质。人物图像后附有说明文字，叙述该国之地理位置、物产及朝贡史等内容。通过背景留白，人物以四分之三的正侧面角度朝向右边，双手合于胸前行礼的呈现方式，体现出统一的秩序感和恭敬肃穆的画面效果。在人物的编排上，使节的描绘顺序反映出当时各国与梁朝的政治关系。萧绎《职贡图》开创的这种图式，对后世职贡图产生了深远影响。

---

① （唐）李延寿：《南史》卷8《梁本纪下第八·元帝》，北京：中华书局，1975年，第243页。

第三节　唐代职贡图：国家意志的图像书写

唐朝廷在中央设置鸿胪寺、尚书主客司、礼部主客郎中、兵部职方郎中等机构和官职专门负责朝贡事务。《新唐书·百官志》载："（兵部）职方郎中、员外郎各一人，掌地图、城隍、镇戍、烽候、防人道路之远近及四夷归化之事。凡图经，非州县增废，五年乃修，岁与版籍偕上。凡蕃客至，鸿胪讯其国山川、风土为图奏之，副上于职方。殊俗入朝者，图其容状衣服以闻。"①《唐六典》亦载："职方郎中、员外郎掌天下之地图及城隍、镇戍、烽候之数，辨其邦国、都鄙之远迩及四夷之归化者。凡地图委州府三年一造，与板籍偕上省。其外夷每有番官到京，委鸿胪讯其人本国山川、风土，为图以奏焉，副上于省。"②这说明，绘制周边政权和国家山川、地理、风俗及外藩属国番官图像，在唐代已经成为一种制度。

唐朝时期，朝廷下令或组织绘制职贡图类文献的行为，比较重要的有两次：

其一，贞观三年以谢元深来朝而创作《王会图》。《新唐书·南蛮传》载："贞观三年，其酋元深入朝，冠乌熊皮若注旄，以金银络额，被毛帔，韦行縢，着履。中书侍郎颜师古因是上言：'昔周武王时，远国入朝，太史次为《王会篇》，今蛮夷入朝，如元深冠服不同，可写为《王会图》。'诏可。"③

其二，唐武宗会昌年间以黠戛斯入贡而敕令撰绘其人其事。《新唐书》记载黠戛斯使者"行三岁至京师"，武宗大悦，"命太仆卿赵蕃持节临慰其国，诏宰相即鸿胪寺见使者，使译官考山川国风"，李德裕上奏说"贞观时，远国皆来，中书侍郎颜师

---

① （宋）欧阳修：《新唐书》卷46《百官志》，北京：中华书局，1975年，第1198页。

② （唐）李林甫：《唐六典》卷5《尚书兵部》，北京：中华书局，1992年，第161—162页。

③ （宋）欧阳修：《新唐书》卷222下《南蛮传》，北京：中华书局，1975年，第6320页。

古请如周史臣集四夷朝事为《王会篇》。今黠戛斯大通中国,宜为《王会图》以示后世",于是"有诏以鸿胪所得绩著之"。①

结合其他文献记载,唐朝时期创作的职贡图主要有以下几种。

(一)阎立德《王会图》②

唐代胡璩《谭宾录》卷七载:

> 唐贞观三年,东蛮谢元深入朝……颜师古奏言:"昔周武王治致太平,远国归款,周史乃集其事为《王会篇》。今盛德所及,万国来朝,卉服鸟章,俱集蛮邸,实可图写,贻于后,以彰怀远之德。"从之。乃命立德等图画之。③

宋代《宣和画谱》称:

> 唐贞观中,东蛮谢元深入朝,颜师古奏言:"昔周武时,远国归款,乃集其事为《王会图》。今卉服鸟章,俱集蛮邸,实可图写。"因命立德等图之。④

此即为唐贞观三年因谢元深入贡,颜师古奏请图写,阎立德所绘《王会图》。此图明清时期已不传,汤开建推定其图大约亡于北宋末年。⑤宋人董逌《广川画跋》记录了唐代阎立德《王会图》所绘各国人物及其排序:

---

① (宋)欧阳修:《新唐书》卷217《回鹘传下》,北京:中华书局,1975年,第4674页。
② 唐《王会图》有著录为"阎立本"绘者,如宋代柳宗元《唐铙歌鼓吹曲·东蛮》、元代李廉《王会图赋有序》等。汤开建《唐〈王会图〉杂考》(载《民族研究》2011年第1期)、罗建新《唐阎氏昆仲〈王会图〉〈职贡图〉之著录疏误考辨》(载《历史文献研究》2021年第2期,253—262页)等文已作辩证,证明唐《王会图》为阎立德作品。
③ (宋)李昉等:《太平广记》卷211《画二·阎立德》,北京:中华书局,1961年,第1616—1617页。
④ 俞剑华标点注释:《宣和画谱》,北京:人民美术出版社,1964年,第27—28页。
⑤ 汤开建:《唐〈王会图〉杂考》,《民族研究》2011年第1期。

有司告办，鸿胪导客，次序而列。凡国之异，各依其方：东首以三韩、百济、日本、渤海，而扶桑、勿吉、流求、女国、挹娄、沃沮次之；西首以吐蕃、高昌、月氏、车师、党项，而轩渠、嚈哒、叠伏罗、丁令、师子、短人、掸国次之；其南首以交趾、沅溪、哀牢、夜郎，而板楯、尾濮、西爨、附国、筰都等次之；北首以突厥、匈奴、铁勒、鞑靼，而大漠、白霫、室韦、结骨后次之。夷琛蛮贶，瑰奇怪谲，璀琛错落，为一时美观。①

董逌所记，并非全为唐代朝贡之真实记录，因其所见之图并非足本，所列部分为其"整此补罅，完其图像"②而成，其中的西域诸国有些系承袭萧绎《职贡图》而来。但是，阎立德《王会图》奉敕而作，在一定程度上仍反映了当时的历史真实，保留了许多具体的朝贡礼仪等细节以及黠戛斯来源、形象等重要原始资料；不仅如此，图画通过朝贡使者服饰样貌、贡物类属、行列位次等场面的呈现，展现了一幅秩序井然、气象恢宏的大唐气象，令观者产生壮丽的审美体验与对盛世的心理认同，发挥着图像"昭盛德之事"的教育功能。

（二）阎立本《职贡图》

唐代李德裕《进黠戛斯朝贡图传状》载："臣伏见贞观初，因四夷来朝，太宗令阎立本各写其衣服形貌，为《职贡图》。"③由此可知，阎立本奉唐太宗之命绘制《职贡图》，描绘贞观时期四夷来朝的盛况。《历代名画记》称"时天下初定，异国来朝，诏立本画外国图"④，可为佐证。宋《宣和画谱》录阎立本有《步辇图》一，《西域图》二，《职贡图》二，《异国斗宝图》一，《职贡狮子图》一。⑤宋代苏轼有《阎立本〈职贡图〉》诗，曰："贞观之德来万邦，浩如沧海吞河江。音容伧狞服奇庞，横绝岭海逾涛泷。珍禽瑰产争牵扛，名王解辫却盖幢。粉本遗墨开明窗。我嗢而作心未降，

---

① （宋）董逌著；张自然校注：《广川画跋校注》，郑州：河南大学出版社，2012年，第135页。
② （宋）董逌著；张自然校注：《广川画跋校注》，郑州：河南大学出版社，2012年，第137页。
③ 周绍良主编：《全唐文新编》卷703，长春：吉林文史出版社，2000年，第7993页。
④ （唐）张彦远：《历代名画记》，北京：人民美术出版社，2016年，第169页。
⑤ 俞剑华标点注释：《宣和画谱》，北京：人民美术出版社，1964年，第38—39页。

魏徵封伦恨不双。"① 诗作指出该图不仅描绘使者容貌、服饰，而且也绘有各种珍奇贡物。

图 4　阎立本《职贡图》局部（台北故宫博物院藏）

清人吴升辑《大观录》对阎立本《职贡图》卷形制、内容有详细记载：

绢本，高一尺七寸，长五尺五寸，黄素无损，神采奕奕。徽宗墨题"阎立本职贡图"（卷）六字，双龙方玺，"宣""和"连珠玺钤缝，后隔水压缝"大观""宣和""政和"连珠玺，本身前"宣和殿"大方玺，后"悦生"葫芦印，尾丽笺上压"内府图书之印"，末"长"字大方印。地坡下上层叠，著轻绿兼晕颓色，别草长寸余，夹叶，殆苜蓿也；树不高，状类刺棘，人物约五六寸大，设色，毡裘卉服装饰，随方采制，马羸橐它之属，骑坐者，负戴者，散辔群行者，络绎长林深谷间。想见贞观全盛朝，外蕃君长不远河山来王来贡，旷世而下，览斯图绘，犹得侈为美谈也。②

---

① （宋）苏轼著；李之亮笺注：《苏轼文集编年笺注》，成都：巴蜀书社，2011 年，第 367 页。
② （清）吴升：《大观录》卷 11《晋隋唐五代名画》，民国九年排印本。

这段描述与现存台北故宫博物院阎立本《职贡图》卷一致,可资印证。李霖灿考证,台北故宫博物院所藏图画即使不是阎立本原作,也应是唐宋以来流传有绪的一个摹本,图画描绘了唐太宗五年南洋婆利、罗刹、林邑三国联合入贡之事。①

(三)阎立本《西域图》

唐代张彦远《历代名画记》载:

> 时天下初定,异国来朝,诏立本画外国图……元和十三年,彦远大父相国镇太原,诏取之。《西域图》,王之慎亦拓之。②

宋《宣和画谱》记载御府所藏阎立本画共 42 幅,其中有"《西域图》二"。③宋代李公麟《学斋占毕》说"唐阎令作《西域图》,兼彼土山川,而绝色伽梨凡九国,中有狗头、大耳、鬼国为可骇,皆所以盛会而奢远览,亦贡职之流也"④,明确将该图归入职贡图类。元人戴表元《剡源集》卷四载:

> 唐画《西域图》一卷,卷凡四则,每则各先书其国号,风土不同,而同为羌种。画者又特举其概,每国画一王,而一二奴于后挟持之,王皆藉皮坐于地,侍者皆立。……兹图出于唐人目睹手写,其国名因土音载之,不皆有义而当于实。其语疏,其事广,其居欠、膳食、嗜好,去人不远,可以补轶闻,资博识,有《輶轩方言》《番尔雅》之余意。画复精绝,非后世可及,欣玩之不释。⑤

《西域图》不仅"画复精绝",艺术性突出;而且为"唐人目睹手写",系纪实性

---

① 李霖灿:《中国名画研究》,杭州:浙江大学出版社,2014 年,第 11 页。
② (唐)张彦远:《历代名画记》卷 9《唐朝》上,杭州:浙江人民美术出版社,2019 年,第 138 页。
③ 俞剑华标点注释:《宣和画谱》,北京:人民美术出版社,1964 年,第 39 页。
④ (宋)史绳祖:《学斋占毕》卷 2《王会、贡职两图之异》,郑州:大象出版社,2019 年,第 154—155 页。
⑤ (元)戴表元:《剡源集》卷 4《唐画〈西域图〉记》,清道光二十年至二十二年上海郁氏刻宜稼堂丛书本。

描写，反映了唐初中央朝廷与西域关系的历史事实。该画描绘了当时入贡的西域国王及奴仆形象，涉及进贡诸国山川、地理、物产、风俗等内容，尤其是保留了绝色伽梨、狗头、大耳、鬼国等当时史官漏载的"嵬琐者混居羌中"的西域小国原始资料，弥足珍贵。阎立本《西域图》在元代仍流传，鲜于枢、朱德瑞、赵孟頫等人均见过杭州王子庆家藏真迹，但明以后不知去向，其真迹大约亡于元明之际[①]，今亦无摹本传世。

（四）吕述《黠戛斯朝贡图传》

此即唐武宗会昌年间，因黠戛斯入贡，李德裕上奏所绘制之职贡图。其中过程，李德裕《黠戛斯朝贡图传序》有清楚交代：

> 由是龙荒君长黠戛斯，遣使注吾合素等上表献良马二匹……乃诏太子詹事韦宗卿、秘书少监吕述往莅宾馆，以展私觌，稽合同异，觇缕阙遗，传胡貊兜离之音，载山川曲折之状，条贯周备，文理洽通。臣伏以贞观初，中书侍郎颜师古上言："昔周武王天下太平，远国归款，周史乃集其事为《王会篇》。今万国来朝，蛮夷率服，实可图写，请撰为《王会图》。"有诏从之。臣辄因韦宗卿、吕述所纪异闻，饰以绘事，敢叙率服，以冠篇首。[②]

由此看来，此图不仅有图像，而且其说明文字由太魏秘书少监吕述等亲自与使臣了解、记录和核对，达到"条贯周备，文理洽通"，并由宰相李德裕作序。李德裕《进黠戛斯朝贡图传状》说道："臣二十一日于延英面奏，吕述等准敕访黠戛斯国邑风俗，编为一传。今修撰已成，稍似详备。臣伏见贞观初因四夷来朝，太宗令阎立本各写其衣服形貌，为职贡图。臣谨令画工注写注吾合素等形状，列于传前。兼臣不揆浅陋，辄撰传序。"[③]清代王芑孙明确指出："秘书少监吕述撰《朝贡图传》一卷，

---

① 汤开建：《阎立本〈西域图〉在宋元著作中的著录及其史料价值》，汤开建：《唐宋元间西北史地丛稿》，北京：商务印书馆，2013年，第8页。
② 周绍良主编：《全唐文新编》卷707，长春：吉林文史出版社，2000年，第8036页。
③ 周绍良主编：《全唐文新编》卷703，长春：吉林文史出版社，2000年，第7993页。

德裕为序。"① 由此可知，此图传创作者由三部分组成，即还包括了绘写人物形象的画工。李德裕将图画进呈唐武宗，他很满意，表示"卿所进图传，深惬于怀"②。

此图画在《新唐书·艺文志》著录为"吕述《黠戛斯朝贡图传》一卷"，注云："字修业，会昌秘书少监，商州刺史。"《通志·艺文略》说其图传为吕述所撰，但记其卷数为十卷①，当为误笔，应为一卷。此图描绘了唐武宗时期黠戛斯朝贡的画面，是黠戛斯与唐朝友好交往的一个缩影。可惜的是，除李德裕所作序文外，其他图文已散佚。

唐朝统治者注重图画叙事，通过创制《凌烟阁功臣图》《十八学士图》《无逸图》等图像作品，表达表功、纳谏、勤政的政治传统，开一时呈像之盛。许结表示，"唐朝是以国家意志将图像提升到帝国书写的时代"，其宫廷绘画图像叙事所表达的价值观，对后世绘事传统具有重要启示。④ 职贡图是唐代宫廷图像绘写的重要主题。除上述所列外，现存传周昉《蛮夷职贡图》、章怀太子墓《客使图》等也是唐代职贡图类图像的重要作品。与萧绎《职贡图》相比，唐代职贡图作品多为受诏而作，更多体现朝廷意志，彰显当时的政治生态和意识形态。如果说萧绎《职贡图》还多少受个人内心驱动所创作，那么唐代以后历代职贡图的创作则多为"国家行为"。无疑，唐代开创的设立专门机构绘制周边及外藩属国番官风俗图的制度以及创作的大量职贡图作品，起到了一个承上启下的作用。明代文徵明说"昔颜师古于贞观四年奏请作《王会图》，以见蛮夷率服之盛，自是以后，继作不绝，亦谓之《职贡图》"⑤，可谓洞见。

---

① 《清代诗文集汇编》编纂委员会编：《清代诗文集汇编》442册，上海：上海古籍出版社，2010年，第670页。
② 周绍良主编：《全唐文新编》卷704，长春：吉林文史出版社，2000年，第8003页。
① （宋）欧阳修：《新唐书》卷58《志第四十八·艺文二》，北京：中华书局，1975年，第1508页。
④ 许结：《唐代图像叙事的历史价值》，《社会科学》2019年第12期。
⑤ （明）文徵明：《仇实父职贡图卷》，张毅、陈翔编著：《明代著名诗人书画评论汇编·下》，天津：南开大学出版社，2016年，第736页。

第四节　宋代职贡图：柔远人以饰太平的政治标榜

宋承唐制，朝廷也制定绘制朝贡使臣、物产、风俗等图画的制度。宋代孙逢吉《职官分纪》卷十《职方郎中》曰："国朝：职方掌天下地图，以周知方域之广袤及城隍、堡寨、烽堠之数，蕃夷归朝内附之事。"① 宋朝设置有掌握"天下之图"的专门机构，虽未明确其图是否包括"蕃夷"形象，但包含有"蕃夷归朝内附之事"内容则是肯定的。

宋真宗大中祥符八年（1015）九月，权判鸿胪寺、刑部郎中、直史馆张复上奏："请纂集大中祥符八年已前朝贡诸国，绩画其冠服，采录其风俗，为《大宋四裔述职图》"，宋真宗"从之"。② 然而，"是时外夷来朝者，惟有高丽、西夏、注辇、占城、三佛齐、蒙国、达靼、女真而已，不若唐之盛也"③。在此情形下，最初仅完成了注辇一国。真宗认为"国朝以来，四夷入贡久矣。今此纂述太为漏略"，要求鸿胪寺增修。④ 宋仁宗天圣九年（1031）正月，资政学士晏殊上言："伏见占城、龟兹、沙州、邛部川蛮入贡，或挈家而至，瞻望舆驾，纵游宫观。臣闻先朝曾有诏书，凡四夷朝贡至京，委馆伴官询其风俗，别为图录。兹诏废格，因循未举，望下有司按先朝故事施行"，仁宗同样"从之"。⑤ 图绘朝廷使者，询问、记录其国风俗成为宋朝负责朝贡事务机构的一项制度要求。稍后，此项制度还形成了"一进内，一送史馆"的规定，搜集、绘画材料不仅供皇帝阅览，还需提供给史馆作为编修国史的参考材料。

---

① （宋）孙逢吉：《职官分纪》卷10《职方郎中》，北京：中华书局，1988年，第274页。
② （宋）李焘：《续资治通鉴长编》卷85，北京：中华书局，2004年，第1951页。
③ （宋）王栐撰；诚刚点校：《燕翼诒谋录》卷4，北京：中华书局，1981年，第41页。
④ 刘琳等校点：《宋会要辑稿6》，上海：上海古籍出版社，2014年，第3681页。
⑤ 刘琳等校点：《宋会要辑稿6》，上海：上海古籍出版社，2014年，第3681页。

据《玉海》记载，景祐四年（1037）三月，"判鸿胪宋郊请自今外夷朝贡，并询问国邑风俗、道途远近，图画衣冠人物两本，一进内，一送史馆，从之。"① 除了鸿胪寺，礼部主客司也承担了相关的职责。《宋史·职官志三》载："（礼部）主客郎中、员外郎，掌以宾礼待四夷之朝贡。凡郊劳、授馆、宴设、赐予，辨其等而以式颁之。至则图其衣冠，书其山川风俗。"②

以上论述说明，宋朝建立了较为完备的搜集四夷材料、画图其形象的制度。宋朝官方多次组织编绘职贡图类文献，直至北宋末年仍有相关记载。政和六年（1116）三月，常州刑曹翁彦约上书建议宋徽宗重新编绘职贡图集，说以前编绘的有关朝贡图画都藏在礼部，应该拿出来编集成书，"宜命有司编集成书，如周家《王会》之篇"，"以见中国至仁，彰太平之高致，诚天下之伟观也"，徽宗"诏令礼部逐旋编集"。③

根据文献记载和著录，宋朝曾绘制多种职贡图文献。《玉海》载："今秘阁图画有占城、三佛齐、罗斛、交趾职贡图各一，真腊职贡图二，外国入贡图一。《崇文目》地理类有《华夷列国入贡图》二十卷。"④ 宋代董逌著《广川画跋》卷二《上王会叙录》曰："秘阁《王会图》帐录，总幅二十四，亡者十有二矣。"⑤ 这说明，北宋末期宫廷秘阁存有不少各类职贡图，这当中就包括了宋朝时期所绘制的图画。这一时期见者典籍记载的职贡图还有陈居中《蛮王入贡图》⑥、佚名《西南蛮夷朝贡图》⑦等文献。目前存世宋代职贡图文献主要有以下几种：

（一）李公麟《职贡图》

李公麟（1049—1106），字伯时，号龙眠居士，今安徽舒城人，是北宋时期最杰出的画家，以白描人物著称于世。据宋《宣和画谱》记载，李公麟曾绘有"职贡图二"，另有"十国图二"⑧。根据后世文献著录，与李公麟绘制职贡图有关的记载有如

---

① （宋）王应麟：《玉海》卷153《朝贡》，扬州：广陵书社，2016年，第42—43页。
② （元）脱脱：《宋史》卷163，北京：中华书局，1985年，第3854页。
③ 刘琳等校点：《宋会要辑稿6》，上海：上海古籍出版社，2014年，第3372页。
④ （宋）王应麟：《玉海》卷153，日本京都：中文出版社，1977年，第2912页。
⑤ 于安澜：《画品丛书》，上海：上海人民美术出版社，1982年，第254页。
⑥ （清）厉鹗：《陈居中蛮王入贡图》诗，（清）厉鹗撰；罗仲鼎、俞浣萍点校：《浙江文丛·厉鹗集》中，杭州：浙江古籍出版社，2016年，第334页。
⑦ （元）脱脱：《宋史》卷204《艺文三》，北京：中华书局，1935年，第5159页。
⑧ 岳仁译注：《宣和画谱》，长沙：湖南美术出版社，2010年，第158页。

下几种：

1. 明代焦周《焦氏说楛》载："龙眠居士《宾贡图》……图六段，方物象马，筐篚旗帜，种种各别，精极毫芒，备诸变态，神品也……今皆散轶矣。"①

2. 明代张泰阶撰《宝绘录》著录："李公麟《诸夷职贡图》"，内白描人物图画十幅，国名及题记情况不详。②

3. 明末清初人韩洽曾写过"题李龙眠《诸夷职贡图》"诗，说该图为"元丰二年画"，并认为可能"得毋旧本重临摹"，非李公麟原创，国名和题记情况不详。③

4. 清代杜瑞联《古芬阁书画记》著录"宋李伯时白描《异域来王图》册""宋李伯时着色《异域来王图》卷"二种。白描图册绢本，画暹罗、鞑靼、回鹘、浡泥、女王、三佛齐、昆仑层期、女送、高丽、扶桑等十国使臣画像并有题记十则。④

5. 清代陆心源《穰梨馆过眼录》著录"李龙眠《十国朝贡图》卷"一种，绢本，内画十幅。⑤ 据陆心源《李龙眠十国朝贡图卷跋》，所画十国为孛敊、白孛罗、昆仑、朝鲜、女直、九蛮十八洞、三佛齐、登树纲、汉儿江、女送国等，国名皆于使者旗上，有无题记不详。⑥

以上题为李公麟绘制相关职贡图均已散佚，未见传本。目前，国内外所见多种李公麟所作《职贡图》，较为重要的有：

其一，传李公麟《万国职贡图》，藏台北故宫博物院。分别绘制吐蕃、宾童龙、暹罗、回鹘、女王、扶桑、淳泥（浡泥）、女送、三佛齐、鞑旦国等十国使者画像，每图均有题记，说明该国历史、地理、风俗等内容。

---

① （明）焦周：《焦氏说楛》，张小庄，陈期凡编著：《明代笔记日记绘画史料汇编》，上海：上海书画出版社，2019年，第348页。

② （明）张泰阶：《宝绘录》，《四库全书存目丛书》子部（第72册）卷11，影印明崇祯六年刻本，济南：齐鲁书社，1995年，第一叶上至三叶上。

③ 黄志辉、龙思谋：《粤北历代名人诗选》，广州：广东高等教育出版社，1989年，第237页。

④ （清）杜瑞联：《古芬阁书画记》，徐娟主编：《中国历代书画艺术论著丛编》（第26册）卷10，北京：中国大百科全书出版社，1997年，第334—342页。

⑤ （清）陆心源：《穰梨馆过眼录》，《续修四库全书》卷2，影印清光绪十七年吴兴陆氏家塾刻本，第一二叶下至一四叶下。

⑥ （清）陆心源：《仪顾堂续跋》，《续修四库全书》卷15，影印清光绪十八年序刻本，第一一叶上至一二叶上。

其二，传李公麟《万方职贡图》，藏美国华盛顿弗利尔美术馆，绘占城国、浡泥国、朝鲜国、女直国、拂菻国、三佛齐国、女人匡、罕东国、西域国、吐蕃国使者形象，并有题记，署宋高宗绍兴辛亥（1131）曾纡书。

其三，李公麟《异域来王图》，藏波兰华沙国家博物馆。白描画册，绘昆仑层期国、浡泥国、三佛齐、女送国、女王国、扶桑国、高丽国、回鹘国、鞑靼国和暹罗国等国使者图像，有十则题记。

然而，经学者考证，以上现存各版本，连同美国大都会博物馆藏李公麟《职贡图》和拍卖行出现的多种李公麟所作《职贡图》，均有可能为伪作，并非李公麟原创，尤其是题记内容显然为明人所作。① 此观点和意见值得重视，相关事实有待进一步考证。

（二）佚名《景德四图·契丹使朝聘图》

宋皇祐元年（1049），宋仁宗令翰林待诏高克明等人将宋太祖、太宗、真宗三朝盛德之事画成图画，凡十卷。其画面"人物才及寸余，宫殿山川、銮舆仪卫咸备"，图成后，宋仁宗亲自将其图命为《三朝训鉴图》，并"复令传摹，镂版印染，颁赐大臣及近上宗室"②。经学者考证，现藏于台北故宫博物院佚名《景德四图》为《三朝训鉴图》的一部分，或传是其摹本。③

《景德四图》或作《景德四事图》，着色绢本画，无款，高33.1厘米，长252.6厘米，分为四段，右图左文，依次为《契丹使朝聘》《北寨宴射》《舆驾观汴涨》《太清观书》四图，四段文字均分为两部分，第二部分为论，即"臣等曰"。

《景德四图》见诸典籍记载较少。宋代陈著《本堂集·书卤簿小图后》题跋曰：

---

① 赵灿鹏：《宋李公麟〈万国职贡图〉伪作辨证：宋元时期中外关系史料研究之一》，《暨南史学》2013年；周行道：《李公麟〈职贡图〉辨伪新证》，《艺术工作》2021年第4期。

② （宋）郭若虚撰；俞剑华校注：《国画画见闻志》，南京：江苏美术出版社，2007年，第227页。

③ 参见 Cary Y. Liu, "Sung Dynasty Painting of the T'ai-ch'ing-lou Library Hall: From Historical Commemoration to Architectural Renewal", in Cary Y. Liu and Dora C. Y. Ching eds., Arts of the Sung and Yuan: Ritual, Ethnicity, and Style in Painting, Princeton: The Art Museum, Princeton University, 1999, pp94-119. Heping Liu, "Empress Liu's Icon of Maitreya: Privacy and Portraiture at the Early Song Court," Artibus Asiae, vol.LXIII, no.2 (2003), pp.129-156. 转引自陈韵如解题：《宋人景德四图》，载林柏亭主编：《大观——北宋书画特展》，台北故宫博物院，2006年，第139—140页；汪圣铎、周立志：《台北故宫博物院藏〈景德四图〉研究》，《兰台世界》2013年第31期。

《景德图》《天圣记》，久不在目，今而忽有此本，不暇较其详略，而恍然如复见汉官威仪，当何如其感慨。甲午季夏望日，嵩溪遗毫陈某书。①

清《石渠宝笈》著有"宋院本景德四图一卷"，题识曰：

> 素绢本，着色，画凡四段，每段楷书标目：第一段契丹使朝聘；第二段北塞宴射；第三段舆驾观汴涨；第四段太清观书。每段书事实于后。②

由此可知，《景德四图》清代时藏于内府，乾隆曾亲览过该图，《景德四图》为宋代画院所撰。

图 5　宋人《景德四图》局部（台北故宫博物院藏）

《契丹使朝聘》系《景德四图》第一段画面，左边文字说明景德元年（1004）契

---

① 曾枣庄主编：《宋代序跋全编（八）》卷195，济南：齐鲁书社，2015年，第5571页。
② （清）张照纂：《石渠宝笈·贮御书房》卷7，清乾隆内府朱格抄本。

丹遣使韩杞，奉请息兵纳和，契丹国与宋朝签订"澶渊之盟"之事，右边描绘第二年契丹使者朝觐宋真宗的场景，整个画面传递出北宋居于当时东亚国际格局中心位置的理念。

（三）苏汉臣《万国朝宗图》

该图现藏于台北故宫博物院，绢本设色，前图后文，图绘女直、九溪十八洞、朝鲜、安南、三佛齐等十国和地区人物形象，文字部分描述各国历史地理、山川风俗、商贸情况等内容。该图第十幅有"开封苏汉臣画""延祐三年春正月吴兴赵孟𫖯书"落款。图后有元柯九思题跋，叙述其图基本情况：

> 苏汉臣为南宋画院所作。人物古雅绝伦，有虎头道子之风，此职贡图乃其笔也。摹写之工，宛然逼肖，且以见承平之世异域来王，足以补史书之不逮。更得赵松雪各为识其后，令观者一展卷而知是国之形容服饰以及所产之珍玩鸟兽，诚可瑶爱。

然而，根据郑淑方考证，该图题记文字或因辗转临摹、传抄过程中的错误，以致出现文句不相衔接、部分国名待考的情况。经查考典籍资料，题记的文字内容主要节录自明代费信《星槎胜览》、马欢《瀛涯胜览》《国朝典汇》等文献。她认为，该图画风与苏汉臣风格不符，根据卷中出现的国名以及题记出处，应是明代以后的作品。根据题记内容及其出处，她补充了题记中不书国名的朝贡国可能为满剌加国、古里国、昆仑山、龙涎屿及苏文达那。[①]

客观地说，宋朝廷虽然极力拓展对外朝贡关系，多次组织绘写职贡图文献，后世典籍也著录有多种职贡图，但是目前存世可以确定为宋代职贡图的文献实属屈指可数。在"未必诸蕃真入贡""不知中国正雕残，驰想海邦兼日出"[②]的形势下，朝廷统治者之所以热衷于此类图画的创作，其目的之一就在于"柔远人以粉太平"，标榜政权合法性。宋代吕祖谦《祥符四夷述职图赞》中流露出的心态很有代表性，其中说

---

① 郑淑方：《画史图形备远宾——职贡图的风格形制与涉外意识》，《故宫文物月刊》（台北）第433期，第13—15页。
② （清）沈德潜、周准：《明诗别裁集》，上海：上海古籍出版社，2009年，第306页。

到朝廷组织绘写的《四夷述职图》,"固可以伯仲成周《王会》之篇,舆台唐室《职贡》之图矣",有着深刻的意义,"臣窃原圣意,岂徒丹青藻色,夸诩于无极哉?所以昭示后圣,惇德允元,蛮夷率服之成宪尔"[①]。在朝廷摇摇欲坠的北宋末年,常州刑曹翁彦约仍上书朝廷,建议重新编辑职贡图,"以见中国至仁,彰太平之高致,诚天下之伟观也"[②],其中反映出的心态与吕祖谦可谓如出一辙,均意在以此构建宋朝为中心的天下秩序,争取天下"正统"。

---

① (宋)吕祖谦:《吕祖谦全集》第1册,杭州:浙江古籍出版社,2008年,第663页。
② 刘琳等校点:《宋会要辑稿6》,上海:上海古籍出版社,2014年,第3372页。

第五节　元代职贡图：帝国威望的认证

元朝统治者入主中原后，接受了原来中原统治者的天下观，以华夏正统自居，积极发展对外朝贡关系，多次派遣使者前往海外诸国进行招谕。据《元史》等有关资料统计，元代至少有 34 个海外国家曾遣使来华朝贡，朝贡次数多达 200 多次。[①] 为此，元代也延续了前朝绘制职贡图的传统。

按照制度规定，元代时期来朝的贡使到京后，统一安排在会同馆（又称四方馆）居住。《元史·百官志》记载："会同馆，秩从四品。掌接伴引见诸番蛮夷峒官之来朝者。至元十三年始置，二十五年罢之。二十九年复置。元贞元年，以礼部尚书领馆事，遂为定制。"[②] 元代沿袭旧制，会同馆官员除接待贡使外，还负责向其询问各自国家情况，据此编绘职贡图。至元二十五年（1288），礼部建议："会同馆蕃夷使者时至，宜令有司仿古《职贡图》，绘而为图，及询其风俗、土产、去国里程，籍而录之，实一代盛事。"建议得到批准，元世祖忽必烈"从之"[③]。十余年后，元成宗大德四年（1300）七月，礼部奉中书省手谕来呈秘书监，前平滦路盐司副使唐文质呈：

>历代远方珍异者多矣，切以官爵姓名图画至今，后世传之，以为盛事。圣朝自创业以来，积有年矣，名臣烈士，尤盛于前代，俱未见于图画。文质不避僭越之罪，愿尽平生之学，画远方职贡之图及名臣之像，藏诸秘府，以传永久。如准所言，实为盛事。[④]

[①] 喻常森：《元代海外贸易》，西安：西北大学出版社，1994年，第84—87页。
[②] （明）宋濂：《元史》卷85《百官志一》，北京：中华书局，1976年，第2140页。
[③] （明）宋濂：《元史》卷15《世祖本纪》，北京：中华书局，1976年，第310页。
[④] （元）王士点，（元）商企翁编次；高荣盛点校：《秘书监志》卷5《秘书库》，杭州：浙江古籍出版社，1992年，第97页。

这似乎说明，唐文质并不知晓此前元代宫廷中曾有过编绘职贡图的先例，以至于说那些职贡盛事"俱未见于图画"，也许此前礼部编绘职贡图的提议并没有得到落实，未产出相应的成果，至少唐文质没有见过相关的图画。唐文质的提议得到中书省重视和批准。对于绘制职贡图及名臣像之事，秘书监非常慎重，要求在下笔作画前"必须起草"，定稿后要上呈中书省看过后才能领取所需之物料，且须"依上施行"。唐文质继而被任命为辨验书画直长，专门负责此事。

大德五年（1301）年七月，礼部再次发文，指示相关部门要多为辨验书画直长唐文质绘画诸国进献礼物、人品衣冠等提供便利条件。《秘书监志》载：

> 凡诸国朝贡使客，虽是经由行省，必须到都，于会同馆安下。除已令本馆将已起见在使客，询问本国国主姓名、土地广狭、城邑名号、至都里路、风俗衣服、贡献物件、珍禽异兽，具报本部，移关贵监，以备标录。其使客形状、衣冠，令唐文质就往本馆摹写，外关请照验。①

与前朝多由鸿胪寺、主客司等机构负责绘制职贡图的制度相比，元代秘书监的职能也包含了询问入朝使者所在国土情况以及风俗习惯等信息，负责绘制相关图画的职能。元代负责绘画有关机构的增多，说明其时绘事之盛，且已经有了明确的分工。虽然朝廷两次组织编绘职贡图在后世典籍中没有留下更多具体的记载，也没有相关的作品流传，但受其影响，元代绘画中出现了许多与职贡题材相关的绘画作品。

任仁发（1254—1327），画家，字子明，一字子垚，号月山道人，青浦县（今属上海）人。他擅长人物画，尤长画马，曾绘有《职贡图》。元人王逢《梧溪集》卷一《任月山少监职贡图引》对该图有生动的描绘：

> 好风东来快雨俱，夫须亭观职贡图。厥酋高鼻深目胡，冠插翟尾服绣襦。革带鞬鞴貂褡褕，左女执盖右执壶。手容恭如下大夫，酋妻髻椎将湛卢。五采杂佩相萦纡，转顾飞虎飞龙旗。镂耳者殿帕首驱，璎珞衵跣两侏儒。一擎木难珊瑚株，一戴玉琢狻猊铲。神獒鬈鬓状乳貙，复谁牵之鬈发

---

① （元）王士点，（元）商企翁编次；高荣盛点校：《秘书监志》卷5《秘书库》，杭州：浙江古籍出版社，1992年，第98页。

须。最后戴弁饰宝珠，若将入朝谨进趋。秃奚跟跄亦在途，锦幰骢带汗血驹。尊贵卑贱各尔殊，经营意匠穷锱铢。

唐称二阎道元吴，今也少监称京都。少监材抱岂画史，禹迹曾为帝亲理。河伯川后备任使，无支祈氏甘胥靡。大德延祐贞观比，辇陆航海填筐篚。鸟言夷面远能迩，少监临古不无以。赵公商公暨高李，颉颃霄汉嗟已矣。霱云曙开俨斧扆，包茅不入颙谁泚。周编大书王会礼，安得臣臣奉天纪。陋儒作歌歌正始。①

王逢对任仁发极力推崇，说"唐称二阎道元吴，今也少监称京都"，将他与唐阎立本、阎立德兄弟等书画大家并列，并说"少监材抱岂画史"，夸赞他才艺卓越。从王逢对任仁发《职贡图》的描述中，可知其图大概作于任仁发任都水监少监时期，主要描绘了外番向元朝廷进献地方名物之情形。任仁发《职贡图》后世典籍未见著录，也没有以任仁发《职贡图》为名流传之画作。

台北故宫博物院现藏有任仁发《贡马图》一幅，为任仁发曾绘制职贡图类文献提供了线索和实物。该画为绢本设色，纵30.3厘米，横200.3厘米，落款"至大元年春孟望日云间任子明"，画面共绘3匹宝马和6个使者形象，宝马形态优美，人物神态生动，容貌异域特色明显，描绘游牧民族向元朝廷进贡宝马的场景。《贡马图》著录于《石渠宝笈续编·养心殿》："绢本，纵九寸四分，横六尺二寸。设色画马三。前引持刀旗者二人。效者有三人，随者一人。款至大元年孟春望日云间任子明。"②文献记载与台北故宫博物院所藏实物特征相符。

美国旧金山亚洲艺术博物馆现藏有一幅《职贡图》卷，卷尾有作者名款"伯温"，卷尾有明代文徵明跋③，引首有近代邓尔疋书："职供图元任伯温真迹，邓尔疋篆。"任伯温为任仁发之孙，其画继承家族画风，并加以发展，主要擅长画鞍马和人物。任伯温《职贡图》为绢本设色，纵36.2厘米，横220.4厘米。画中人物、马匹以线

---

① （元）王逢：《任月山少监职贡图引》，杨镰主编：《全元诗》第59册，北京：中华书局，2013年，第28—29页。

② 台北故宫博物院编印：《石渠宝笈续编》第2册，台北：台北故宫博物院，1971年，第995页。

③ 跋任伯温职贡图卷：昔间立本尝作职贡图，盖当贞观之际，诸番向化，立本目睹其盛而笔之者也。再见吴兴钱舜举摹本，与此无异。岂皆本于立本欤？参见（明）文徵明著，周道振辑校：《文徵明集增订本》下，上海：上海古籍出版社，2014年。

条勾勒,连绵流畅,细密挺劲,施色采用平涂之法,面部、衣纹晕染得体,造型法式具有唐人之气息,古雅壮美。其画中人物、宝马有其家族任伯温、任贤佐之风格。通过比较,任伯温《职贡图》与任贤佐《三骏图》和任仁发《贡马图》均相似,该图在卷首增添 3 个人物形象,其他皆相同,只是马的斑纹与前两图稍有差异,笔风越加粗厚沉稳,稍减绚烂之色。总之,三图具有明显的传承和对照关系,显示任仁发家族对此类题材较为擅长。

清人史梦兰《尔尔书屋文钞》卷下《家藏书画记》著录有《赵松雪诸夷职贡图卷》,说其画"每图各有说,宋仲温以章草书之,卷尾有李四涯题七律一首",然而其图可能沿袭自唐代阎立德《王会图》、宋代李公麟《十国图》等旧图,部分图画与元朝入贡之史事不合。[①] 赵松雪《诸夷职贡图》未见传本。

值得注意的是,元代职贡图作品多以表现外番朝贡的异域动物画居多,如大象图、骆驼图、天马图、贡獒图,现存钱选《西旅贡獒图》、赵孟頫《贡獒图》、元人画《贡獒图》等。元人画《贡獒图》现藏台北故宫博物院,画面描绘西域使者,一人在前面牵引,一人从后面奋力驱赶,动物造型精准,形态生动,一眼即可辨认出是头狮子;钱选《西旅贡獒图》藏台北故宫博物院,拖尾有俞和题识,表明该图应该是钱选根据看过的阎立本《西旅贡狮子图》临摹之作,描绘异域民族牵着獒、手持宝物进贡的情形,图中所谓之獒亦具有较为明显的狮子特征;赵孟頫《贡獒图》落款"至大三年春三月识。子昂",亦为仿阎立本《贡獒图》而作,临摹手法出神入化,别具韵味。

元代职贡图以表现贡品的动物主题居多,与政权统治者的喜好有直接关系,入主中原的蒙古族统治者接受朝贡异兽方面显得积极而开明,不仅会将远方职贡的各种异兽加以驯养,为己所用,而且还会经常命人将之绘图以纪之。因此,典籍记录元代海外诸国进贡中原地区没有或非常稀有的大象、犀牛、狮子等动物的事例比比皆是,远比唐宋等前朝要多得多。

元朝统治者积极营造接受"四方朝觐"的盛大场景,不仅四处招谕海外诸国前来朝贡,发展朝贡贸易,而且在对待帝国内部诸汗国的关系上,也希望借助朝贡制度以维护元朝廷与"四大汗国"之间的关系,让对方承认其宗主国的地位。为此,遣使朝觐并进贡方物就成为必不可少的一种政治形式。

[①] (清)史梦兰:《尔尔书屋文钞》卷下《家藏书画记》,石向骞主编:《史梦兰集》,天津:天津古籍出版社,2015 年,第 275 页。

图 6 元人画《贡獒图》(台北故宫博物院藏)

元代职贡图中贡物图居多的特征有其积极意义。一方面,这些珍稀宝物的入贡象征着元帝国作为中央朝廷恩泽四方、国运昌盛的景象;另一方面,也暗示着只有作为天下共主的元朝皇帝能够拥有这些物品及其图象,进而凸显其威权。正如元人陈高《西旅獒图》诗中所云:"迢迢西方国,语言重译通。慕义不辞远,贡獒随会同。四夷既宾服,周道信昭融。"① 元人王恽在《跋南蛮朝贡图》诗中表现出来的自豪感,表达了当时从朝廷统治者到一般士人的想法:"海中岛夷,际东南天地者以万数……此即庶方小侯,不能专达,附于大邦而致贡,绘而为图,以表中国圣人在上,德教洋溢,无远弗届之者。"② 各国不断派遣使者携贡物入贡元朝廷,显示了他们对元朝宗主地位的承认,实际上是对元朝帝国威望的认证,这正是元朝廷统治者积极发展对外朝贡关系,延续绘制职贡图传统的重要动力和原因。

---

① (元)陈高:《陈高集》,杭州:浙江古籍出版社,2014年,第43页。
② (元)王恽:《秋涧集》,《秋涧先生大全文集》卷73,四部丛刊景明弘治本。

第六节　明代职贡图：对外交通的经济转向

明初，朝廷实行积极的对外朝贡政策。明太祖朱元璋登基后，就派出使者前往南洋等地进行招谕，吸引各国前来朝贡。明成祖朱棣更是锐意进取，多次遣使外出，招徕"四夷"。《明通鉴》载："成祖锐意通四夷，奉使多用中贵，西洋则和及王景宏，西域则李达，迤北则海童，而西番则率使侯显。"[1] 明朝廷采取主动开拓政策，收到显著效果，形成了"我朝混一之初，海外诸番莫不来庭"[2] 的盛大景象。明代朝贡制度无论在规模，还是制度、管理等方面，都达到了空前的程度，显示出新的气象。

明代朝贡制度的突出特点在于将朝贡与贸易互相捆绑，将明朝与各国的贸易往来限定在朝贡关系中。朝廷规定，凡"海外诸国入贡，许附载方物与中国贸易"[3]，形成了独特的朝贡贸易体制，即所谓的"贡市一体化"，改变了原本朝贡较为单一的政治功能，朝廷通过朝贡贸易，运用经济手段实现了经济和政治的双重功能。史载，明朝"威震海外，凡所号令，罔敢不服从。而番人利中国货物，益互市通商，往来不绝"[4]，中外经济联系空前密切。

明代朝贡事务主要由礼部主客司负责，主客司属官有郎中一人，员外郎一人，主事一人。《明史》载主客司之职责包括：

> 分掌诸蕃朝贡、接待、给赐之事。诸蕃朝贡，辨其贡道、贡使、贡物远近多寡丰约之数，以定王若使迎送、宴劳、庐帐、食料之等，赏赉之差。

---

[1] （清）夏燮撰；王日根等校点:《明通鉴》中册，长沙：岳麓书社，1999年，第454页。

[2] （明）张燮:《东西洋考》卷11《艺文考·明礼部移暹罗国王檄》，上海：商务印书馆，1937年，第154页。

[3] （清）张廷玉:《明史》卷81《食货志五》，北京：中华书局，1974年，第1980页。

[4] （清）王鸿绪:《明史稿》卷283《宦官上·郑和传》，清康熙三十六年敬慎堂刻本。

凡贡必省阅之，然后登内，有附载物货，则给直。若蕃国请嗣封，则遣颁册于其国。使还，上其风土、方物之宜，赠遗礼文之节……凡审言语，译文字，迎送馆伴，考稽四夷馆译字生、通事之能否，而禁饬其交通漏泄。凡朝廷赐赉之典，各省土物之贡，咸掌之。①

主客司职责广泛，掌管朝贡程序、贡物及私货等各方面，凡贡道、贡期、贡使人数、表文勘验等，乃至对负责翻译的会同馆都负有管理职能。这当中，明朝廷延续了唐代以来的一贯做法，要求外出使者归来后将有关朝贡国风土物产等方面的资料整理并呈报，"使还，上其风土、方物之宜"，由朝廷进行保管。这说明，明朝廷也非常重视对各朝贡地区及国家的了解，因此特意要求使者注意搜集和整理当地之风土物产等方面资料奏报朝廷。然而，根据现有材料，明朝是否有如唐代"讯其国山川、风土为图奏之""图其容状衣服以闻"之做法，即由专门机构负责相关"职贡图"的绘制，则不得而知。这种状况与明代留存职贡图作品较少的实际情况倒也吻合。

明代留存职贡图数量较少，见诸史籍记载和现存实物主要有：江苏昆山昆仑堂美术馆藏佚名《职贡图》，绢本设色，仅存女直、鞑靼二册页；郑重《职贡图》，绘有200多人物及大象、驮马、犬等，后有徐邦达题跋："神青妙绝""艳而不俗""可与故宫所藏仇英所作《职贡图》比肩"②；仇英《职贡图》。

仇英《职贡图》现藏于故宫博物院，绢本设色，长达6米，引首有许初篆书"诸夷职贡"，钤"梁清标印""乾隆御览之宝""王季迁印""文徵明印""王氏季迁珍藏之印"等印。卷上画家自题"仇英实父为怀云制"，卷后跋称："此卷画于怀云陈君家，陈君名官，长洲人，与十洲善。馆之山亭，屡易寒暑，不相促迫，由是获画。"③明末张丑《清河书画舫》对该画有详细著录：

仇实父《诸夷职贡图》卷在姚氏。绢本，六着色。布景甚奇，或云仿阎令笔也。前有许元复题署，后有文徵仲、彭孔嘉跋尾，极称许之云。

《诸夷职贡图》卷，诸夷职贡，许初书。九溪十八洞主、汉儿、渤海、

---

① （清）张廷玉：《明史》卷72《职官志一》，北京：中华书局，1974年，第1749页。
② 王素：《故宫学学科建设初探》，北京：故宫出版社，2016年，第129页。
③ （明）张丑：《清河书画舫》，上海：上海古籍出版社，2011年，第615页。

契丹国、昆仑国、女王国、三佛齐、吐蕃、安南贺、西夏国、朝鲜国。仇英实父为怀云先生制。

……近见武克温所作《诸夷职贡》，乃是白画，而此卷为仇实父所作。益本于克温而设色者也。观其奇形怪状，深得胡瓌、李赞华之妙。克温不足言矣。壬子九月既望，题于玉磬山房，徵明。

右《职贡图》，十洲仇君实父画。实父名英，吴人也。少师东村周君臣，尽得其法，尤善临摹。东村既殁，独步江南者二十年，而今不可复得矣。此卷画于怀云陈君家，陈君名官，长洲人，与十洲善，馆之山亭，屡易寒暑，不相促迫，由是获画。其心匠之巧，精妙丽密，备极意态，虽人殊国异，而考案图志，略无违谬，能事直出古人上，衡翁、太史公论之详矣。然非好古诚笃如陈君，抑岂易得哉？予闻画家立意，或援古以讽今，或借近以规远，凡致力精工者，不虚作也。使十洲操笔金马之门，亲见百蛮率服宾贡阙廷，则其所图又岂若是邪？……嘉靖壬子腊月既望，沛彭年题。①

张丑的描述与现藏故宫博物院仇英《职贡图》卷实物特征相吻合。该图人物刻画细腻、笔法精致、设色富丽，为仇英笔下功力精绝之作。张大千跋曰："实甫此卷人物勾勒用兰叶描，盖出于吴道玄，鞍马师龙眠山人，树木师刘松年，综合诸家之长，殚精心力而为之，诚生平合作也。丙戌十一月既望，惠康道兄出观，欢喜赞叹，得未曾有，谨书卷尾，蜀郡张大千爰。"②

图 7　明代仇英《职贡图》局部（故宫博物院藏）

---

① （明）张丑：《清河书画舫》，上海：上海古籍出版社，2011 年，第 614—615 页。
② 汪亓：《仇英〈职贡图〉卷流传考略》，《沈阳故宫博物院院刊》2016 年第 1 期。

仇英《职贡图》画卷描绘了 11 支进贡队伍在林中山间行进的场景，不仅有九溪十八洞主，还有在历史上早已消失的契丹和渤海国。图画共绘人马 100 多个形象，沿途山峰连绵起伏，林木掩映，各路人马身着奇装异服，扛着大旗，手持肩扛各类殊方异域之物，形形色色，让人目不暇接，可谓"道道贡蛮，如周之盛""允文允武，迈汉超唐"①，展现了明代朝贡的极盛景象。

明代职贡图另外一个重要的主题是"瑞应图"，以"麒麟图"为主，表现榜葛剌国（孟加拉国）进献的长颈鹿②及其牵引者形象。麒麟是中国古人想象出来的瑞兽，只有在政治清明、"王者至仁"的时期才会出现，因此当由榜葛剌国进贡、被时人认为是麒麟的长颈鹿一出现，立即引起朝野轰动。明永乐十二年（1414）九月丁丑，"榜葛剌国王赛弗丁遣使献麒麟"③。九月戊寅日清晨，远道而来的长颈鹿作为庆典的主角，被款款引入紫禁城："轩然仰首向丹宸，丈有八尺圭嶙峋。圣皇当宁重临顾，百辟抃舞同欢欣。"曾棨《瑞应麒麟歌》中还写到此前满城空巷围观的盛况："老翁白发尽种种，小儿黄口方断断。皆云生长未曾识，扶携伛偻填城□。"④瑞兽的到来，迎合了朝廷的需要，这是一次宣扬正统与权威，表现统治者永乐皇帝明主形象的绝佳机会。于是乎，朝廷命宫廷画家绘画以作纪念。明代谢肇淛《五杂俎》记载："永乐中，曾获麟，命工图画，传赐大臣，余尝于一故家得见之"⑤，透露出此类图像在明代被绘制的一些信息及其政治内涵。

在此情形下，《明人画麒麟沈度颂》瑞应职贡图应运而生。

《明人画麒麟沈度颂》现藏台北故宫博物院，绢本设色，纵 90.4 厘米，横 45 厘米，画上有翰林院修撰沈度撰写的序文和颂词。沈度的颂词极尽溢满之词，"永乐甲午秋九月，麒麟出榜葛剌国，表进于朝，臣民聚观，欣忭倍万"，认为麒麟的出现，乃因当今皇上有"至仁之德"，是"旷古一遇"，"以为国家万万年太平之征"，因此沈度发自内心地"咏诗以陈，颂歌圣主"。⑥沈度的颂词将麒麟的出现与明成祖治世紧

---

① （明）张丑：《清河书画舫》，上海：上海古籍出版社，2011 年，第 615 页。
② 长颈鹿即麒麟，参见（明）黄省曾撰；谢方校注：《西洋朝贡典录校注》，《中外交通史籍丛刊》册 5，卷中，北京：中华书局，2000 年，第 90 页。
③ （清）万斯同：《明史》卷 41《志十五》，清抄本。
④ （明）曾棨：《刻曾西墅先生集》卷 3，《四库全书存目丛书》集部第 30 册，济南：齐鲁书社，1997 年，第 125 页。
⑤ （明）谢肇淛：《五杂俎》卷 9《物部一》，上海：上海书店出版社，2009 年，第 168 页。
⑥ 王耀庭主编：《故宫书画图录（九）》，台北：台北故宫博物院，2001 年，第 345 页。

密联系起来,表现了此类题材的政治性,即朝廷命画家绘制此类图像,以此呈现明君圣主统治下万国来朝的盛世景象,达到印证帝王正统、歌功颂德的政治目的。

抛开其中政治宣传的目的,《明人画麒麟沈度颂》所表现的形象为据实而作,表现历史的真实画面。该图画面精致艳丽,图中长颈鹿身体上呈六边形纹饰,体型高大,约高人两三倍,造型准确,形象突出;画中双手牵引麒麟的弁夫造型与服装乃典型番邦风格,头上裹着布巾,络腮胡子,红色右衽长袍,腰间系一布腰带,脚踩深色长靴,回头牵动缰绳,似作指挥状。该男子的服饰样貌,与明代典籍中记载的榜葛剌国人几乎一致。《明史·外国传》载榜葛剌国(孟加拉国)"男子皆剃发裹以白布,衣从颈贯而下,用布围之"[①]。图画与文字的双重印证,证实了画面的历史真实性。

明代另有多个版本的麒麟图流传,如台北故宫博物院藏《明人画瑞应图卷》、美国费城艺术博物馆藏《瑞应麒麟图》摹本和菲尔德博物馆藏《麒麟图》等。此类将长颈鹿附会麒麟的图像,是明代永乐时期内一定时段的产物,并没有广泛的流传,但从中可看出传统职贡图题材人牵兽经典图式的深刻影响。

明朝在传承历代传统基础上,建立了有史以来最为严密的朝贡体系,并发展形成独特的朝贡贸易体制。明人王圻《续文献通考》称:"凡外夷贡者,我朝皆设市舶司以领之……许带方物,官设牙行与民贸易,谓之互市。是有贡舶即有互市,非入贡即不许互市。"[②]明代朝贡不仅注重"厚往薄来"的政治象征,更有贸易利益的吸引,因此各国纷纷慕名而来。随着朝贡贸易制度的发展,并通过地图罗列臣属国家,明代延续并革新了职贡主题的相关理念与表现,明代绘制的职贡图也见证了大航海时代对外交通的经济转向,喻示和催生了清代皇皇巨制职贡图的出现。

---

① (清)张廷玉:《明史》卷326《外国传》,北京:中华书局,1974年,第8446页。
② (明)郑若曾:《筹海图编》卷12下《经略四·开互市》,北京:中华书局,2007年,第852页。

第七节　清朝以前职贡图类文献发展特点

职贡图历史悠久，从《山海经图》开启中国古人对周边世界的想象之后，对远方异域的绘写成为"政治读图"的一种传统，是中国统治者了解周边人群和政治的一种方略，也是中国以图像方式了解世界的一种独特方式。南朝梁萧绎完成了真正意义上的"职贡图"。唐朝发展了此类图像的叙事方式，设立机构专门负责，完成了叙事手段的"国家化"，体现出强烈的"国家意志"，起到了一个承上启下的作用。在历代统治者的推动下，"职贡图"类图像不断涌现，不仅丰富了此类图像的表现方式，也见证了各个时代的政治面貌及其变化。纵观清代以前职贡图类图像的发展历程，其特征可归纳为以下几点：

其一，叙事方式由想象向纪实转变。《山海经图》想象成分居多，其人异形，其物异样，与现实世界相去甚远。然而，萧绎《职贡图》为绘制者"瞻其容貌，诉其风俗""别加访采"而成，具有"图史"特征，纪实性明显。其图画和说文可与《梁书》记载互证。萧绎《职贡图》所开创的图文并叙图式和纪实叙事方式，被后世职贡图所延续。当然，这当中也延续了"想象"的方式，如各类"王会图"，多为附会《王会图》而绘，既有历史的真实，也掺杂了许多不实的夸张。但总的来看，纪实性的特征在后世各种"贡使图""贡兽图""贡马图""瑞应图"等各种类型职贡图中都得到了保持。

其二，图像类型不断丰富。职贡图作为中国古代绘画的一个重要题材，其类型也经历了一个不断丰富的发展过程。从最早描绘贡使肖像为主到各类"贡兽图""贡马图""瑞应图"等，其类型逐渐丰富；其间更发展出贡使与贡物合一、背景留白到增添山川树林场景和朝贡情节、从单纯贡兽图到贡使牵兽图、万国朝贡图等类型，反映出此类图像题材及叙事手段不断丰富的事实。

其三，具有突出的"华夏中心"意识。职贡图体现传统"天下观"，反映中央天朝的心态。历代各类职贡图，无论是对人物形象和服饰"非我族类"的刻意描绘，还是对贡物珍稀的强调，又或者对空间次序的有意安排，都体现出强烈的"中心意识"，无不是将中央王朝置于世界的中心进行描述。这个特征，在政治上稍显弱小的宋朝表现得尤为突出。《契丹使朝聘》通过俯视的角度将宋真宗隐藏于中央的布局，表现契丹国使者入贡的场景，从而向世人传递出宋朝居于国际格局的中心位置，以此彰显其正统性。

总之，作为一种表征"大一统"天下观，彰显朝廷威权的图像，职贡图从最初就体现出明显的政治意涵，从萌芽到产生、发展过程，它从来就不是单纯的艺术图像。职贡图发展到明代，类型逐步丰富，叙事方式越发成熟和自如，为清代集大成职贡图的出现奠定了完备的表现手法和充足的思想基础。

第三章
《皇清职贡图》的绘制与增补

《皇清职贡图》的绘制有着深刻的历史背景。清初，作为异族入主中原的满族统治者，为了回应部分中原士大夫对其政权合法性的质疑，从政治、文化等多种途径重新构建"大一统"话语体系，试图突破传统"华夷之辨"思想，构建起视野更为广阔的多族群"大一统"意识形态话语。

《皇清职贡图》的绘制是清朝廷构建"大一统"政治文化的重要实践之一。为了充分发挥《皇清职贡图》表征"大一统"的象征意义和资政经世的现实意义，清朝廷从地方图式的采样和进呈、汇总、图像的选择以及最后的绘制等整个过程进行了精心组织，提出了具体要求。

大体而言，《皇清职贡图》的绘制经历了一个地方绘制稿本进呈，到军机处组织宫廷画家汇总成《职方会览图》，最后形成《皇清职贡图》的过程。梳理《皇清职贡图》的绘制和增补过程，有助于我们厘清其版本脉络，深刻理解背后深刻的政治内涵和动机。

第一节 《皇清职贡图》的绘制背景

一、盛世之下，王朝统治面临"合法性"质疑

清朝是中国统一多民族国家发展和巩固的关键时期。至乾隆时期，清廷的统治地位已经稳固，随着反对民族分裂斗争的不断胜利，逐步建立了对边疆民族地区有效的管理方式。在军事斗争上，通过平定三藩之乱、准噶尔部落首领叛乱、大小和卓叛乱及统一台湾等战争，消除了地方分裂势力，加强了对边疆民族地区的控制和管理；在制度建设上，通过设立青海办事大臣、伊犁将军、驻藏大臣、台湾府等机构，推行盟旗制、军府制等适合当地实际的统治政策，以及迎接土尔扈特部回归、在西南改土归流等措施，进一步增强了边疆民族地区族群对中央朝廷的向心力。

经顺治、康熙、雍正三朝的治理，至乾隆朝，清朝进入一个相对稳定的全盛时期。《清史稿》描述清朝疆域自"太祖、太宗力征经营，奄有东土……世祖入关翦寇，定鼎燕都，悉有中国一十八省之地"，到"圣祖、世宗长驱远驭，拓土开疆……逮于高宗，定大小金川，收准噶尔、回部、天山南北二万余里，毡裘潼酪之伦……自兹以来，东极三姓所属库页岛，西极新疆疏勒至于葱岭，北极外兴安岭，南极广东琼州之崖山，莫不稽颡内乡，诚系本朝"[①]，展现了一幅空前统一和辽阔的疆域图。随着国力的不断增强和疆域的拓展，清朝呈现出一派社会经济繁荣、社会稳定、国家统一、万国来朝的盛世气象。

然而，在这盛世之下，王朝的合法性问题却时常困扰着清初的统治者。作为少

---

① （民国）赵尔巽：《清史稿》卷 54《地理志一·序》，北京：中华书局，1977 年，第 1891 页。

数民族统治政权，清朝廷入主中原后，面临一些坚持传统"华夷之辨"汉族士大夫的质疑，认为满族统治者是"夷狄"，其身份不具有入主中原的合法性。其中，较为突出的为湖南生员曾静。雍正六年（1728），曾静派学生张琦投书于川陕总督岳钟琪，策动其起兵反清。曾静在"逆书"中写道："慨自先明君丧其德，臣失其守，中原陆沉，夷狄乘虚窃据神器，乾坤反覆"，"天生一物，理一分殊，中土得正而阴阳合德者为人，四塞倾险而邪僻者为夷狄，夷狄之下为禽兽"①，极力贬低统治者的身份，认为"夷狄窃天位污华夏，如强盗劫去家财，复将我主人赶出在外，占据我家。今我家人在外者探得消息，可以追逐得他"，"只有杀已夷，砍而已矣，更有何说可以宽解得？"②同时列举了雍正的十大罪状，否认其继位的合法性。曾静在书中宣扬的"华夷之分大于君臣之伦"思想，引发了清朝统治者对其政权的合法性焦虑。赵伯陶指出："清朝开国后的三代帝王长期笼罩于'夷夏之辨'的阴影之中，治理天下而外，还要不时地为自身的合法性找到依据，以跨越民族隔阂的鸿沟，这无疑就要比单纯的汉人政权多费不少心思。"③因此，有学者认为，从某种程度上说，一部清朝史，也是统治者努力建构其天下统治秩序合法性、争取汉民族认同的历史。④

面对质疑，清初统治者一方面极力辩驳，另一方面也通过各种方式努力建构政权的合法性。比如，康熙致力于治统与道统统一的努力，通过尊孔崇儒、重用儒士、整理刊发典籍等方式，得到了许多汉族士大夫的认同，就连以"敢言，不畏权要著称"的李绂也极力赞扬康熙"治统、道统萃于一人"⑤，拒不事清的明遗民黄宗羲晚年也称赞康熙为"圣天子"⑥。雍正对曾静等人"华夷之分大于君臣之伦"之说进行了批驳，他说："夫中外者，地所画之境也；上下者，天所定之分也。我朝肇基东海之滨，统一诸国，君临天下，所承之统，尧舜以来中外一家之统也；所用之人，大小文武，中外一家之人也；所行之政，礼乐征伐，中外一家之政也。内而直隶各省臣民，外而蒙古极边诸部落，以及海澨山陬，梯航纳贡，异域遐方，莫不尊亲，奉以

---

① （清）胤禛：《大义觉迷录》卷1，清雍正内府刻本。
② （清）胤禛：《大义觉迷录》卷1，清雍正内府刻本。
③ 赵伯陶：《落日辉煌：雍正王朝与康乾盛世》，济南：济南出版社，2000年，第3页。
④ 许可峰：《核心与边缘：清代前中期民族文教政策研究》，北京：民族出版社，2017年，第122页。
⑤ （清）李绂：《穆堂别稿》卷46《丁酉记注跋》，清道光十一年奉国堂刻本。
⑥ （清）黄宗羲：《南雷文定》三集卷2《周节妇传》，清康熙二十七年刻本。

为主"①，主张"中外一家，上下一体"，极力消弭华夷之别。他针对"夷狄异类，咸如禽兽"的极端说法，驳斥说："尽人伦则谓人，灭天理则谓禽兽，非可因华夷而区别人禽"，指出清朝疆广阔，"自我朝入主中土，君临天下，并蒙古极边诸部落俱归版图，是中国之疆土开拓广远，乃中国臣民之大幸，何得尚有华夷中外之分论哉"②！直至乾隆后期，乾隆皇帝还不得不为政权的合法性声明："我朝为明复仇讨贼，定鼎中原，合一海宇，为自古得天下最正，……盖以金为满洲，欲令承辽之统，故曲为之说耳，不知辽金皆自起北方，本无所承统，非若宋元之相承递及，为中华之主也。"③

不难看出，政权"合法性"的焦虑时常萦绕在清初统治者的心中。为此，重新构建"大一统"政治文化话语体系，实现"道""统"合一，成为清初统治者不得不面对的重要现实。其中，激进者采取如实行文字狱等高压或暴力方式，意图从源头上消除对自身统治不利的知识和思想的传播，但这种方式效果并不理想，从长远来看实则隐含了更大的危机。于是乎，采取"稽古右文"等怀柔手段，注重思想教化，重新构建"大一统"话语体系，以证明自身统治的"合法性"，成为清初统治者积极参与和推动的重要文教政策。

二、稽古右文，积极构建"大一统"政治文化

历代王朝在建立之初，大多重视搜集和整理传统典籍，用以标榜自身"文教之盛"，宣扬新王朝的伟大功绩，正如《论语》所言："周监于二代，郁郁乎文哉！吾从周。"④由此，文治与武功并治成为盛世的重要标志。清初统治者自不列外，他们极力标榜文治，倡导"稽古右文"的文教政策。

顺治十二年（1655），顺治皇帝提出："帝王敷治，文教是先；臣子致君，经术为本"，并形成了"兴文教，崇经术，以开太平"⑤的文教政策。康熙皇帝即位后，继承了这一国策。康熙十九年（1680）四月初八日，康熙在经筵中下旨议叙学士张英、

---

① （清）胤禛：《雍正上谕内阁不分卷》，雍正十一年，清雍正九年内府刻乾隆六年增刻本。
② （清）王先谦：《东华录》卷183《雍正十五》，清光绪十年长沙王氏刻本。
③ （清）王先谦：《东华续录》卷94《乾隆九十四》，清光绪十年长沙王氏刻本。
④ （宋）朱熹：《四书章句集注》，北京：中华书局，2005年，第65页。
⑤ （民国）赵尔巽：《清史稿》卷5《世祖本纪二》，北京：中华书局 1976年，第141页。

高士奇等人，特别提到其目的在于"以副朕崇儒重道，稽古右文至意"①。康熙二十五年（1686）四月，康熙下诏广搜图书典籍，进一步重申了"稽古右文"政策："自古帝王致治隆文，典籍具备，犹必博采遗书，用充秘府……今宜广为访辑，凡经史子集，除寻常刻本外，其有藏书秘录，作何给值采集及借本抄写事宜，尔部院会同详议具奏。务令搜罗罔轶，以副朕稽古崇文之至意。"②乾隆六年（1741）二月初六日，刑科给事中卢秉纯奏道："我皇上稽古右文，慎重馆职，日以读书励多士，日以砥行励臣工。"③可见，乾隆也极力推行"稽古右文"政策。乾隆三十七年（1772），《四库全书》馆开馆前一年，乾隆发布征书谕旨，宣称"朕稽古右文，聿资治理，几余典学，日有孜孜"，但这一切不是从三十七年开始，而是从登基之日就如此，"是以御极之初，即诏中外搜访遗书，并命儒臣校勘十三经、一十一史，遍布黉宫，嘉惠后学，复开馆集修《纲目》三编、《通鉴辑览》及三通诸书，凡艺林承学之士，所当户诵家弦者，既已荟萃略备"。④直至《四库全书》抄成一部分送往浙江，乾隆仍念念不忘表达其"稽古右文"之意，强调"如有愿读中秘书者，许其陆续领出，广为传写"，"以副朕乐育人才，稽古右文之至意"⑤。

清初统治者积极推崇"稽古右文"的文教政策，不但有标榜文治之用，更有构建"大一统"政治文化，加强治理以巩固统治的现实需要。康熙曾说道："朕每披览载籍，非徒寻章摘句、采取枝叶而已。正以探索源流，考镜得失，期于措诸行事，有裨实用。其为治道之助，良非小补也。"⑥这也正是稽古右文政策的宗旨。在"稽古右文"政策的推动下，清初统治者除了实行尊孔重道、推行科举制等一系列措施外，还通过大规模的整理和编纂典籍，组织系列大型文化工程来构建"大一统"政治文化，加强思想教化，论证王朝统治的合法性，代表性的有《明史》《大清一统志》等。

---

① 《清圣祖实录》卷89，北京：中华书局，1985年，第1129页。
② 《清圣祖实录》卷125，北京：中华书局，1985年，第331页。
③ 《刑科给事中卢秉纯奏请严核真才以重馆职事》，见《宫中朱批奏折》，乾隆六年二月初六日，档号：04-01-38-0061-007，中国第一历史档案馆藏。
④ 《谕内阁著直省督抚学政购访遗书》，中国第一历史档案馆编：《纂修四库全书档案》，上海：上海古籍出版社，1997年，第1页。
⑤ 《谕内阁将来江浙文汇等三阁分贮全书许读书者领出传写》（乾隆四十九年二月二十一日），中国第一历史档案馆编：《纂修四库全书档案》，上海：上海古籍出版社，1997年，1768页。
⑥ 中国第一历史档案馆编：《康熙起居注》第2册，北京：中华书局，1984年，第1292页。

（一）编修《明史》

编修《明史》是清初建立统治合法性的重要举措之一，其修撰自顺治初年开始，历经康熙、雍正，直至乾隆年间才定稿，共用了九十余年时间，是我国历史上纂修时间最长的一部官修史书。

顺治二年（1645），清廷开馆纂修《明史》，但这一时期的修史工作并无实质性进展。直至康熙十八年（1679），利用召开"博学鸿词科"之机，将一部分录取的士子充入史馆纂修《明史》，修撰工作才再度正式展开。历经康熙朝近五十年光阴编修的《明史》于雍正元年成稿进呈，然而终雍正一朝，《明史》都未能定稿。到乾隆时期，乾隆非常关心《明史》的进展，尤其重视纂修的质量，要求纂修官务必详加检校。"《明史》纂修多年，稿本今得告竣，但卷帙繁多，恐其中尚有舛讹之处。着展半年之期，该总裁率同纂修各官，再加校阅，有应改正者即行改正，交与武英殿刊刻，陆续进呈"①。乾隆四年（1739），殿本《明史》终于得以刊刻颁行。

《明史》编修完成后，乾隆给予了高度赞誉。他在《御制读〈金史〉》一文中批评修《金史》《元史》者"轻贬胜国"，而赞誉《明史》，认为其"于当时贤奸善恶，皆据事直书"，"此实大公至正，可以垂示天下后世"。②确实，通过编纂《明史》等史书，乾隆致力于建立起一个完备全面的明史系统，从而把历史话语权牢牢地把握在清政府手中，使得统治者的正统论成为文史、礼教乃至经济、政治方面的指导思想。通过将政权的合法性建构寓于《明史》中，清王朝得到了越来越多士子乃至明朝遗民的认同。比如，"岭南三大家"之一的陈恭尹，当初满洲入关南下时还曾力图复明，待至康熙诏修《明史》，已称康熙为"天子"，赋诗期待《明史》的编修，"今天子赓歌喜起，宸翰云飞，史局宏开，征书西至。青阳布令，百草怀自见之心；白日中天，暗光有容光之地"③，反映了明朝遗民对清王朝的政治认同。清朝政权合法性也逐渐被更多的士人所认同，如即使对南明忠义予以表彰的全祖望，也不视南明为正统，甚至

---

① （清）张廷玉撰；江小角、杨怀志点校：《张廷玉全集》下　合肥：安徽大学出版社，2015年，第421页。
② （清）王先谦：《东华续录》卷84《乾隆八十四》，清光绪十年长沙王氏刻本。
③ 陈恭尹：《独漉堂文集》卷8《重刻岭南文献征启》，《续修四库全书》第1413册，上海：上海古籍出版社，2002年，第269页。

认为"天既厌明,人力莫可如何",清朝"得天命"而君天下。[①]有学者认为,自《明史》颁布之后,"有关明代的史事和定论已出,即使继续私家修史的工作,也仅仅是表示对官修《明史》的附和与赞同而已"。[②]就连最能表现个人认同的私家修史也主动对《明史》附和与赞同,这是部分士人主动将自己精神融入清王朝意识形态、认同清王朝政治合法性的一种表现。

由上可知,《明史》的编修是清初统治者以修史为突破口,为明清易代的合理性作注脚,建构其政权合法性的一次尝试。为前朝修史,是历代王朝交替的惯例。但清初统治者组织编修《明史》,其主要目的不是为了总结明王朝衰亡的历史经验,而是更多地出于化解合法性危机,论证明清更替的必然性。

(二)纂修《大清一统志》

清代是中国方志发展的全盛时期,方志理论进一步深化,体例完善,留下了大量名志,其中清承元明两朝《一统志》纂修而成的《大清一统志》即是其中的重要代表。《大清一统志》是清代官修地理总志,共完成3部,其纂修历经康、雍、乾、嘉、道五朝。至《皇清职贡图》正式开始绘制前,清廷完成了康熙《大清一统志》的编纂。

《大清一统志》纂修的筹备工作始于各地《通志》等方志的编纂和进呈。康熙十一年(1672),保和殿大学士周祚奏称"各省通志宜修",然而除河南、陕西外,"迄今各省尚未编修,甚属缺典",他上奏康熙"请敕下直省各督抚,聘集夙儒名贤,接古续今,纂辑成书,总发翰林院,汇为《大清一统志》"[③],《大清一统志》的纂修提上日程。但直至康熙二十五年(1686),康熙才下令设置《一统志》馆,纂修《大清一统志》。《一统志》馆由陈廷敬与徐乾学共同执掌,但陈廷敬同时还担任《明史》总裁官,《大清一统志》的纂修主要由徐乾学掌管。《大清一统志》的编纂并不顺利,康熙时期仅完成了两个稿本,未能成书。雍正三年(1725),清廷"以《一统志》历久

---

① (清)全祖望:《鲒埼亭集外编》卷25《朋鹤草堂集序》,《续修四库全书》第1429册,上海:上海古籍出版社,2002年,第679页。

② 阚红柳:《清初私家修史研究:以史家群体为研究对象》,北京:北京人民出版社,2008年,第204页。

③ (清)万邦维修:《(康熙)莱阳县志》卷首《奉上修志敕》引礼部咨文,载《中国地方志集成》山东府县志辑53,南京:凤凰出版社,2004年影印本。

未成，特简重臣敦率就功"①，于内阁重开《一统志》馆。由大学士蒋廷锡任总裁，陈德华为副总裁。这次纂修在馆藏旧稿基础上进行。雍正十一年（1733），清廷进一步充实《一统志》馆力量，任命方苞为总裁官，陈德华仍为副总裁，为最后成书奠定了坚实基础。乾隆即位之初，即令继续进行《一统志》未完成的工作，至乾隆五年（1740）十一月，纂修工程完毕。"（乾隆五年十一月）甲午，新修《大清一统志》书成，议叙总裁、纂修等官有差。"②乾隆为康熙《大清一统志》御制序文中说："圣祖仁皇帝特命纂辑全书，以昭大一统之盛，卷帙繁重，久而未成。世宗宪皇帝御极之初，重加编纂，阅今十有余载，次第告竣。"③至此，第一部《大清一统志》从康熙时期议修到告成，前后经历康熙、雍正、乾隆三朝，时间长达68年。随后，乾隆二十九年（1764），清朝廷启动了《大清一统志》的续修工作，书成于乾隆五十年（1785）；嘉庆十六年（1811），清朝廷又进行重修，至道光二十二年（1842）成书。

《大清一统志》是清王朝大一统政治文化实践的产物，除了出于让统治者了解全国情况、加强对国家的有效治理、巩固统治的现实考量外，通过纂修"一统志"宣扬"大一统"思想，将王朝统治合法性融入其中并向世人宣传，也是其纂修的重要目标。曾任康熙朝一统志馆副总裁郭棻作《纂修大清一统志表》歌颂康熙朝"大一统规模之盛"，万国来宗之强，并希望《大清一统志》成为"藜阁千年之典"④，道出了清王朝对纂修《大清一统志》的态度和期许。徐乾学《备陈修书事宜疏》曰："《大清一统志》备载天下山川、郡邑、政事、风俗，用昭我皇上车书一统之盛。"⑤乾隆为康熙《大清一统志》中所作的序文明确指出"圣祖仁皇帝特命纂辑全书，以昭大一统之盛"，直接表明清朝廷纂修《大清一统志》的目的。

"大一统"最直观、最重要的标志就是疆域的大一统。清初至中叶，社会稳定，疆域实现大一统。为此，清朝统治者在纂修《大清一统志》过程中对疆域部分内容进行了精心编排和表述。康熙二十五年（1686），康熙在给总裁勒德洪等的谕旨中表达出将《大清一统志》编纂为"一代之巨典"的雄心，要求纂修人员"恪勤乃事，务

---

① （清）黄之隽等：《乾隆江南通志·序》，扬州：江苏广陵书社有限公司，2010年，第2页。
② 章开沅主编：《清通鉴（雍正朝乾隆朝2）》，长沙：岳麓书社，2000年，第309页。
③ （清）鄂尔泰、张廷玉等编纂：《国朝宫史》，北京：北京古籍出版社，1994年，第595页。
④ （清）郭棻：《学源堂文集》卷17，见《清代诗文集汇编》编纂委员会编：《清代诗文集汇编》第79册，上海：上海古籍出版社，2010年，第344-345页。
⑤ 谭其骧主编：《清人文集地理类汇编》第1册，杭州：浙江人民出版社，1986年，第238页。

求采搜闳博","以永我国家无疆之历服"①，显露出对王朝实现大一统疆域的荣耀和夸赞。徐乾学在《大清一统志凡例》中扬扬自得说："伏念皇朝幅员之广，振古未闻。我皇上文德武功，穷越前古"②，对统治者及其拓展疆域之功极尽夸赞之词。乾隆在康熙《大清一统志序》中说清朝疆域"幅帧袤广，古未有过焉……自京畿达于四裔，为省十有八，统府州县千六百有奇。外藩属国，五十有七，朝贡之国，三十有一，星野所占，坤舆所载，方策所纪，宪古证今，眉列掌示，图以胪之，表以识之"，并把清朝拥有如此广阔疆域的原因归于统治者能顺天应人，具有统治德行，"我祖宗克明峻德，以有九有之师，传绪在予，敢不惟德之勤，笃前人成烈。其在我内外百职事，慎固封守，阜成兆民，懋相予修和有夏；亦越我后嗣子孙，咸敬厥德，以昭受丕基万年，惟无斁"③。通过这些表述，清朝统治者实际上向世人宣示了清王朝政权无可置疑的合法性。有学者指出，《大清一统志》更多体现了清朝的地理身份的构建，清朝廷通过舆地政策和地理学，整合了全国各种地理资源，最终完善了作为帝国统治者的身份的证明。④与此同时，清朝廷通过纂修《大清一统志》逐渐完成了对士大夫舆论权的抢夺，使得他们接受王朝的统治，正如葛兆光所说：清代初期的政治权力就相当巧妙地垄断了本来由士人阐释的真理，并使帝王的"治统"兼并了"道统"，使士人普遍处于"失语"的状态。⑤

在"大一统"理念下纂修的《大清一统志》，突破了传统"华夷之辨"观念，进而建构了"华夷一体""中外一家"的"大一统"观，成为论证清朝享有"正统"的根据之一。通过《大清一统志》，清朝廷不仅向世人展示了广袤的疆域，宣示了清朝的治理权，也成为清朝获取天下正统的宣言。

除了《明史》《大清一统志》等代表性图书外，在"稽古右文"政策影响下，清初统治者还组织文人编写了各类图书。比如，康熙皇帝组织编写《清文鉴》《古文渊鉴》《子史精华》《皇舆全览图》《律历渊源》《康熙字典》《古今图书集成》《全唐诗》《广群芳谱》等。乾隆皇帝也非常热衷于图书的编纂，经他发起编纂的图书达

---

① 《清实录》第5册，北京：中华书局，1985年，第342-343页。
② （清）徐乾学：《憺园文集》卷35《杂著》，清康熙三十六年冠山堂刻本。
③ （清）陈廷敬辑：《清文颖》卷首十三《御制文·大清一统志序》，清乾隆十二年武英殿刻本。
④ 李扬帆：《涌动的天下：中国世界观变迁史论（1500—1911）》，北京：知识产权出版社，2012年，第142页。
⑤ 葛兆光：《中国思想史》第2卷，上海：复旦大学出版社，2001年，第390页。

一百三十余种，早期的有《国朝宫史》《八旗通志初集》《八旗满洲氏族通谱》《钦定四书文》《唐宋文醇》等。尽管这些图书从编纂体例、指导思想、资料来源等各个方面都受到了统治者的干预，反映了其政治需要和文化导向，但其成就也是值得肯定的。对此，《清史稿》评价说："清代肇基东陲，造创伊始，文教未宏，太宗首命大学士希福等译辽、金、元三史，逮世祖译史告成，二年又有议修明史之诏。惟其时区宇未宁，日不暇给，是以石渠之建，犹未遑焉。圣祖继统，诏举博学鸿儒，继修《明史》，复纂诸《经解》《图书集成》等书，以网罗遗逸，拔擢英才，宏奖斯文，润色鸿业，驯致太平之治，而海内彬彬靡然向风矣……高宗妆元，继试鸿博，采访遗书"①，从而造就了清代"经籍既盛，学术斯昌，文治之隆，汉、唐以来所未逮也"②的局面。这是清朝统治者构建"大一统"政治文化的重要组成部分。

三、纂辑绘图，服务于资治经世之需

清初朝廷一系列的政治文化实践，除了表达"大一统"思想、缓解满汉紧张关系、证明自身统治的合法性外，其动力更有来自治理国家的现实需要。

清初，统治者多提倡"实学"，注重"经世致用"，内涵主要是以"资治"，尤其是为新政权资治作为核心，目的在于维护和巩固新生政权。

顺治十二年（1655）三月，顺治下谕礼部，要求各直省学臣训督士子博古通今、明体达用，"明体则为真儒，达用则为良吏，果有此等实学，朕当不次简拔，重加任用。又念先贤之训，仕优则学，仍传谕内外大小各官，政事之暇，亦须留心学问，俾德业日修，识见日广，佐朕右文之治"③。顺治的谕旨明确表达出了清初文教政策的"经世致用"目的，留心学问是为了"佐朕右文之治"。康熙对于学术与政治的关系，看得更为透彻。康熙四十四年（1705），在其所作《御制训饬士子文》里对读书人的"实学"之途有直白的表述："国家三年登造，束帛弓旌，不特尔身有荣，即尔祖父，

---

① （民国）赵尔巽等撰；许凯标点：《清史稿》卷145《艺文一》，长春：吉林人民出版社，第2915—2916页。
② （民国）赵尔巽等撰；许凯标点：《清史稿》卷145《艺文一》，长春：吉林人民出版社，第2881页。
③ 《清实录》第3册《世祖章皇帝实录》卷90，北京：中华书局，1985年，第712页。

亦增光宠矣！逢时得志，宁俟他求哉？"①康熙五十七年（1718）四月末，他在殿试贡士时又进一步指出："广励士习者，以通经为要务。"②康熙要求天下读书人研习经史，必须"讲贯淹通"，如此才能将所学运用于实际的政治管理当中，发挥其经世作用。康熙三十年（1691）三月丙午，他在策试张瑗等贡士后提出："尔多士离经辨志，学古经术，所有涵养德性、兴起事功，必讲贯淹通，始可措诸实用；汉唐之笺疏，宋儒之训诂，繁简得失，义蕴精微，可得而悉指欤？薄海内外，凡声教暨讫之地，既固入官，盱衡世务，讲求素矣。"③这与顺治以来官方所倡导"本于经史"的实学主张相一致。乾隆崇尚"实学"，推崇程朱理学，高度重视其作为道统的神圣地位，认为"实有裨于化民成俗修己治人之要"，"学者精察而力行之，则蕴之为德行，学皆实学；行之为事业，治皆实功"，其最终的落脚点在"实学""实功"上。

清初官方倡导的实学学风在朝廷及统治者实施的一系列文化实践，如纂辑图书、绘制图像、纪事碑刻等方面有着突出的体现。

比如，乾隆钦定的《唐宋文醇》。该文选吸收《古文渊鉴》中康熙的古文批评内容而制成，乾隆在御序中极为明确地表达了"经世致用"的撰作意义。他说："夫世之治也，其士大夫兴于行，耻于空言无实之名"，因此提倡"言有物"④。《四库全书总目》称此书选文为乾隆"亲为甄择"，"其上者足以明理载道，经世致用；其次者亦有关法戒，不为空言"⑤。可见，乾隆御命编纂的《唐宋文醇》不仅为发明经义，更重视其实用价值。

再如，清初纂修的《大清一统志》。该书体现了统治者强烈的"资治"目的。《一统志》馆开馆不久，康熙皇帝下谕总裁勒德洪等，表明其编纂"披牒而慎维屏之寄，式版而念小人之依，以永我国家无疆之历服，有攸赖焉"⑥，服务于朝廷的政治统治。乾隆为成书的康熙《大清一统志》作序，其中说道："盖将以观民设教，体国经野，表皇威之有截，明王道之无外，非徒备掌故、征博洽已也。抚疆宇则念肇造之艰，

---

① 《清圣祖实录》第3册卷208，北京：中华书局，1985年，第116页。
② 《清圣祖实录》第3册卷278，北京：中华书局，1985年，第728页。
③ 《清圣祖实录》第2册卷150，北京：中华书局，1985年，第669页。
④ （清）乾隆御定；乔继堂点校：《唐宋文醇（下）》，上海：上海科学技术文献出版社，2020年，第635—636页。
⑤ （清）纪昀纂：《四库全书总目》卷190《集部四十三》，《御选唐宋文醇五十八卷》条，清乾隆五十四年武英殿刻本。
⑥ 《清实录》第5册，北京：中华书局，1985年，第342页。

稽制置则念经画之要，采谣俗则念化导之方。考循良人物而知治理之效，念所以振兴而长育之。核户口田赋而察登耗之故，念所以怀保而蕃殖之"①，充分体现了其治世思想。徐乾学在《大清一统志凡例》中说皇帝命诸巨纂修《大清一统志》，"益灼知天下厄塞形势、封域户口、兵民财赋之要，以彰明纪纲，损益利病，奠兹疆寓，亿万斯年，非徒景式廓之图、资考稽之益也。"②他在《备陈修书事宜疏》中进一步强调："《大清一统志》备载天下山川、郡邑、政事、风俗，用昭我皇上车书一统之盛，贯穿古今，有裨治理"。③以上材料表明，《大清一统志》将全国的山川、地形、要地以及风土人物等汇集成册，其目的在于让统治者能够及时掌握全国的国情、地情，进而加强对国家的有效治理，巩固统治。

又如，各种碑文、纪事诗等。顺治九年（1652），朝廷颁行卧碑文于全国学宫④，强调给予生员和士子优待的目的是养成贤才以供朝廷之用。雍正六年奉旨颁发《平定青海告成太学碑文》，乾隆十四年遵刊《制平定金川告成太学碑文》以及康熙帝所颁《上谕十六条》《御制训士子文》、雍正帝所颁《御制万言广训》等也都有类似思想的表达。

最后，绘画也是清初"大一统"文化实践的重要领域，体现官方意识形态。清代，尤其是乾隆时期，宫廷画院非常重视纪实性绘画的创作。清胡敬《国朝院画录》序曰："国朝踵前代旧制，设立画院，凡象纬疆域，抚绥挞伐，恢拓边徼，劳徕群帅，庆贺之典礼，将作之营造，与夫田家作苦，藩卫贡忱，飞走潜植之伦，随事绘图，昭垂奕禩。"⑤这表明，清朝廷非常重视绘画的"治世"功能，设置了专门的画院，供养大批宫廷画家，"随时绘图"，记录朝廷重要政治活动与皇帝的文治武功等重要事项。在这一制度的直接推动和影响下，清初出现了表现皇帝"南巡"盛况的《南巡图》《南巡盛典图》、反映皇帝日常娱乐的各种帝王行乐图以及刻画朝廷武勋的各类战图，如《蔡毓荣南征图》《红苗归化图》《雍正平准战图》《初定金川出师奏凯图》等一大批纪实性绘画作品。

---

① （清）陈廷敬辑：《清文颖》卷首十三《御制文·大清一统志序》，清乾隆十二年武英殿刻本。
② （清）徐乾学：《憺园文集》卷35《杂著》，清康熙三十六年冠山堂刻本。
③ （清）徐乾学：《备陈修书事宜疏》，谭其骧主编：《清人文集地理类汇编》第1册，杭州：浙江人民出版社，1986年，第238页。
④ 《清世祖实录》卷63，北京：中华书局，1985年，第490页。
⑤ （清）胡敬：《胡氏书画三种·国朝院画录·序》，清嘉庆二十一年二和胡氏刻本。

绘制表现职贡盛况的职贡图也是画院的职责之一，即胡敬所记画院绘图范围中的"藩卫贡忱"之事。《皇清职贡图》的绘制便产生于上述背景中，而第一次平定大小金川后乾隆迫切需要了解当地情况，以便进行有效治理，则是其绘制的直接原因。

第一次平定大小金川之战可以说是乾隆的一次重大战略失误，在缺乏对当地充分了解的情况下贸然出兵，决定了此次战役绝不会轻松，加上乾隆的自大和前线将领的瞒报，导致清军损失惨重，更耗费了巨额的军费。在战争过程中，乾隆多次表示金川不过"尔穷番，何足当我王师"，根本没把对方放在眼里，到了后期才意识到自己"初未知地既险远，碉复坚峭"①，显示出对敌情的陌生。乾隆对此也坦白说："金川用兵一事，朕从前实未悉彼地情形，因遣讷亲前往，谓与朕亲往无异。彼时果否可以成功，伊若据实奏闻，原可片言而定，讵意讷亲唯图安逸，高傲乖张，不恤士卒，而贼境之险阻，从未一言奏及。与张广泗同一挟私蒙蔽，以致糜帑劳师，朕已重治其罪，而情形竟未深悉，特命经略大学士傅恒前往，相度机宜。"②决定撤兵时，乾隆再次重申："朕思用兵一事，总系从前不知其难，错误办理。今已洞悉实在形势，定计撤兵。"③由此看出，乾隆在第一次平定大小金川之战后再次重申了自身在战前对当地情况的陌生，以致做出了错误的决定，但要说战后已经"洞悉实在形势"则非实情，更多的是为撤兵找个顺水推舟的理由罢了。乾隆在前后出于了解当地实际情况所作出的一系列动作和指示说明了部分真相和事实。

现存四川大学图书馆的《四川全图》即乾隆初年用兵金川时为军事目所作的"军事地图"。该图为彩绘，每县一幅，董邦达等绘，原为内府所藏，在各图醒目位置题记常平仓、监仓、社仓等厫的位置与储粮数目、驻扎官兵位置与各级绿营驻防马、步、战、守兵员额、塘铺位置与路线走向等，传递出强烈的军事意图。图后有文字说明："右图一百五十幅，高一尺二寸，阔一尺四寸，乾隆绘"，并有民国二十年九月四川省盐运使梁正麟题字："兹劲伯出示董东山所绘吾川全图，断县为幅，于内地及边藏山川形胜、道里、兵额、钱谷数目，皆记载无遗，定为乾隆初元用兵金川时所作。"著名历史学家黎澍说："（该图）可考国家之盛衰，山川之险要，地理之沿革，制度之变迁。"④可见，此图的绘制与第一次平定大小金川之战密切相关，很可能在战

---

① 顾祖成等：《清实录藏族史料》，拉萨：西藏人民出版社，1982年，第998页。
② 顾祖成等：《清实录藏族史料》，拉萨：西藏人民出版社，1982年，第990页。
③ 顾祖成等：《清实录藏族史料》，拉萨：西藏人民出版社，1982年，第982页。
④ （清）董邦达等绘：《四川全图》，序、跋文，四川大学图书馆藏乾隆年间彩绘本。

前已经有地图的情况下，乾隆产生了进一步了解当地人群的愿望，也可能在战后同时启动了《四川全图》和《皇清职贡图》的绘制工作。《皇清职贡图》诸臣跋曰："先是乾隆岁戊辰，王师平定金川，皇上念列朝服属外臣，式增式扩，爰敕所司绘职贡图，以诏方来而资治镜"①，揭示出乾隆在第一次平定大小金川后产生了绘制《皇清职贡图》想法的事实，由此揭开了大规模编绘全国性职贡图的序幕。

---

① （清）佚名：《职贡图》卷4，诸臣跋，北京故宫博物院藏手卷绘本。

第二节 《皇清职贡图》彩绘本的绘制

清乾隆十三年（1748），在平定大小金川后，"皇上念列朝服属外臣，式增式扩，爰敕所司绘职贡图，以诏方来而资治镜"①，乾隆产生了绘制《皇清职贡图》的想法。为了稳妥推进，这项工作首先在四川省进行试点。《宫中档乾隆朝奏折》记载：

> 乾隆十六年十一月十七日，四川总督臣策楞谨奏，为恭进番图事。窃臣于乾隆十五年八月十一日，承准大学士忠勇公傅恒字寄钦奉上谕，命臣将所知之西番、猡猡男妇形状，并衣饰服习，分别绘图注释，不知者，不必差查等因。钦此钦遵。谨就臣所经历之夷地，及接见之番民，或参考于该管之文武，绘图二十四幅，并将该处地土风俗、服饰好尚大概情形，逐一注明成帙，恭呈御览。②

上述材料说明，乾隆十五年（1750），四川总督策楞接到上谕后，根据乾隆旨意命人将四川少数民族绘图24幅恭呈御览。这24幅图不仅绘制了当地少数民族的服饰样貌，并有文字说明其风俗好尚等内容。

在四川试点提交图像的基础上，清朝廷制定了"图式"样本下发各地，全面启动了《皇清职贡图》的编绘工程。乾隆十六年（1751）闰五月四日，乾隆颁布谕旨：

> 我朝统一寰宇，凡属内外苗夷，莫不输诚向化，其衣冠状貌，各有不同。今虽有数处图像，尚未齐全。着将现有图式数张，发交近边各督抚，

---

① （清）佚名：《职贡图》卷4，诸臣跋，北京故宫博物院藏手卷绘本。
② 《四川总督策楞奏折》，《宫中档乾隆朝奏折》第一辑，乾隆十六年十一月十七日，台北："国立"故宫博物院，1982年，第910页。

令其将所属苗、傜、黎、僮,以及外夷番众,俱照此式样,仿其形貌衣饰,绘图送军机处,汇齐呈览。朕以幅员既广,遐荒率服,俱在覆含之内,其各色图样,自应存备,以昭王会之盛。①

编绘《皇清职贡图》的工作由乾隆亲自主持,他要求沿边各督抚亲自负责组织地方"番夷"图像的绘写,绘图后送军机处,汇齐呈览,可见此项工作的重要性。清朝廷所下发的"图式",应该就是在四川进呈24幅图像基础上制定的,策楞在乾隆十六年十一月十七日上奏提到:"再本年八月十三日,承准廷寄番图二式,钦奉谕旨,令臣将所属苗猺,以及外夷番众,照式绘图,送军机处汇呈,以昭王会之盛等因。臣现在钦遵,留心图写,容俟绘就另进。"②这说明,《皇清职贡图》的绘制经历了一个地方组织绘写稿本的过程。畏冬根据策楞的奏折将地方组织绘写后进呈军机处的稿本称为"番图",认为《皇清职贡图》绘本经历了一个由"番图"到《职方会览图》再到《皇清职贡图》的发展过程。③

乾隆二十六年(1761),《皇清职贡图》彩绘本初步完成后,随着版图的扩大和边疆少数民族的不断内附,为了彰显朝廷威德,表征大一统,清朝廷对《皇清职贡图》绘本进行了多次图文的增补。

一、地方稿本的绘制:以云南省为例

乾隆十六年(1751)十一月初一日,在接到傅恒寄字谕旨后不到三个月,署理湖广总督恒文就向军机处具文呈报:

> 随经遵照,密饬有苗各属,慎密办理去后。今据有苗等府、州属逐一确查,将各处苗、傜男妇衣冠状貌,绘画图像前来。本司就近委员确核,将各属苗、猺男妇图像,分别类种,照式汇绘注说,装潢册页壹本。具文

---

① 《高宗纯皇帝实录(六)》,北京:中华书局,1986年,第120—121页。
② 《高宗纯皇帝实录(六)》,北京:中华书局,1986年,第120—121页。
③ 畏冬、刘若芳:《〈苗瑶黎僮等族衣冠图〉册及〈职贡图·第六册〉考》,《故宫学术季刊》(台北)2009年第2期。

详赍咨送军机处大人,查核汇呈等情到本署部院。据此,所有赍送到苗、猺图像,相应咨呈。①

这说明,作为一项乾隆亲自主持的文化工程,地方督抚自然不敢怠慢,谕旨颁下后,地方很快就有了回应。乾隆十七年(1752)七月二十六日,闽浙总督喀尔吉善及福建巡抚陈宏谋上奏将"所有闽省畲民、社番并外夷诸番图册","通计畲民二种、生熟社番十四种、琉球等国外夷十三种"送军机处进呈御览。需要指出的是,福建所呈送的图册不仅有图像,陈宏谋还"随谕布政司再加采访,增添贴说",亦即增添了说文,用以说明其服饰样貌、风土嗜好、道里远近等内容。②此后,各地组织编绘的图像不断汇集到军机处。

各地进呈的稿本画像是《皇清职贡图》图像的主要来源之一,对厘清和还原其绘制过程和细节具有重要价值。但长期以来,地方进呈的稿本图像并未面世,无人知晓其状态。直到2009年前后,畏冬发现中国第一历史档案馆藏有题名为《苗瑶黎僮等族衣冠图》的图册,经比对和研究,确认为《皇清职贡图》四川省部分的"番图",并认为是当时唯一存世的《皇清职贡图》原始稿本,对深入研究《皇清职贡图》具有重要意义。③然而这并不是唯一存世的稿本,中央民族大学图书藏《云南民族图考》④是《皇清职贡图》云南省进呈的稿本,不仅为厘清《皇清职贡图》绘本的发展脉络提供了关键的论据,也是研究清代云南民族历史真实可信的第一手资料。

(一)《云南民族图考》基本情况

《云南民族图考》在中央民族大学图书馆《线装书登录簿》的信息为:"登录日期:1960年9月6日;登录号:152550;书名:云南民族图考;出版处:清绘本;页数:40;册数:1帙;著者和来源一栏均空白。"与《云南民族图考》同一批登录的尚有《清乾隆内府舆图》《御制外苗图》《贵州苗民风俗图》等图册类文献。

---

① 恒文:《咨呈军机处奉谕绘画苗瑶黎僮等外夷图像》,乾隆十六年十一月一日,军机处档折件第2740箱,007505号,台北故宫博物院藏。
② 《福建巡抚陈宏谋奏折录副》,乾隆十七年七月二十六日,军机处档折件第2740箱,62包,9023号,台北故宫博物院藏。
③ 畏冬、刘若芳:《〈苗瑶黎僮等族衣冠图〉册及〈职贡图·第六册〉考》,《故宫学术季刊》(台北)2009年第2期。
④ 《云南民族图考》为入藏后题。经考证,其原名为《百蛮图说》。

《云南民族图考》为绢本设色画,纵 36.8 厘米,横 29.5 厘米,共存画面 40 开,每开男女各一图,图的右上方为说文。每开右下角均钤"中央民族学院图书馆藏"方形印章;背面右上角用铅笔标明顺序号,左下中间位置印有登录号,并用圆珠笔标明顺序号,中间靠右印有索书号,索书号右手边钤"中央民族学院藏书章"圆形印章。

长期以来,由于对《云南民族图考》的性质缺乏清晰认识,导致相关研究成果多停留在介绍阶段,如吴永章先生著《中国南方民族史志要籍题解》一书列举了《云南民族图考》所记 40 种夷人名目以及"苗子"和"瑶人"的说文部分内容①;祁庆富教授对本图册的特征进行了简单介绍,认为《云南民族图考》是在《皇清职贡图》影响下,并依据其他图册汇编抄绘而成的②。除此外,对于《云南民族图考》的版本考证及其对揭示早期《皇清职贡图》创制过程和事实的重要价值等更深入的研究成果尚属空白。

(二)《云南民族图考》与《皇清职贡图》夷人名目的比较

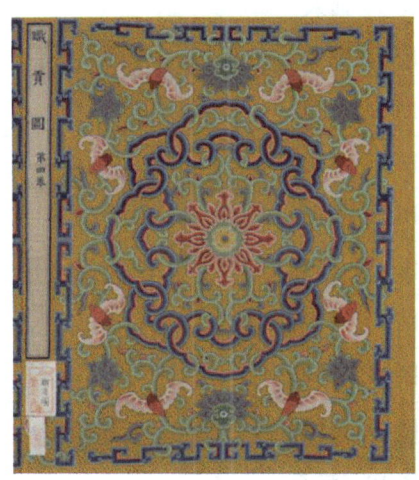

图 8-1 故宫博物院藏佚名《职贡图》第四卷　　图 8-2 《云南民族图考》

《云南民族图考》和《皇清职贡图》卷四《云南省》二者收录的夷人名目基本一致,前者收录 40 种,后者收录 36 种。为了更直观地表现二者的渊源关系,现将其收录夷人名目列表进行比较(表 1)③:

---

① 吴永章:《中国南方民族史志要籍题解》,北京:民族出版社,1991 年,第 270 页。
② 祁庆富、史晖:《清代少数民族图册研究》,北京:中央民族大学出版社,2012 年,第 50 页。
③ 本表采用北京故宫博物院藏乾隆朝佚名《职贡图》作为参照,此本为彩绘正本之副本,与正本最为接近,从中可窥知正本之面貌。另外,也比较了《皇清职贡图》卷一外藩部分与《云南民族图考》中相同的夷人名目。

表 1　收录夷人名目比较

乾隆朝佚名《职贡图》卷四《云南省》顺序与名称	《云南民族图考》相对应的顺序与名称
图 1，云南省云南等府黑猓猓①	图 16，黑猓猓
图 2，云南等府白猓猓	图 17，白猓猓
图 3，云南等府乾猓猓	图 14，乾猓猓
图 4，广南等府妙猓猓	缺
图 5，曲靖等府僰夷	图 6，僰夷
图 6，景东等府白人	图 15，白人
图 7，曲靖等府狆人	图 4，狆人
图 8，广南等府沙人	图 33，沙人
图 9，广南等府侬人	图 20，侬人
图 10，顺宁府蒲人	图 3，蒲人
图 11，丽江等府怒人	图 9，怒人
图 12，鹤庆等府狱人	图 32，狱人
图 13，武定等府罗婺蛮	图 2，罗婺
图 14，临安等府土獠	图 1，土獠
图 15，元江等府窝泥蛮	图 22，窝泥
图 16，临安等府苦葱蛮	图 34，苦葱
图 17，临安等府扑喇蛮	图 35，檏喇
图 18，云南等府撒弥蛮	图 21，撒弥
图 19，云南省曲靖等府苗人	图 10，苗子
图 20，普洱等府莽人	图 18，莽子
图 21，姚安等府猓猡蛮	图 8，猓猡
图 22，武定等府摩察蛮	图 023，摩察
图 23，楚雄等府扯苏蛮	缺

---

① 需要指出的是，本表及后文引用中带有反犬旁的族名是当时统治者对少数民族的贬损和污蔑，不代表作者的观点，照录这些族名只是为了保存资料的原貌。实际上，作者坚决拥护我国各民族一律平等的民族政策。

续表

乾隆朝佚名《职贡图》卷四《云南省》顺序与名称	《云南民族图考》相对应的顺序与名称
图 24，临安等府㭲鸡蛮	图 24，㭲鸡
图 25，丽江等府么些蛮	图 27，么些
图 26，鹤庆等府古倧番	图 25，㺜倧
图 27，永北等府西番	图 19，西番
图 28，大理等府峩昌蛮	缺
图 29，曲靖府海倮㑩	缺
图 30，广西府阿者猡猡	缺
图 31，曲靖府鲁屋猡猡	缺
图 32，武定府麦岔蛮	缺
图 33，姚安府嫚且蛮	缺
图 34，顺宁府利米蛮	图 37，利米
图 35，开化府普岔蛮	图 40，普岔
图 36，永昌府西南界缥人	图 38，缥人
缺	图 5，阿叓
缺	图 7，卡瓦
缺	图 11，野猓猓
缺	图 13，猺人
缺	图 28，和泥
缺	图 30，黄喇嘛红喇嘛
缺	图 31，羗些
缺	图 36，白猁獭
卷一图 6，安南国夷人	图 29，交人
卷一图 7，安南国猁獭	图 26，猁獭
卷一图 12，南掌国老挝	图，12，老挝
卷一图 13，缅甸国夷人（男像不一致）	图 039，缅目

  经过比较发现，《云南民族图考》与《皇清职贡图》夷人名目相同者 32 种，其中卷四云南省部分 28 种，卷一外藩部分 4 种；《云南民族图考》中的阿度、卡瓦、野

傈僳、傜人、和泥(《皇清职贡图》卷四"窝泥"条中提及"和泥")、黄喇嘛红喇嘛、羯些、白喇鸡等8种《皇清职贡图》中没有收录;《皇清职贡图》中的妙罗罗、扯苏蛮、猁昌蛮、海果罗、阿者罗罗、鲁屋罗罗、麦岔蛮、嫚且蛮等8种为《云南民族图考》所无。

通过进一步细检图文还可以发现,《云南民族图考》与《皇清职贡图》共同收录的32种夷人无论是图像还是说文均基本一致。在图像上,二者除人物方向、服饰颜色、饰物等细节稍有差别以及《皇清职贡图》卷一"缅甸国夷人"与《云南民族图考》的"缅目"男像不一样外,其他均基本一致;在说文方面,除《皇清职贡图》增加了一些少数民族历史沿革、贡纳赋税情况等内容外,其主体部分也基本一致。

可见,无论是收录的夷人名目,抑或图像及说文,《云南民族图考》与《皇清职贡图》均基本一致,显示出二者之间深厚的渊源,应为同一版本体系。

(三)《云南民族图考》版本考

首先,《云南民族图考》说文所记各夷人府属表明其成书在清雍正、乾隆年间。该书所记每种夷人的"说文"均载其府属情况,计有云南府、曲靖府、临安府、澄江府、武定府、广西府、广南府、元江府、开化府、镇沅府、东川府、昭通府、普洱府、大理府、楚雄府、姚安府、永昌府、鹤庆府、顺宁府、永北府、丽江府、蒙化府、景东府等23府。这些府的数量及名称与乾隆《云南通志》所载完全相同。[①]这23府,基本因袭明朝建置。通过列举少数清初新置和清中后期改置情形,可推知《云南民族图考》成书的时间断限(表2)[②]:

表2 清朝云南省各府改置情况

府名	设置情形	改置情形
武定府	明洪武十五年置	乾隆三十五年改为直隶州
广西府	明洪武十五年置	乾隆三十五年改为直隶州
元江府	明洪武十五年置	乾隆三十五年改为直隶州
开化府	康熙六年置	

① (清)鄂尔泰等修,(清)靖道谟纂:《云南通志》卷4《建置》,清乾隆元年刻本。
② (清)岑毓英修,(清)陈灿纂:《云南通志》卷31至卷34《建置志·沿革》,清光绪二十年刻本。

续表

府名	设置情形	改置情形
镇沅府	明永乐四年升州为府	乾隆三十五年改为直隶州
东川府	清雍正四年前属四川，后改属云南	
昭通府	原属四川，明设乌蒙军民府，清初因之；雍正五年改隶云南，雍正九年改乌蒙府为昭通府	
普洱府	清雍正七年置	
姚安府	明洪武一五年置	乾隆三十五年罢
鹤庆府	明洪武十五年置	乾隆三十五年入丽江府
永北府	康熙三十七年置	乾隆三十五年改为直隶厅
蒙化府	明正统十三年置	乾隆三十五年改为直隶厅
景东府	明为土府；清康熙四年置流官，设景东庄	乾隆三十五年改为直隶厅

上表表明，《云南民族图考》的成书年代上限为清雍正九年（1731）改乌蒙府为昭通府，下限为清乾隆三十五年（1770）改武定、广西、永北等府为直隶州或直隶厅。如早于雍正九年（1731），或晚于乾隆三十五年（1770），就不可能同时出现完整的上述 23 府名称。这个时间段包含了《皇清职贡图》彩绘正本从创制到完成的时段。那么，《云南民族图考》与《皇清职贡图》在成书时间上孰先孰后呢？

《皇清职贡图》彩绘正本完成于乾隆二十六年（1761），但前期只有一份手卷和一份册页[①]，作为御览之宝，是国家形象的代表和治理地方的依据，流入边陲云南的可能性微乎其微。法国国家图书馆等藏《职贡图》册页绘本原藏于圆明园，无流入云南之记录。此外，亦无证据表明《皇清职贡图》绘本以何种其他方式流入了云南。因此，可以排除《云南民族图考》图说源自《皇清职贡图》的可能性。

此外，《皇清职贡图》写本完成于乾隆四十三年（1778），刊本完成于嘉庆十年

---

① 《皇清职贡图》手卷绘本有三份，最早的正本完成于乾隆二十六年（1761），目前仅见中国国家博物馆藏金廷标绘《职贡图》第二卷；另两份为乾隆四十年（1775）后摹绘的副本，《清宫内务府造办处档案总汇》第 38 册《如意馆·各作成做活计清档》（第一历史档案馆，香港中文大学文物馆编，北京：人民出版社，2005 年，第 60 页）载："（乾隆四十年十月）接得员外郎图阿押帖，内开九月二十二日，首领吕进忠交乾清宫职贡图四卷一分、旧宣纸八张，传旨：着贾顾（全）、顾全（铨）照乾清宫职贡图尺寸大小一样，各画一分。钦此。"可见，这两份彩绘副本都晚于《云南民族图考》乾隆三十五年（1770）的成书下限。

(1805)①，这两种版本的成书时间都在《云南民族图册》之后。

由上可知，无论绘本、抄本，还是刊本《皇清职贡图》，均完成于《云南民族图考》之后，二者之间的渊源关系应该是《皇清职贡图》参考了《云南民族图考》的图像与说文。

其次，通过对《云南民族图考》图像材质、风格、装裱等方面的考察，表明《云南民族图考》为地方编绘的原始稿本。

从图像看，《云南民族图考》出自众家之手，为当地编绘的原始图册。《云南民族图考》为绢本画，但其材质较粗糙，直观上与宫廷所用相差甚远，属于普通的民间用绢。绘画颜料多为就地取材，有些为植物颜料，如"僰夷""摩察"等；有些为矿物颜料，如"独人""沙人"；有些则矿物和植物颜料混用，如"沙人妇女"，上身绿衣用矿物颜料，下身蓝布裙子则使用植物颜料。画面上，整套图册多采取平铺方式，使用单一大色块，缺乏浓淡、明暗对比，立体感较差。总体画面显得古朴、原始，但风格不统一，如"独人""和泥"等点了白瞳仁，其他则多未点，显示这些图像出自不同的画手。《云南民族图考》采用纸裱方式，另在画面四周贴上长条普通绢，留有撞边，但尺寸较小，且多已被磨掉。从装裱方式上看，既未使用清宫常用的黄绫裱边，亦无宫廷装裱标记。

可见，画册的材质、装裱、风格等方面证实了《云南民族图考》并非宫廷作品，而是出自地方众家之手，为原始素材。这种情况表明，《云南民族图考》的编绘是一项有计划和明确目标的行为，绝非来自某个人物的一时兴起。根据现有文献记载，这种行为最大的可能性来自清乾隆十六年（1751）朝廷颁发《寄信上谕》的命令。②

最后，通过比较《云南民族图考》与《皇清职贡图》的图像与说文，亦可佐证前者成书早于后者。相对于《云南民族图考》的原始、古朴，《皇清职贡图》在人物图像和说文两方面均进行了修饰和美化。

在美化图像方面，为了彰显形象，《皇清职贡图》对入选夷人名目画面的诸多细

---

① 祁庆富：《〈皇清职贡图〉的编绘与刊刻》，《民族研究》2003年第5期。
② 乾隆十六年（1751）闰五月初四日，朝廷颁发《寄信上谕》："着将现有图式数张，发交近边各督抚，令其将所属苗猺黎僮，以及外夷番众，俱照此式样，仿其形貌衣饰，绘图送军机处，汇齐呈览"（《清实录》第14册《高宗纯皇帝实录（六）》，北京：中华书局，1986年，第120—121页），正式启动《皇清职贡图》的编绘工程。

节在地方上缴《云南民族图考》的基础上进行了美化，运用色差、晕染、渐层等技巧，色彩显得更丰富，整个画面呈现出亮丽、华贵的面貌，立体感更强了。主要有三种表现形式：

一是人物形象年轻化。这种变化在女性形象上尤为明显，《云南民族图考》中许多中年或者老年妇女的形象在《皇清职贡图》中大多变成了年轻貌美的姑娘，如"利米妇女""莽子妇女""苦葱妇女"等。这些妇女的形象在《皇清职贡图》中不仅显得更年轻，皮肤更白皙、细腻，而且脸型的塑造多为标准的瓜子脸，相比原始的图像更让人赏心悦目了。

图9　苦葱（左：故宫博物院藏《职贡图》手绘本，右：中央民族大学图书馆藏《云南民族图考》）

二是人物形象贵族化。贵族化的表现除了通过增加图像明亮度和脸部圆润等手段实现外，最明显的莫过于增加了许多体现财富和地位的饰物，如"莽子""黑猡猡""怒人"，其男女尤其是男性形象原本在《云南民族图考》中空无一物的耳朵上，到《皇清职贡图》中就多出了金色的耳环；又如《云南民族图考》中"白猡猡"男子所挑土陶罐在《皇清职贡图》中变成了色彩艳丽的精美瓷器，如此等等。

三是人体结构合理化。《云南民族图考》出自地方众多画工之手，虽然最大保留了原始面貌，但与宫廷画家相比，他们在人体比例、色彩运用等方面缺乏了解，致使许多画面出现了不同程度的失真、变形甚至不符合人体常规等情形。这些问题经过宫廷画家的修饰，在《皇清职贡图》里大多得以纠正。如《皇清职贡图》对《云南民族图考》中"苦葱"男子上下身体明显不符合人体比例的结构以及小腿部分变形的六隆起小腿肌肉进行了优化，使得整个画面接近人体实际的比例，显得更协调了。

在说文的改动方面，与《云南民族图考》相比，《皇清职贡图》在图说部分也做了不同程度的改动。这些改动在《职方会览图》的制作过程中就已经进行，在各地进呈底本的基础上进行了不同程度的增删编纂，其作法为"俱就各该督抚等查送原文删纂，复按《大清一统志》《文献通考》及史传诸书酌加考证，各著图说"[①]。以《职方会览图》为蓝本的《皇清职贡图》绘本自然继承了这种做法。

为了体现满族统治者的权威，《皇清职贡图》绘本在原有汉文图说的基础上增加了满文译文。换言之，是先有汉文，后有满文译文。清嘉庆十年（1805）军机大臣奏稿言："前蒙发下派员缮写之职贡图画，卷内有巴勒布大头即廓尔喀头人画像，系乾隆五十八年以后增入……兹谨拟图说一条，并翻译满文，恭呈御览"[②]，可资佐证。这条材料表明，各省上缴军机处的原始稿本原无满文译文部分，军机处需将汉文译成满文，形成汉、满文图说后进呈御览。《云南民族图考》仅有汉文图说，《皇清职贡图》绘本满汉两种文字兼备的情况可佐证前者的成书时间更早。

出于国家治理和构建形象的现实需要，《皇清职贡图》绘本的图说在原有基础上增加了各少数民族历史沿革、归附及纳贡情形等内容（下文下划线部分文字）。如"侬人"，《云南民族图考》载："侬人，临安、广西、广南、开化等四府所属有此种。男子以青蓝布缠头，身穿青蓝布短衣裤，白布缠腿，穿鞋。其性狡而凶狠好斗，出则携镖弩，丧则以牛革裹尸焚之，又名弄人，其类与沙人相似。侬人妇女，束发，用青布包头，身穿皂布短衣，钉密纽扣，下系青布桶裙，穿鞋，腰缠红裹肚挑花白布手巾。"《皇清职贡图》绘本载："侬人，其土酋侬姓，相传为侬智高之裔。宋时地曰特磨道，明改广南府，本朝平滇设流官，仍授侬氏后为土同知。今广南、广西、临安、开化等府有此种。喜楼居，脱履而登，坐卧无床榻。男子以青蓝布缠头，衣短衣，白布束胫。妇束发裹头，短衣密纽，系细折桶裙，着绣花履。性悍好斗，出则携镖弩。其类与沙人相似。岁纳粮赋。"

---

① （清）佚名：《职贡图》第一册，题跋，法国国家图书馆藏册页绘本。
② 《上谕档》，台北故宫博物院方本，嘉庆十年六月分，第259页。

图10　佽人（左：故宫博物院藏《职贡图》手绘本，右：中央民族大学图书馆藏《云南民族图考》）

与此同时，《皇清职贡图》说文还删除了原图说中一些对少数民族进行丑化、贬损等影响天朝形象的词语（下文下划线部分文字）。如"西番"，《云南民族图考》载："西番，永北、丽江二府所属有此种。居深山，集众而处。男子长身，跣足，以籐缠左肘，性情凶顽，不通汉语，辫发，戴猡猓帽，身穿布短衣裤，披长毡，腰挂短刀，耕种、伐竹为生。西番妇女，头发细辫，上缀玛瑙、砗磲，耳带铜环，衣麻披毡，腰围过膝桶裙，跣足，虽属番夷亦知尊亲敬上。"《皇清职贡图》绘本载："西番本滇西北徼外夷，又名巴苴；流入永北、丽江二府，居深山，聚族而处。男子辫发，戴黑皮帽，麻布短衣，外披毡单，以籐缠左肘，跣足佩刀，伐竹为业，不通汉语。妇女辫发，缀以玛瑙、车渠，亦衣麻披毡，系过膝筒桶裙，跣足。地种荞稗，纳粮。"

由上可知，《皇清职贡图》绘本说文较《云南民族图考》增加了满文译文及"明初隶广南、广西府……本朝顺治十五年，平滇与迤东各郡，同时归顺，岁输粮赋"等类似内容，同时删减了一些诸如"性情凶顽"等词语。这些改动从侧面说明了《云南民族图考》比《皇清职贡图》更为原始。

总之，通过考察《云南民族图考》的图画以及形象、说文等内容与《皇清职贡图》的变化情况，证明了《云南民族图考》为《皇清职贡图》的原始稿本。

（四）《云南民族图考》原名《百蛮图说》

目前史料所见清代云南组织编绘少数民族图册的记录共有两次：其一为乾隆丙子年，即乾隆二十一年（1756）由署理云贵总督主持，谢圣纶撰《滇黔志略》载：

"乾隆丙子，余分校滇闱，大中丞爱公旋命余纂辑《百蛮图说》，进呈御览。"①其二为嘉庆时期云贵总督伯麟主持完成的《滇省夷人图说》（即《伯麟图说》）。②《皇清职贡图》最早的绘本完成于乾隆二十六年（1761）③，《云南民族图考》作为其创制所依据的稿本，肯定早于此前完成，因此可以排除后一种可能。由此是否可推断《云南民族图考》就是乾隆时云南地方编绘的图册呢？

在审订各地呈报图像的过程中，谢圣纶有了新的发现，"余按各图，与《通志》所载种人尤多不符。盖《通志》缘旧志备录，新图则通行各属绘图册报，其种类风俗，于近时皆为确凿可据。今所列种人，除载明各条外，余皆采之《百蛮图说》，更为信而有征"④。这表明，《百蛮图说》为地方"各属绘图册报"，属于地方呈送的原始稿本。这与乾隆十六年（1751）时乾隆颁布谕旨"着将现有图式数张，发交近边各督抚，令其将所属苗、猺、黎、僮，以及外夷番众，俱照此式样，仿其形貌衣饰，绘图送军机处，汇齐呈览"⑤的要求和事实相吻合。综合完成时间节点，《百蛮图说》作为进呈御览之物，应是绘制《皇清职贡图》的蓝本；《百蛮图说》所绘夷人形象较旧志所载更为确凿可信，真实反映了云南少数民族的原始样貌；谢圣纶撰《滇黔志略·云南·种人》名目及说文多采自《百蛮图说》。

那么，《云南民族图考》与进呈御览的《百蛮图说》有什么关系呢？如前所述，《滇黔志略·云南·种人》名目及说文多采自《百蛮图说》。换言之，《滇黔志略·云南·种人》说文最大限度保留了《百蛮图说》的原始风貌。因此，通过比较《滇黔志略·云南·种人》与《云南民族图考》共有的夷人说文内容，可探知《云南民族图考》与《百蛮图说》之间的关系。

以"喇鸡"为例。《云南民族图考》载："喇鸡，居交阯内地。其性饮酒凶顽，充为交兵，男善枪，女善弩，凡交地守关守厂尽属此辈。""白喇鸡，此种原住开化府所属逢春里极边地方。环眼黑面，性情野悍，男妇俱穿五色氆氇衣裤，所取饮食尽属山水虫蛇等物。今属交阯外域。"《滇黔志略·云南·种人》载："剌鸡，亦交州苗

---

① （清）谢圣纶：《滇黔志略》卷 15《云南·种人》，清乾隆二十八年刻本。
② 祁庆富、李德龙：《伯麟图说考异——〈御制外苗图〉和〈滇省夷人图说〉述略》，《民族研究》2007 年第 1 期。
③ 畏冬：《〈皇清职贡图〉创制始末》，《紫禁城》1992 年第 5 期。
④ （清）谢圣纶：《滇黔志略》卷 15《云南·种人》，清乾隆二十八年刻本。
⑤ 《高宗纯皇帝实录（六）》卷 390，北京：中华书局，1986 年，第 120—121 页。

裔,种类有二。其先均隶交阯部落,因与三部毗邻,本朝国初置开化府,此种彝人,住居府属逢春里之极边。一种性凶戾,好酒,男善枪,女善弩,凡交地守关守厂,盖属此辈;一种性野悍,环眼黑面,男妇尽穿五色衣裤。山虫木蛤蛇鼠之类,尽攫取生食。雍正八年,钦奉俞(谕)旨以边地四十里赏给安南,此种丑类,已为外藩彝人。"① 很明显,《滇黔志略·云南·种人》"刺鸡"与《云南民族图考》"喇鸡""白喇鸡"说文除了个别词语及语序变动外几乎一模一样。所不同者,仅为《滇黔志略·云南·种人》将两种说文合为一种而已。其他如白人、么些、乾偻偻、撒弥等亦大同小异,表明二者具有明显的传承关系。

《滇黔志略》的创作"始于乾隆戊辰,迄辛巳……先言垂十余载"②,说明其成书于乾隆辛巳年,即乾隆二十六年(1761),晚于《云南民族图考》。这证实,《滇黔志略·云南·种人》说文参考了《云南民族图考》,而前者说文又"皆采之《百蛮图说》"③。由此说明,《云南民族图考》和《百蛮图说》实为同一图册的不同名称。

除以上所论外,以"百蛮"为名记载或描写云南少数民族在相关文献记载中亦有迹可循。根据记载,在组织绘制《皇清职贡图》的过程中,无论是朝廷制作和下发的"图式",抑或时任四川总督策楞和闽浙总督喀尔吉善等进呈图册的奏折中,地方图像的最初名称均为"番图"或"番像",如乾隆十六年(1751)闰五月初四日,《画院处·各作成做活计清档》载:"初四日,笔帖式福宁持来军机处大学士忠勇公傅(恒)等交番像男女图十六张"④;乾隆十六年(1751)十一月十七日,四川总督策楞上《奏为恭进番图事》中提到"承准廷寄番图二式"⑤;乾隆十七年(1752)七月二十六日,闽浙总督喀尔吉善上《恭进外夷及番众形像图册》说明办理编绘图册过程、情形,将图册送军机处进呈御览⑥。据此,《皇清职贡图》应是根据各种"番图"编绘而成,然而在法国国家图书馆藏《职贡图》册题跋中却说作为蓝本的《职方会览

---

① (清)谢圣纶:《滇黔志略》卷15《云南·种人》,清乾隆二十八年刻本。
② (清)谢圣纶:《滇黔志略》卷前《杂记》,清乾隆二十八年刻本。
③ (清)谢圣纶:《滇黔志略》卷15《云南·种人》,清乾隆二十八年刻本。
④ 第一历史档案馆、香港中文大学文物馆编:《清宫内务府造办处档案总汇》第18册,北京:人民出版社,2005年,第427页。
⑤ "国立"故宫博物院编辑委员会编:《宫中档乾隆朝奏折第1辑》,台北:"国立"故宫博物院印行,1982年,第910—911页。
⑥ 台北故宫博物院藏《军机处档·月折包》第2740箱,62包,9023号,乾隆十七年七月二十六日,福建巡抚陈宏谋奏折录副。

图》是"将各省番蛮图样汇办总图"①制作而成的,这个说法出自大学士傅恒、户部尚书汪由敦等大臣。这表明,多出来的"蛮"字绝非随意或无意添加,而是各地上缴的图册既有"番图"又有"蛮图"。通检《皇清职贡图》国内外各族名目可以发现,被称作"蛮"的只有云南少数民族,如苦葱蛮、扯苏蛮、利米蛮、窝泥蛮等等,其他地方多称为"番""苗""人""民"等②。这也就是说,在所有地方上缴的原始图像中,只有云南省进呈的是"蛮图"。

"百蛮"的称呼也符合当时的语境。众所周知,"蛮"泛指古代南方少数民族,其中云南又因其民族众多,文化多样的特性而备受关注。唐代樊绰关于当时云南民族、地理等方面的著作即以《蛮书》为名。元明清时期,世人多以"百蛮"习称云南各少数民族。如元文璋甫作《火把节》一诗描写云南一些少数民族火把节盛况时说到"只疑灯火烧元夜,谁料乡傩到百蛮"③;明杨慎有"叶榆巨浸环三岛,益部雄都控百蛮"④诗句;清乾隆《云南通志》称云南文风"然地居天末,百蛮杂处,椎鲁寡文,即向者志学之士,家鲜藏书"⑤;清朝许多描写云南各少数民族的诗文和论著更是直接以"百蛮"为名,如刘士珍撰《百蛮图赞》、徐南冈撰《百蛮诗》等。

以上论述充分证实,《云南民族图考》即为成书于清乾隆二十一年(1756)的《百蛮图说》,属于《皇清职贡图》的原始稿本。

(五)《云南民族图考》缺失名目考略

《云南民族图考》列有40种云南少数民族名目,《皇清职贡图》云南省部分列36种,通过比对,发现二者夷人名目相同者28种;而《云南民族图考》所列阿度、卡瓦、野倮倮、瑶人、和泥、黄喇嘛红喇嘛、羯些、白喇鸡等8种《皇清职贡图》中没有收录;《皇清职贡图》云南省中的妙俚俚、扯苏蛮、羗昌蛮、海俅俚俚、阿者俚俚、鲁屋俚俚、麦岔蛮、嫚且蛮等8种为《云南民族图考》所无。从两者的关系来看,《云南民族图考》很显然是个残本。

---

① (清)佚名:《职贡图》第一册,题跋,法国国家图书馆藏册页绘本。
② 《皇清职贡图》,各卷目录,乾隆四十五年武英殿刻本。
③ 张文勋主编:《云南历代诗词选》,昆明:云南人民出版社,2002年,第14页。
④ (明)谢肇淛:《滇略》卷8《文略》,方国瑜主编:《云南史料丛刊》第6卷,昆明:云南大学出版社,2000年,第757页。
⑤ (清)鄂尔泰修,(清)靖道谟纂:《云南通志》卷7《学校》,清乾隆元年刻本。

前已述及，《云南民族图考》实为乾隆二十一年（1756）完成的《百蛮图说》，而谢圣纶撰《滇黔志略》"云南种人"名目及说文"除载明各条外，余皆采之《百蛮图说》"，因此，通过比较《云南民族图考》残本与《百蛮图说》名目情况，可推知前者所缺失情形。

通览全篇，除少部分引自《峒溪纤志》《大理志》《石屏志》外，《滇黔志略》"云南种人"引自《百蛮图说》名目及说文有：白人、么些、海猼倮倮、西番、黑倮倮、白倮倮、乾倮倮、撒弥、鲁屋倮倮、妙倮倮、棘夷、阿者倮倮、嫚且、花苗、羱昌、罗婺、扯苏、摩察、麦岔、利米、普岔、扑喇、苦葱、窝泥、土僚、栂鸡、老挝、缅人、莽子、蒲人、缥人、侬人、沙人、古宗、怒人、俅人、栗粟、交人、刺鸡，共39种。将这39种与《云南民族图考》40种名目相对照，得知后者缺失名目为：阿者倮倮、扯苏、羱昌、海猼倮、鲁屋倮倮、麦岔、嫚且、妙倮倮等8种。这8种夷人正是《皇清职贡图》中所列而《云南民族图考》中所缺失的部分。这进一步证实了，《云南民族图考》就是《百蛮图说》。可见，《云南民族图考》（《百蛮图说》）原来至少绘写了48种云南少数民族图像。

《云南民族图考》是清乾隆时期云南地方组织编绘的原始图册，属于《皇清职贡图》版本体系中的"番图"。它为《皇清职贡图》提供了最原始的素材，共有32种夷人图说被收入《皇清职贡图》，其中第四卷云南省收录28种，卷一外藩收录4种，占《云南民族图考》40种夷人图说的80%，是《皇清职贡图》云南省夷人图说的主要来源和依据。

需要特别指出的是，现存《云南民族图考》册无《皇清职贡图》中的妙倮倮、扯苏蛮等8种夷人。从两者的关系来说，《云南民族图考》很显然是个残本。但是，这并不影响《云南民族图考》作为《皇清职贡图》原始稿本的定性。经过考证，确定其原名为《百蛮图说》，成书于清乾隆二十一年（1756）。《云南民族图考》版本性质的确定，有助于廓清《皇清职贡图》的创制过程和深刻了解这一系列文献背后的深刻政治内涵，对梳理《皇清职贡图》的版本脉络具有重要意义。它由云南各属所绘图像汇齐而成，可以说是清早期云南一次全面的民族调查和识别成果，展现了云南各民族的多彩画面，是中华民族多元一体格局的民族关系和统一多民族国家形成过程的生动体现。同时，它出自众家之手的实地绘写，可以说是最原始的稿本，可信度高，与经过重新加工的《职方会览图》和《皇清职贡图》相比，更真实可靠，史料价值更高，是研究清代云南民族历史、习俗、艺术、服饰等方面的珍贵文献。

二、《皇清职贡图》彩绘本的绘制

作为《皇清职贡图》云南省夷人形象及图说的原始稿本,《云南民族图考》为《皇清职贡图》制作经过"番图"过程的说法提供了关键的实物证据,同时也透露了二者绘制过程的许多细节及事实,有助于进一步厘清《皇清职贡图》版本体系的脉络。

乾隆在启动《职贡图》的编绘工程时,曾强调各地"不得特派专员,稍有声张,以致或生疑畏"①,同时要求"非我监臣所手量、我将帅所目击、我驿使所口陈者,不以登籍削焉"②。但这并不意味着《皇清职贡图》的绘制就照录地方上缴的原始稿本,而是根据朝廷的需要增删编辑、传移摹写,其原则之一便是"至于各番蛮内有同一种类而两处互见,或同一部落而族姓偶殊,则俱酌量删并,用省重复,并即声叙于图说之内,以便披阅"③。

前文所列图表中《云南民族图考》与《皇清职贡图》收录夷人名目互有不一致,尤其是《云南民族图考》"窝泥""和泥"并入《皇清职贡图》中的"窝泥",并标明"窝泥,本和泥蛮之裔"的情况即最好的证明。这表明,《皇清职贡图》在绘制过程中经过了精心挑选和加工,对各省上缴的原始图像进行了有针对性的选择。

《皇清职贡图》在绘制过程中之所以对原始图像进行精心挑选和加工,原因在于其绘制并非纯粹出自皇帝个人的喜好,而是具有深刻的社会与政治目的。李德龙教授指出,少数民族图册的绘制源远流长,从西周时期已见端倪,直至清代形成高峰。这类图册从一开始就是在各代最高统治者直接命令下,为了认识、了解各少数民族,以便进行有效的统治、维护多民族国家统一的远大政治理想和目的而产生的。④ 美国何罗娜(Laura Hostler)明确指出,清朝之所以热衷于此类图册的编纂,目的是希望以此来协助帝国管理与建构帝国形象。⑤ 因此,为了构建朝廷天下中心形象及有效地

---

① 《清实录》第 14 册《高宗纯皇帝实录(六)》,北京:中华书局,1986 年,第 121 页。
② (清)佚名:《职贡图》卷 4,卷尾诸臣跋,北京故宫博物院藏手绘本。
③ 《职贡图》第一册,题跋,法国国家图书馆藏册页绘本。
④ 李德龙:《黔南苗蛮图说研究》,北京:中央民族大学出版社,2008 年,第 3、23 页。
⑤ Laura Hostetler, Qing Colonial Enterprise: Ethnography and Cartography in Early Modern China. Chicago: University of Chicago Press, 2001: 47.

治理国家,乾隆及其大臣们对入选《职贡图》中的夷人名目进行了精心的挑选。《云南民族图考》中的卡瓦、野倮倮、羯些、白喇鸡等就因形象丑陋、面目狰狞而未被收入《皇清职贡图》中,如羯些"环眼鸟喙"、卡瓦"貌丑性恶,男女俱蓬头、跣足,衣不蔽身";同时在性情上,这些夷人大多"性恶",时常"劫夺为生,不事耕种"。可见,《职贡图》的绘制不仅仅反映了天下体系下各夷众的样貌,更具有国家治理和形象展示的深刻内涵。

图 11 《云南民族图考》中的"羯些"

在启动《皇清职贡图》工程之初,为了搜集更多的原始图像,乾隆命令"沿边各督抚,于所属苗猺黎獞,以及外夷番众,仿其男女服饰,绘图送军机处,汇齐呈览"①。这说明,沿边各地不仅要绘制其属内各夷人,同时对与其接壤或所见之外夷番众也需绘制呈报。《皇清职贡图》卷一外藩收录《云南民族图考》四种夷人图说的情况,为这种说法提供了实物证据。从现存实物及文献来看,《皇清职贡图》诸外藩夷人图说有三个来源:一是丁观鹏等宫廷画家对来京入贡使臣的直接绘写。如清乾隆十六年(1751)六月《各作成做活计清档·如意馆》载:"二十四日,内大臣海奉旨:'明日缅甸国人朝觐行礼,着海带领丁观鹏,将伊形式服色看画。钦此。'"②第二天,

---

① (清)佚名:《职贡图》第一册,谕旨,法国国家图书馆藏册页绘本。
② 张荣选编:《养心殿造办处史料辑览》第5辑《乾隆朝》,北京:紫禁城出版社,2015年,第156页。

乾隆在太和殿接受缅甸国使臣朝贺①，丁观鹏就在一旁观察绘画。对照《皇清职贡图》中的"缅甸国夷人"图像发现，其男像并未采用云南省进呈的原始"缅目"图像，其来源应该就是此次丁观鹏的现场绘画。二是地方组织的绘写。三是在所掌握的物质文化基础上的临摹与想象，基本没有"亲睹其人""实经其地"，主要为西洋各国夷人。② 这部分人物的形象、服饰样貌基本大同小异，呈现模式化。《皇清职贡图》卷一外藩收录《云南民族图考》交人、喇鸡、老挝、缅目4种夷人图说的事实，为第二种说法提供了可靠的实物证据。

图12　交人和安南国夷人（左：《云南民族图考》，右：故宫博物院藏《职贡图》手绘本）

长期以来，由于文献记载和实物的缺失，使得我们对《皇清职贡图》的创制过程缺乏清晰了解。随着中国第一历史档案馆《苗瑶黎僮等族衣冠图》（《四川省番图》）的发现，《皇清职贡图》创制过程的一些细节逐步被世人所探知。《云南民族图考》（《百蛮图说》）作为另一份重要的原始稿本，进一步充实了相关的细节和事实。首先，从《云南民族图考》的情形看，各地在组织编绘图册时并没有让各属提供说文，亦即说文部分是汇齐后统一增添的。乾隆十七年（1752）七月，福建巡抚陈弘谋在恭进图册的奏折中提到了一个细节：在汇齐各属呈送的图像后，其又"随谕布政司

---

① 《清实录》第14册《高宗纯皇帝实录（六）》，北京：中华书局，1986年，第161页。
② 赖毓芝：《图像帝国：乾隆朝〈皇清职贡图〉的制作与帝都呈现》，《"中央研究院"近代史研究所集刊》（台北）2012年第75期，第38页。

第三章 《皇清职贡图》的绘制与增补

再加采访，增添贴说去后"，才"送军机处进呈御览"①。这说明，地方各属呈进的原始图像中并无说文内容。细观《云南民族图考》各图像说文发现，其字体均为精美小楷，风格亦一致，明显出自一人之手。这表明，《云南民族图考》的说文也是在汇齐底本后统一增添的。这个事实部分解释了《皇清职贡图》为何一些说文叙述内涵与图像描绘内容不一致的原因。其次，《云南民族图考》的出现有助于了解"图式"的原始样貌。作为地方组织编绘的原始稿本，《云南民族图考》比照朝廷下发的"图式"进行绘制，在现今"图式"已不存的情况下是了解原始"图式"的最好途径。

随着各地进呈的稿本、宫廷画家现场绘写等图像不断汇集到军机处，制作全国性的《职贡图》时机已经成熟。但这些原始素材在变成《皇清职贡图》前，还经历了一个《职方会览图》的阶段。

乾隆二十二年（1757）正月初十日，傅恒等大臣奏称："臣等前奉谕旨，将各省番蛮图样汇办总图，当即派员承办，敬成《职方会览》一部，共绘图五百五十幅，计十二册，分为上下二函，内将朝鲜等外番诸国列为首册，其余番蛮各以省分次序……今装潢完竣，谨进呈御览。"②由此可见，经过了近六年的搜集工作，军机处组织宫廷画家在各地进呈素材的基础上重新绘写，制成了《职方会览图》。

《职方会览图》为绘制《皇清职贡图》的蓝本，其关系在档案中有清晰记载：

（乾隆二十二年七月）初九日，接得员外郎郎正培、催总德魁押帖一件，内开本日太监胡世杰持来《职方会览》册页二套，计十二册，传旨：着丁观鹏、金廷标合画手卷四卷。钦此。③

此档案中所说"丁观鹏、金廷标合画手卷四卷"在《石渠宝笈续编》中有详细记录，清楚表明了丁观鹏等所画为《职贡图》，但丁观鹏和金廷标只分别承担了第一、第二卷的绘制任务，第三、第四卷由姚文瀚、程梁承担。同时在每卷后均有画家落

---

① 台北故宫博物院藏《军机处档·月折包》第2740箱，62包，9223号，乾隆十七年（1752）七月二十六日，福建巡抚陈宏谋奏折录副。
② （清）佚名：《职贡图》，第一册，题跋，法国国家图书馆藏册页绘本。
③ 中国第一历史档案馆、香港中文大学文物馆编：《清宫内务府造办处档案总汇》第22册，北京：人民出版社，2005年，第548页。

款和印章。① 对照实物并结合《石渠宝笈续编》的记载，发现中国国家博物馆藏《职贡图》第二卷（图13）正是金廷标根据《职方会览图》摹绘而成的《职贡图》手卷的第二卷，是最早完成的彩绘正本。《皇清职贡图》的绘制是根据《职方会览图》摹绘而成的说法，不仅有档案材料的记载，而且有实物的印证。

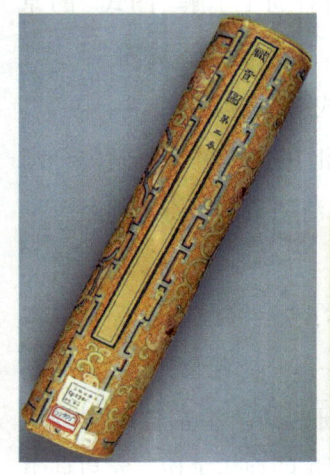

图 13　金廷标绘《职贡图》第二卷包首（左）及迎首（右）（中国国家博物馆藏）

在《职方会览图》的基础上，加上军机处陆续收集到的伊犁等处夷人图像②，经过四年的绘制，至乾隆二十六年（1761）七月，彩绘正本整体上告成。乾隆非常高兴，立即撰写御题诗书于第一卷前，其诗曰：

> 累洽重熙四海春，皇清职贡万方均。
> 书文车轨谁能外，方趾圆颅莫不亲。
> 那许防风仍后至，早闻干吕已咸宾。
> 涂山玉帛千秋述，商室共球百禄臻。
> 讵是索疆恢此日，亦惟谟烈赖前人。
> 唐家右相堪依例，画院名流命写真。
> 西鲽东鹣觐王会，南蛮北狄秉元辰。
> 丹青非为夸声教，保泰承庥慎拊循。

---

① 故宫博物院编：《钦定石渠宝笈续编》第 2 册，海口：海南出版社，2001 年，第 386—394 页。
② 中国第一历史档案馆、香港中文大学文物馆编：《清宫内务府造办处档案总汇》第 24 册，北京：人民出版社，2005 年，第 441 页。

第三章 《皇清职贡图》的绘制与赠补

此诗落款为"乾隆二十有六年,岁在辛巳秋七月,御题"①,《石渠宝笈续编》所录《职贡图》载录了全文,内容与落款均与所引一致。②乾隆辛巳为乾隆二十六(1761年)。

不仅如此,乾隆还亲自为每卷画卷命名,书于每卷引首,自第一至第四卷分别为"萝图式廓""卉服咸宾""琛赆云从""梯航星集";又命刘统勋、梁诗正、刘纶、金德瑛、董邦达、裘曰修、于敏中、介福、观保、王际华、钱汝诚、钱维城和诗,命傅恒、来保、刘统勋等撰写跋语,题于第一卷后幅及其他卷前和后幅。由此可见乾隆对《职贡图》绘本的重视及绘制完成后的欣喜之情。

此外,据清宫档案记载,当年年底军机处曾向苏州江宁制造局订制用于装裱手卷《职贡图》的锦袍、玉别子等物③,从侧面也反映了此时《皇清职贡图》已整体绘制完成,而且装裱亦已完竣,可供内廷陈设。

彩绘本除手卷形式外,另外制作了册页本。根据畏冬考证,《皇清职贡图》册页本共八册,也属于乾隆二十六年(1761)完成的早期绘本,其绘制与手卷本同时展开。④《各作成做活计清档》载:

> (乾隆二十六)年九月初三日,军机处交盛京等处册页一册,回子画片八开,传:着将回子画片八开裱入册内,要在乌什库车河(阿)先(克)苏之后。钦此。
>
> 于本月初十日,库掌李文照将裱得册页等持赴军机处收讫。⑤

这说明,乾隆二十六年(1761)已存在与《皇清职贡图》内容相关的册页形式,只是并未直接出现"职贡图"的名称。至乾隆二十八年(1763),《皇清职贡图》册页

---

① 中国第一历史档案馆、香港中文大学文物馆编:《清宫内务府造办处档案总汇》第24册,北京:人民出版社,2005年,第386页。
② 中国第一历史档案馆、香港中文大学文物馆编:《清宫内务府造办处档案总汇》第24册,北京:人民出版社,2005年,第386页。
③ 中国第一历史档案馆、香港中文大学文物馆编:《清宫内务府造办处档案总汇》第26册,北京:人民出版社,2005年,第524页。
④ 畏冬、刘若芳:《〈苗瑶黎僮等族衣冠图〉册及〈职贡图·第六册〉考》,《故宫学术季刊》(台北)2009年第2期。
⑤ 中国第一历史档案馆、香港中文大学文物馆编:《清宫内务府造办处档案总汇》第26册,北京:人民出版社,2005年,第524页。

形式在档案记载中正式得以明确：

> （乾隆二十八年二月）二十六日，接得员外郎安泰、李文照押帖一件，内开本月初十日，安泰、李文照面奉旨：爱乌汉等男女十人续职贡图卷尾，着丁观鹏画；册页后十页，亦照手卷续上。钦此。①

从材料中看到，此时宫中已经明确有《职贡图》手卷一份，册页一份。然而，直至乾隆二十九年（1764），《皇清职贡图》册页本的制作才最终完成。军机处于乾隆二十九年（1764）五月所上《奏职贡图册已遵旨添写完清字进呈御览片》载："《职贡图》册页内遵旨添写清字，今已缮写完竣，恭呈御览，谨奏"。②这说明，乾隆二十八年（1763）完成的《皇清职贡图》册页本尚无满文说文，只完成了图像和汉文说文的制作。

直至乾隆五十五年（1790），宫中档案仍有《皇清职贡图》册页本的相关记载：

> （乾隆五十五年二月）初三日，员外郎福庆押帖内开，五十四年十二月二十六日，由军机处传旨：着贾全往看巴勒布大头人脸像，默记绘画。又于二十八日，着贾全往中正殿看巴勒布大头人服色，默记绘画。钦此。
>
> 随遵旨陆续画得呈（览），旨：着续入职贡图手卷第一卷内，仍用旧宣纸绘画。其职贡图手卷三分，逐一添续绘画。其册页一分，应续入一开，用绢画。钦此。③

由上可知，《职贡图》册页本直到乾隆后期仍只有一份。赖毓芝通过对比法国国家图书馆藏《职贡图》册中的爱乌罕（图14）等图像发现，其风格与其他丁观鹏画作的特色如出一辙，由此确定法国国家图书馆藏以及其他散存册页就是档案中记载

---

① 中国第一历史档案馆、香港中文大学文物馆编：《清宫内务府造办处档案总汇》第28册，北京：人民出版社，2005年，第48页。
② 《奏职贡图册已遵旨添写完清字进呈御览片》，乾隆二十九年五月，军机处满文录副奏折，档号：03-0180-2087-031，中国第一历史档案馆藏。
③ 中国第一历史档案馆、香港中文大学文物馆编：《清宫内务府造办处档案总汇》第52册，北京：人民出版社，2005年，第2页。

宫中册页形态的唯一《职贡图》绘本。①

图 14　法国国家图书馆藏《职贡图》第二册"爱乌罕"

需要说明的是，此册页并非档案记载中出现的《职方会览图》册。根据前引档案资料得知，《职方会览图》也是册页形式，但分上下二匣，计十二册，而《皇清职贡图》册页为八册本。联系到其册页形式只有一份，因此《职方会览图》不可能是《皇清职贡图》的册页本。

那么，《职方会览图》具体形制如何呢？目前看来，地方进呈的稿本"番图"册较《皇清职贡图》不仅在具体名目数量上，而且即使相同名称的图像和说文也有不少改动的情形②，因此不会是制作《皇清职贡图》蓝本的《职方会览图》册。就目前所见实物而言，中国国家博物馆藏《广舆胜览》图册的可能性最大。通过比对李泽奉、刘如仲编著《清代民族图志》引《广舆胜览》与《皇清职贡图》绘本同名图像，如"鄂罗斯夷人""广南等府沙人""西藏所属穆安巴番人"③（图 15）等发现，二者图像高度

---

① 赖毓芝：《图像帝国：乾隆朝〈皇清职贡图〉的制作与帝都呈现》，《"中央研究院"近代史研究所集刊》（台北）2012 年第 75 期。

② 参见黄金东：《〈云南民族图考〉版本考》，《中央民族大学学报（哲社版）》2018 年第 3 期；畏冬、刘若芳：《〈苗瑶黎僮等族衣冠图〉册及〈职贡图·第六册〉考》，《故宫学术季刊》（台北）2009 年第 2 期。

③ 李泽奉、刘如仲编著：《清代民族图志》，西宁：青海人民出版社，1997 年，第 10、41、131 页。

一致，其汉文图说更是一字不差。此外，《广舆胜览》册与《皇清职贡图》绘本形式一样，均是男女合图，而非册页本的男女分图。再次，《皇清职贡图》的制作是先有汉文图说，然后再翻译成满文①，而《广舆胜览》册的说文恰好只有汉文而无满文。可见，《广舆胜览》无论是形式还是内容上与《皇清职贡图》绘本均高度一致，很可能就是当初绘制《皇清职贡图》的蓝本。但是，杨扬通过进一步梳理和考证，指出《广舆胜览》并非《职方会览》。

图 15　西藏所属穆安巴番人（左：《广舆胜览》；右：《职贡图》册页本）

她认为，《广舆胜览》绘制的时间应在《职方会览》之后，且从图像完备的程度来看，很可能是"正本"《皇清职贡图》卷绘制前的最后稿，其完成时间在乾隆二十六年（1761）九月之后、乾隆二十七年（1762）二月之前。②果真如此的话，真正的《职方会览图》只能等待更多实物的披露和更具体的考证研究了。

---

① 中国第一历史档案馆编：《嘉庆朝上谕档》，桂林：广西师范大学出版社，2008 年，第 319 页。
② 杨扬：《〈广舆胜览〉与〈皇清职贡图〉的关系》，《美术》2023 年第 6 期。

三、彩绘本所绘图像具体名称

乾隆二十六（1751）完成的《职贡图》绘本共 4 卷，绘写了 290 画面，图像 590 人，其中男 286 人，女 295 人，孩童 9 人。在图像上，每组图画基本由一男一女组成，少部分配有孩童或从人，为三人、男男或女女的组合，极少部分仅绘一男或一女；文字上，以满汉两种文字书于图像上方，与图像构成一体。其分卷及具体绘写图像名称如下：

卷一绘朝鲜国夷官、朝鲜国民人、琉球国夷官、琉球国夷人、安南国夷官、安南国夷人、安南国喇鸡、暹罗国夷官、暹罗国夷人、苏禄国夷人、南掌国夷官、南掌国老挝、缅甸国夷人、大西洋国夷人、大西洋合勒末祭亚省夷人、大西洋翁加里亚国夷人、大西洋波罗泥亚国夷人、大西洋国黑鬼奴、大西洋国夷僧女尼、小西洋国夷人、英吉利国夷人、法兰西国夷人、嚧国夷人、日本国夷人、马辰国夷人、汶莱国夷人、柔佛国夷人、荷兰国夷人、鄂罗斯夷官、鄂罗斯夷人、宋腒朥国夷人、柬埔寨国夷人、吕宋国夷人、咖喇吧国夷人、嘛六甲国夷人、苏喇国夷人、亚利晚国夷人、（西藏）西藏所属卫藏阿里喀木诸番民、西藏所属补噜克巴番人、西藏所属穆安巴番人、西藏巴哷卡穆等处番人、西藏密尼雅克番人、鲁卡补扎番人、伊犁等处台吉、伊犁等处宰桑、伊犁等处民人、伊犁塔尔奇查汗乌苏等处回人、哈萨克头目、哈萨克民人、布鲁特头目、布鲁特民人、乌什库车町克苏等城回目、乌什库车阿克苏等（处）回人、拔达山回目、拔达山回民、安集延回目、安集延回民、安西厅哈密回民、肃州金塔寺鲁古庆等族回民，共 59 段画面。人物图像 138 人，其中男像 71 人，女像 67 人。

卷二绘（关东）鄂伦绰、奇楞、库野、费雅喀、恰喀拉、七姓、赫哲、（福建省）罗源县畲民、古田县畲民、台湾县大杰巅等社熟番、凤山县放索等社熟番、诸罗县诸罗等社熟番、诸罗县萧垄等社熟番、彰化县大肚等社熟番、彰化县西螺等社熟番、淡水厅德化等社熟番、淡水厅竹堑等社熟番、凤山县山猪毛等社归化生番、诸罗县内山阿里等社归化生番、彰化县水沙连等社归化生番、彰化县内山生番、淡水右武乃等社生番、（湖南省）永绥乾州等处红苗、靖州通道等处青苗、安化宁乡等处瑶人、宁远等处箭杆瑶、道州永明等处顶板瑶、永顺保靖等处土人、（广东省）新宁县瑶人、增城县瑶人、曲江县瑶人、乐昌县瑶人、乳源县瑶人、东安县瑶人、连州瑶人、灵山县獞人、合浦县山民、琼州府黎人、（广西省）临桂县大良瑶、永宁州梳瑶、兴安县平地瑶、灌阳县竹箭瑶、罗城县盘瑶、修仁县顶板瑶、庆远府过山瑶、陆川县山子瑶人、兴安县獞人、贺县獞人、融县獞人、龙胜苗人、罗城县苗人、怀远县苗人、岑溪县俍人、贵县俍人、怀远县伶人、马平县伢人、思恩府属侬人、西林县皿人、西林县侁人、太平府属土人、西隆州土人，共61段画面，人物图像126人，其中男像61人，女像62人，孩童3人。

卷三绘（甘肃省）河州土千户韩玉麟等所辖撒喇族土民、河州土指挥韩雯所辖珍珠族番民、河州土百户王车位所辖乩藏族番民、河州土指挥同知何福慧所辖土番、狄道州土指挥赵恒所辖参哑等族番民、洮州土指挥杨声所辖卓泥多等族番民、洮州土指挥杨声所辖的吉巴等族番民、洮州土指挥昝景瑜所辖左剌等族番民、洮州土千户杨绍先所辖著逊等族番民、洮州理番同知所辖陆哨虫库儿番民、岷州土百户马绣所辖瓦舍坪等族番民、岷州土百户后发葵所辖牟家山堡等土人、岷州土百户赵名俊所辖徐儿庄等堡土人、岷州土百户后汝元所辖马连川等族番民、庄浪土指挥鲁凤翯所辖上写尔素等族番民、庄浪土佥事鲁万策所辖毛他喇族土民、庄浪土千户王国相等所辖华藏上扎尔的等族番民、武威土千户富顺所辖西脱巴等族番民、古浪县土千户管卜他所辖阿落等族番民、永昌县土千户地木切令所辖元旦等族番民、西宁县土指挥祁宪邦等所辖东沟等族番民、西宁县缠头民、西宁县哆吧番民、西宁县土指挥佥事汪于昆所辖土民、碾伯县土指挥同知李国栋所辖东沟等族土民、碾伯县土指挥同知祁在玑所辖达子湾等族番民、碾伯县南北两山番民、摆羊戎通判所辖番民、大通卫土千户纳花布藏所辖兴马等族番民、归德所番民、肃州番目温布所辖黑番、高台县番目扎势敦等所辖黄番、高台县番目撒尔巴所辖黑番、文县番民、（四川省）松潘镇中营辖西坝包子寺等处番民、松潘镇中营辖七步峨眉喜番民、松潘左营辖东坝阿思洞番民、松潘右营辖北坝元坝泥巴等寨番民、威茂协辖瓦寺宣慰司番民、威茂协辖杂谷各寨番民、儿那达番民、威茂协辖沃日各寨番民、威茂协辖小金川番民、威茂协辖大金川番民、威茂协辖岳希长宁等处番民、松潘镇属龙安营辖象鼻高山等处番民、龙安营辖白马路番民、石泉县青片白草番民、松潘镇属漳腊营辖寒盼祈命等处番民、漳腊营辖口外甲凹鹊个等处番民、漳腊营辖口外三郭罗克番民、漳腊营辖口外三阿树番民、松潘镇属叠溪营辖大小姓黑水松坪番民、松潘镇属平番营辖上九关番民、平番营辖下六关番民、松潘镇属南坪营辖羊峒各寨番民、建昌中营辖阿都沙马保倮、建昌中左营辖祭祀田等处保倮、建昌中右营辖阿史审札等处保倮、建昌镇属会川永宁营辖披沙等处苗人、建昌右营辖苏州白露等处西番、建昌镇属越巂等营辖九枝门杂结惟土番、越寓等营辖邛部暖带等西番倮㑩、建昌镇属会盐等营辖瓜别马喇等处么些、会盐营辖右所土千户倮㑩、建昌镇属怀远营辖虚朗等处倮㑩、会盐营辖中所土千户猓玀夷人、会川营辖通安等处摆夷、会川营辖黎溪等处僰人、会川营辖迷易普隆等处摆夷、永宁协右营属九姓苗民、普安等营辖雷波黄螂夷人、马边营辖蛮夷长官司夷人、泰宁协左营辖沈边番民、泰宁协左营辖冷边番民、泰宁协右营辖大田西番民、泰宁协右营辖大田倮㑩、泰宁协标右营松坪夷人、泰宁协属黎雅营辖木坪番民、泰宁协属阜和营辖明正番民、阜和营辖德尔格忒番民、泰宁协属里塘番民、泰宁协属巴塘番民、阜和营辖革什咱番民、阜和营辖绰斯甲番民、阜和营辖霍耳章谷等处番民、阜和营辖纳滚番民、阜和营辖春科番民、阜和营辖纳夺番民、阜和营辖上下瞻对番民、阜和营辖瓦述余科等番民、阜和营辖咱里番民，共92段画面，人物图像186人，其中男女像各92人，孩童2人。

卷四绘（云南省）云南等府黑㑩㑩、云南等府白㑩㑩、云南等府乾㑩㑩、广南等府妙㑩㑩、曲靖等府僰夷、景东等府白人、曲靖等府仲人、广南等府沙人、广南等府侬人、顺宁府蒲人、丽江等府怒人、鹤庆等府俅人、武定等府罗婺蛮、临安府土僚、元江等府窝泥蛮、临安等府苦葱蛮、临安等府扑喇蛮、云南等府撒弥蛮、曲靖等府苗人、普洱等府莽人、姚安等府俅俅蛮、武定等府摩察蛮、楚雄等府扯苏蛮、临安等府栂鸡蛮、丽江等府么些蛮、鹤庆等府古宗番、永北等府西番、大理等府峩昌蛮、曲靖府海倮㑩、广西府阿者㑩㑩、曲靖府鲁屋㑩㑩、武定府麦岔蛮、姚安府嫚且蛮、顺宁府利米蛮、开化府普岔蛮、永昌府西南界缥人、（贵州省）贵阳大定等处花苗、铜仁府属红苗、贵定龙里等处白苗、修文镇宁等处青苗、贵筑龙里等处东苗、平越清平等处西苗、永丰州等处侬苗、平越黄平等处夭苗、贵筑修文等处蔡家苗、贵阳府属宋家苗、清平县九股苗、广顺大定等处龙家苗、普定永宁等处马蹬龙家苗、贵定县平伐苗、贵阳安顺等处补笼苗、贵阳安顺等处仲家苗、定番州谷蔺苗、黎平府罗汉苗、都匀平越等处紫姜苗、遵义龙泉等处杨保苗、都匀黎平等处佯僙苗、广顺州克孟牯羊苗、大定府威宁州倮㑩、大定府威宁州黑倮㑩、大定安顺等处白倮㑩、贵州等处仡佬、余庆施秉等处水仡佬、贵定县剪发仡佬、平越黔西等处打牙仡佬、平远州披袍仡佬、平远州锅圈仡佬、镇远施秉等处仡兜、贵定黔西等处木姥、荔波县休伴伶侗瑶僮、定番州八番、大定府属六额子、普安州属僰人、下游各属峒人、贵定县瑶人、广顺贵筑等处土人、贵定都匀等处蛮人，共78段画面，人物图像160人，其中男像74人，女像82人，孩童4人。

第三节 《皇清职贡图》彩绘本的增补

一、正本及册页绘本的增补

随着版图的扩大和边疆少数民族的不断内附，为了彰显朝廷威德，表征大一统，清朝廷对《皇清职贡图》绘本进行了多次图文的增补，其中乾隆时期五次[1]，每次增补都是在手卷和册页本同时进行。

第一次在乾隆二十八年（1763），因西北爱乌罕、哈萨克等部族前来奉表纳贡，归附朝廷，乾隆命丁观鹏于原图卷尾增补其图像及说文。《各作成做活计清档》载：

> （乾隆二十八年正月）二十三日，接得员外郎安泰、李文照押帖一件，内开本月初五日，太监如意传旨：着李文照带姚文瀚往瀛台，看筵宴初次受降爱乌汉回子，起稿呈览。钦此。
>
> 于初七日奉旨：放大手卷稿一卷。钦此。[2]

丁观鹏在姚文瀚放大手稿基础上再补入手卷及册页中。《各作成做活计清

---

[1] 畏冬《乾隆时期〈皇清职贡图〉的增补》（载《紫禁城》1992年第6期）一文认为共有4次，实际上漏掉了乾隆五十三年（1788）在福建省"淡水右武乃等社生番"之后补入的一段"谨按"文字（见乾隆朝佚名《职贡图》，北京故宫博物院藏手卷绘本卷二），本次增补仅有文字而无图像，故《石渠宝笈续编》未载录。

[2] 中国第一历史档案馆、香港中文大学文物馆编：《清宫内务府造办处档案总汇》第48册，北京：人民出版社，2005年，第46页。

档》载：

> （乾隆二十八年二月）二十六日，接得员外郎安泰、李文照押帖一件，内开本月初十日，安泰、李文照面奉旨：爱乌汉等男女十人续职贡图卷尾，着丁观鹏画；册页后十页，亦照手卷续上。钦此。①

本次共增补了"爱乌罕回人""霍罕回人""启齐玉苏部努喇丽所属回人""启齐玉苏部巴图尔所属回人""乌尔根齐部哈雅布所属回人"五段十人图像及满汉说文。补绘图像前有乾隆满汉文御书：

> 乾隆二十八年癸未，爱乌罕汗遣使奉表入贡，其霍罕及西哈萨克启齐玉苏、乌尔根齐诸部，皆伴来牵驹以献。考爱乌罕距拔达克山，尚三月余程，重四译始达，余亦去伊犁、叶尔羌诸城数千里。缠头旃罽之饰，为前图所未备，因敕补绩帧末，以志远服，昭来许。御识。②

第二次在乾隆三十六年（1771）秋，因土尔扈特部归顺朝廷而补。本次增补由贾全绘制，共补绘了"土尔扈特台吉""土尔扈特宰桑""土尔扈特民人"三段六人图像及满汉说文。③补绘图像前有乾隆满汉文御书：

> 土尔扈特台吉渥巴锡，与策伯克、多尔济舍楞等，聚谋弃其旧居俄罗斯之额济勒游牧，率属归顺。既允所请，命抡其长朝觐，至伊绵峪入觐，各赐冠服、鞍马，俾随围，仍携之山庄宴赉、封爵有差。自此四卫拉特无不隶我臣仆。而其旧俗、缯罽衣冠与准噶尔他部不类，并敕增绘，以广前图所未及。乾隆辛卯季秋月御识。④

---

① 中国第一历史档案馆、香港中文大学文物馆编：《清宫内务府造办处档案总汇》第 48 册，北京：人民出版社，2005 年，第 48 页。
② （清）佚名：《职贡图》卷 1，御识，北京故宫博物院藏手卷绘本。
③ 故宫博物院编：《钦定石渠宝笈续编》第 2 册，海口：海南出版社，2001 年，第 388 页。
④ （清）佚名：《职贡图》卷 1，御识，北京故宫博物院藏手卷绘本。

第三次在乾隆四十一年（1776），因云南整欠土目、景海土目来京纳贡而增补。乾隆满汉文御书曰：

> 云南边外整欠土目召教、景海土目刁别，于乾隆三十四年抒诚内附，请修职贡。念其地在僻远，命六年一贡，用示优恤。今年冬，其头目赍象牙、犀角来献，令与朝正班末，因绘其服饰，附于图后。乾隆乙未嘉平月御识。①

"乾隆乙未"为乾隆四十年（1775），因整欠和景海土目来朝时已属年末，故本次增补在第二年才得以实施。《各作成做活计清档》载：

> （乾隆四十一年二月）十八日接得员外郎六格押帖，内开初六日，首领吕进忠传旨：职贡图第一卷，着贾全画整欠土目召教遣头目先迈岩第、景海土目刁别遣头目先纲洪入图。钦此。
>
> （二月）十八日接得员外郎六格押帖，内开二月初八日，首领董五经交，传旨：职贡图册页内，着贾全续画整欠土木（目）昭敖（教）遣头目仙（先）（迈）岩第、景海土目刁别遣头目先纲洪入册页一开。钦此。②

本次增补仍由贾全绘制，补绘"整欠头目先迈岩第""景海头目先纲洪"③两段图像及满汉说文。

第四次在乾隆五十三年（1788），本次增补仅有文字而无图像，故《石渠宝笈续编》并未载录。增补位置在卷二福建省台湾"淡水右武乃等社生番妇"之后，其汉文为："谨按：台湾生番向由该督抚图形呈进者。兹乾隆五十三年福康安等追捕逆匪林爽文、庄大田，各生番协同擒剿，倾心归顺。是年冬，番社头目华笃哇哨等三十人来京朝贡，并记于此"④，汉文后为翻译的满文。本次增补由于没有绘制新的图像，因此其文字直接在原有图像空白处添加（图16）。

---

① （清）佚名：《职贡图》卷1，御识，北京故宫博物院藏手卷绘本。
② 中国第一历史档案馆、香港中文大学文物馆编：《清宫内务府造办处档案总汇》第39册，北京：人民出版社，2005年，第776—778页。
③ 故宫博物院编：《钦定石渠宝笈续编》第2册，海口：海南出版社，2001年，第388页。
④ （清）佚名：《职贡图》卷2，北京故宫博物院藏手卷绘本。

平定台湾林爽文事件是乾隆标榜的"十全武功"之一。乾隆五十三年平定起义后，乾隆立刻撰写《御制剿灭台湾逆贼生擒林爽文纪事语》一文，不无得意地说："平伊犁、定回部、收金川，是三事皆关大政，各有专文勒太学；诛王伦、翦苏四十三、洗田五，是三事虽属武功，然以内地怀慝，弗芗其说。至于今之剿灭台湾逆贼，生擒林爽文，则有不得不详纪颠末以示后人者。"① 随后，围绕这一事件，乾隆命人制作了《御笔平定台湾二十功臣像赞》《平定台湾得胜图》等一系列宣传产品，并亲自题写"西域金川宴紫光，台湾凯席值山庄。敢称七德七功就，又报一归一事偿。戒满持勇增惕永，安民合众系怀长。养年归政应非远，益此孜孜励自强"等诗文，其豪情和得意显露无遗。可知，平定台湾事件在乾隆心中具有非常重要的地位。由此，我们也就不难理解此番增补虽无图像，但却仍然以文字"谨按"的形式出现在各版本的《皇清职贡图》中的原因了。

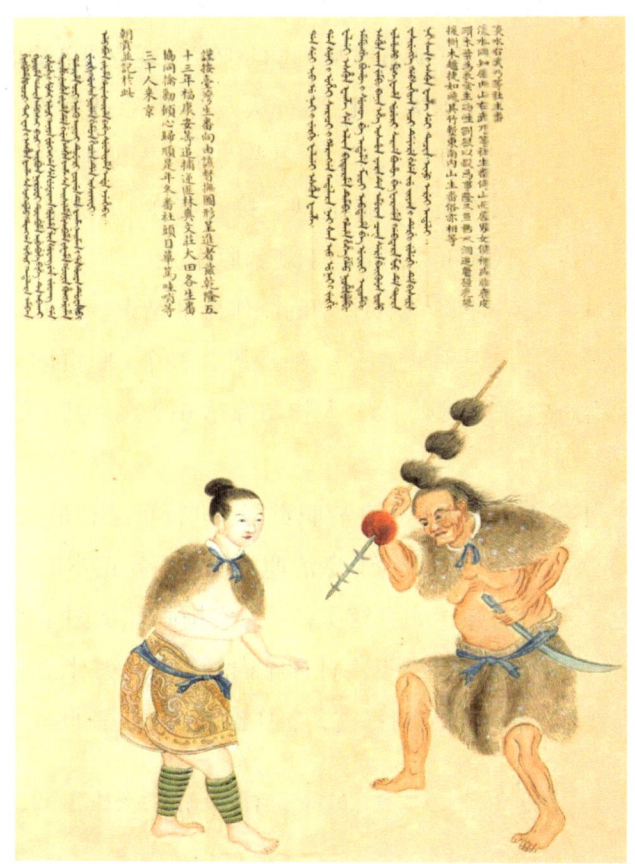

图 16　北京故宫博物院藏《职贡图》卷二"谨按"

---

① 刘如仲、苗学孟编：《台湾林爽文起义资料选编》，福州：福建人民出版社，1984 年，第 166 页。

第五次在乾隆五十五年（1790）。《各作成做活计清档》载：

> （乾隆五十五年二月）初三日，员外郎福庆押帖内开，五十四年十二月二十六日，由军机处传旨：着贾全往看巴勒布大头人脸像，默记绘画。又于二十八日，着贾全往中正殿看巴勒布大头人服色，默记绘画。钦此。
>
> 随遵旨陆续画得呈（览），旨：着续入职贡图手卷第一卷内，仍用旧宣纸绘画。其职贡图手卷三分，逐一添续绘画。其册页一分，应续入一开，用绢画。钦此。①

本次增补仍由贾全绘制，但并没有像前几次那样插入已有图像之后，而是按照地域相近的原则插入"鲁卡补札番人"之后，同时乾隆也没有为本次增补图像题写御识。据《石渠宝笈续编》记载，本次贾全所补绘之"巴勒布大头人"在丁观鹏原图之后并没有著录，原图中为"巴勒布即从人廓尔喀"。现存《皇清职贡图》册页本第二册中有"巴勒布大头人即廓尔喀""巴勒布从人"，北京故宫博物院藏佚名《职贡图》彩绘副本第一卷第四十图即为"巴勒布大头人并从人即廓尔喀"，不仅图说与档案记载内容相符，且此段画作有明显的装裱、接驳痕迹，因此可断定此画段为乾隆五十五年（1790）贾全补绘后插入，不是丁观鹏原作。②

经过了五次增补，乾隆时期《职贡图》的制作全部结束，总共增补了十一段图像十二种满汉文说文，其中十一种题记，一种按语。整个《职贡图》的规模也由最初的二百九十段画面增加至三百零一段，人物图像达610人，其中男像298人、女像303人、孩童9人。

清嘉庆时期，朝廷组织画家对《皇清职贡图》进行重绘和最后一次较大的增补。根据档案记载，本次重绘实为对乾隆《皇清职贡图》手卷正本的摹绘，从乾隆六十年（1795）底就已经开始实施。如意馆呈稿《为实销画职贡图手卷共用买办材料银两事等》载："乾隆六十年十一月二十六日押帖内开，十一月十五日太监鄂鲁里交丁观鹏画职贡图手卷四卷。传上日交启祥宫，着庄豫德仿画，钦此。"③《石渠宝笈三编》

---

① 中国第一历史档案馆、香港中文大学文物馆编：《清宫内务府造办处档案总汇》第52册，北京：人民出版社，2005年，第2页。

② 畏冬：《乾隆时期〈皇清职贡图〉的增补》，《紫禁城》1992年第6期。

③ 《为实销画职贡图手卷共用买办材料银两事等》，嘉庆十年十二月初三日，内务府呈稿，档号：05-08-030-000093-0075，中国第一历史档案馆藏。

记载，重绘本共四卷，分别为庄豫德绘第一卷，沈焕绘第二卷，黎明、程琳、沈焕、沈庆兰合绘第三卷，冯宁、蒋懋德、张舒合绘第四卷。嘉庆重绘本保留了乾隆本的君臣恭和诗，由赵秉冲"奉敕敬书"，每卷卷首沿用乾隆所撰旧名，由董诰"奉勅敬书"。① 嘉庆重绘本手卷本与乾隆本相比，主要有以下几处增补和改动情形：

其一，第一卷前增加了嘉庆满汉文御题诗《补绘皇清职贡图成卷恭依皇考前题元韵》②：

> 化成久道世长春，南朔东西圣泽均。
> 有觉咸临全浃洽，无思不服永尊亲。
> 疆开二万怀遗惠，治定要荒尽奎宾。
> 祖烈考谟大同普，内安外靖小康臻。
> 寅承益凛贻谋训，申命重匡入觐人。
> 格被殊方功德遍，渐摩异域悦来真。
> 摛词冠卷瞻辛巳，授玺传心朔丙辰。
> 戒满持盈叠勤敬，衷殷保泰旧章循。

落款为"嘉庆十年乙丑仲冬月下浣，御笔"。③

其二，第一卷增加了三段画作，从乾隆本的七十段增加到"画朝鲜至景海七十三段官目民人男妇"。④ 通过比较乾隆绘本与嘉庆刊本⑤的图像，发现增加的图像为越南国夷官、越南国行人、越南国夷人三段五个人物，按照地域相近的原则插入了"安南国喇鸡"和"暹罗国夷人"之前⑥。嘉庆皇帝为增补的图像撰写了御识⑦：

安南国王阮光平，受天朝敕封于庚戌年，躬赴阙廷，祝釐朝贡，极形

---

① 《钦定石渠宝笈三编》第 2 册，海口：海南出版社，2001 年 第 243—245 页。
② 《钦定石渠宝笈三编》第 2 册，海口：海南出版社，2001 年 第 244—245 页。
③ 《钦定石渠宝笈三编》第 2 册，海口：海南出版社，2001 年 第 243—245 页。
④ 《钦定石渠宝笈三编》第 2 册，海口：海南出版社，2001 年，第 243 页。
⑤ 因嘉庆重绘本第一卷已不存，故取内容与绘本一致的嘉庆重刻本为参照。
⑥ 畏冬：《嘉庆时期〈皇清职贡图〉的再次增补》，《紫禁城》1993 年第 1 期。
⑦ （清）董诰等纂，（清）门庆安等绘：《皇清职贡图》卷 9，台北故宫博物院藏嘉庆十年武英殿重刻本。

恭顺，是以皇考厚加恩赉。迨其子阮光缵嗣服，背负恩德，窝藏逋盗。继与农耐国构兵，竟将颁赐敕印遗弃，为农耐所得。该国长阮福映不敢存留，恭遣陪价航海赍呈，并缚献海盗，恪恭请命。鉴其忱悃，特予嘉纳。节据该国长：吁锡封号，陈明该国先有越裳之地，继得安南，恳以南越名国。察其敬关内附，尚属胝诚，特许以越字冠南字之上，既遂其请命之忱，仍制以锡名之义，且使新封旧域先后秩然。爰敕下疆臣，遣员伴送该陪价赴京，于嘉庆八年秋至山庄瞻觐。阮福映接奉敕封恩命，遣其聿成侯黎伯品表贡虔谢。嘉庆九年万寿节前到京，因命画院臣工写其衣冠状貌，增绘图中。

落款为"嘉庆十年乙丑仲冬月，御识"。

其三，卷一"巴勒布大头人"画像系改绘，说文另撰，与原有乾隆本图像和说文不同。其图像绘两巴勒布大头人，而非乾隆绘本所绘之一头人、一仆从。其图说曰：

巴勒布者，在西南徼外极边，与卫藏连界，原分三部落，嗣为廓尔喀部落首长夺据，自为雄长。乾隆五十三年，因与唐古忒人贸易构衅，侵扰卫藏边境，寻经官兵进讨，惶惧内附。未几，复扰至札什伦布。乾隆五十六年，特命福康安督兵征剿，攻克擦木等处，七战七胜。其酋面缚乞降，遣陪臣奉表进京。诏宥其罪，封以王爵。自后颇知恭顺。其头人服红褐，以帛围领，冠屦皆尚红。①

此说文撰写及添入画卷的经过及详细内容在《嘉庆朝上谕档》中有明确记载："前蒙发下派员缮写之《职贡图》画卷内有巴勒布即廓尔喀头人画像，系乾隆五十八年以后增入，是以《职贡图》刻本内并未载有图说。兹谨拟图说一条，并翻译满文，恭呈御览。伏候训示，俟发下后，再交缮写之员于画卷内一律缮入。谨奏。嘉庆十年六月二十日奉旨：'知道了。'钦此。"档后并录具体的图说内容以供嘉庆皇帝审阅。②这说明，此段图像为后增，说文为后撰。通过比对《嘉庆朝上谕档》发现，其所录说文与上述引文完全一致。《石渠宝笈三编》也说此段识语与原有画卷图说内容

---

① （清）董诰等纂，（清）门庆安等绘：《皇清职贡图》卷9，台北故宫博物院藏嘉庆十年武英殿重刻本。

② 中国第一历史档案馆编：《嘉庆朝上谕档》，桂林：广西师范大学出版社，2008年，第319页。

有差别:"此与画卷识语多不同者,画卷图于入觐之始,以地相次,附于鲁卡补札后;刊本志其复扰至扎什伦布时,官兵征剿,乞降遣陪臣奉表进京,以归附之年相次,附于景海头目先纲洪后也。"①

其四,第四卷末增加了庆桂、董诰、朱珪、戴衢亨、赵秉冲和黄钺六位大臣的和诗。

以上增补内容及如意馆所上呈稿的落款时间表明,嘉庆重绘本完成于嘉庆十年(1805)。嘉庆重绘本的制作直接来源于乾隆的授意,因此其画面内容和形式均因袭自乾隆绘本,并没有进行大范围的改动和创新。嘉庆重绘本从乾隆六十年(1795)正式启动,如意馆呈稿中的"钦此"明确表明其制作出自乾隆的命令。此情况在嘉庆重绘本第一卷前《御制补绘皇清职贡图成卷恭依皇考前题元韵》御题诗中也有明显的表露,"寅承益凛贻谋训,申命重图入觐人"之句,反映出此画为乾隆"申命重图";"擒词冠卷瞻辛巳,授玺传心溯丙辰"更直接表明了二者之间的关系。"辛巳"即乾隆二十六年(1761),为乾隆彩绘正本完成的时间,"丙辰"为嘉庆元年(1796),道出了嘉庆继承乾隆而来的权力和《皇清职贡图》的绘制。此外,诗中"永尊亲""旧章循"等词语说明了嘉庆重绘之《职贡图》一切均依乾隆时期的内容及格式,系受父命而为。

二、彩绘副本的绘制及增补

现有实物和档案记载表明,乾隆《皇清职贡图》有多份手卷绘本。《各作成做活计清档》载:

> (乾隆五十五年二月)初三日,员外郎福庆押帖内开,五十四年十二月二十六日,由军机处传旨:着贾全往看巴勒布大头人脸像,默记绘画。又于二十八日,着贾全往中正殿看巴勒布大头人服色,默记绘画。钦此。
>
> 随遵旨陆续画得呈(览),旨:着续入职贡图手卷第一卷内,仍用旧宣纸绘画。其职贡图手卷三分,逐一添续绘画。其册页一分,应续入一开,用绢画。钦此。②

---

① 《钦定石渠宝笈三编》第11册,海口:海南出版社,2001年,第265页。
② 中国第一历史档案馆、香港中文大学文物馆编:《清宫内务府造办处档案总汇》第52册,北京:人民出版社,2005年,第2页。

以上材料说明，乾隆朝《皇清职贡图》共有手卷三份，乾隆五十五年（1790）增补"巴勒布大头人"时乾隆要求续入所有绘本中。因此，除乾隆二十六年（1761）的手卷正本和册页本外，应还有两份副本。

然而，在最初的绘本完成后，在档案中长期以来均只存在手卷和册页各一份。如乾隆三十六年（1771）《各作成做活计清档》记载："（三十六年十二月）初三日，接得郎中李文照押帖一件，内开十一月二十五日，太监胡世杰传旨：着贾全画土尔扈特，续入手卷、册页内人物二分。钦此。"[①]

直至乾隆四十年（1775），朝廷才开始进行彩绘手卷副本的摹绘，《各作成做活计清档》记载：

（乾隆四十年十月）十二日，接得员外郎图阿押帖，内开九月二十二日，首领吕进忠交乾清宫职贡图四卷一分、旧宣纸八张，传旨：着贾顾（全）、顾全（铨）照乾清职贡图尺寸大小一样，各画一分。钦此。[②]

这说明，《皇清职贡图》副本的制作并非从乾隆十六年（1751）发布谕旨启动整个工程就着手[③]，亦非从乾隆二十六年（1761）至乾隆二十八年（1763）开始绘制[④]，而是在乾隆四十年（1775）时根据已经进行两次增补的正本命贾全和顾铨照原样各画一份，才正式开始进行彩绘副本的摹绘。

乾隆四十四年（1779），《皇清职贡图》彩绘两份副本整体完成。《各作成做活计清档》记载：

（乾隆四十四年五月）十八日，接得郎中保成押帖，内开四月二十六日，董五经交职贡图手卷二分，每分四卷，传旨：交如意馆裱手卷；包首照现有职贡图缂丝包首花样一样交苏州办造送来；做袱别样一并发往南边，依前做法照样做来。钦此。

---

① 中国第一历史档案馆、香港中文大学文物馆编：《清宫内务府造办处档案总汇》第34册，北京：人民出版社，2005年，第516页。

② 中国第一历史档案馆、香港中文大学文物馆编：《清宫内务府造办处档案总汇》第38册，北京：人民出版社，2005年，第60页。

③ 庄吉发：《谢遂〈职贡图〉满文图说校注》，台北故宫博物院印行，1989年，第460页。

④ 周妙龄：《乾隆朝〈职贡图〉〈万国来朝图〉之研究》，台湾师范大学2004年硕士学位论文，第24页。

第三章 《皇清职贡图》的绘制与增补

于十月二十七日，将苏州送到玉别、锦袱四分呈进讫，交启祥宫。[①]

因属原样摹绘，尺寸大小跟正本一样，因此，这两份副本也均为四卷，往后增补之图文亦同时补入，最大程度保留了正本的原貌。在正本仅存一卷的情形下，这两个副本就成为我们了解正本的最好载体。至此，清宫共存有《皇清职贡图》三份手卷和一份册页绘本。因此，乾隆五十五年（1790）增补"巴勒布大头人"图像时特意要求三份手卷和一份册页均需"添续绘画"[②]。赖毓芝检视了北京故宫博物院藏佚名《职贡图》和台北故宫博物院藏谢遂《职贡图》之"巴勒布大头人"段画作发现，此两卷均有接纸的痕迹，为后补之作，且"巴勒布大头人"绘画风格非常接近贾全之人物画法。通过对比其他部分的风格，她推断这两份副本应是由贾全和顾铨团队完成，至于为何台北藏本署名"谢遂"，或只是后加的代名属款而已。[③]

综上所述，清乾隆时期最早完成的《皇清职贡图》彩绘本不仅同时制作了手卷和册页两种形式，而且后期又制作了两份彩绘手卷副本。通过梳理档案等文献记载，并与现存实物相对照，证实了乾隆《皇清职贡图》彩绘正本的手卷和册页均初步完成于乾隆二十六年（1761），其中册页本至乾隆二十八年（1763）才整体告成，直至乾隆二十九年（1764）才最终完成，其间经历了五次增补；彩绘手卷副本从乾隆四十年（1775）开始摹绘，至乾隆四十四（1779）年完成，往后增补之图文亦依正本同时补入；嘉庆重绘本为摹绘本，基本因袭乾隆绘本的图文内容，完成于嘉庆十年（1805），并增补了三段图像及相关说文内容。

《皇清职贡图》的编绘是清乾隆时期的一项国家工程，前后历经半个多世纪的时间，其组织、统筹和实施涉及皇帝、军机大臣、各地督抚及地方各属官员，几乎动用了整个国家的各级行政力量，完成了规模空前的画作，产出了数以千计的成果。可见，《皇清职贡图》的绘制，无论是时间跨度、规模，还是组织形式，均非南朝以来历代同类"职贡图"所可比拟，值得进一步挖掘、整理、研究和利用。

---

① 中国第一历史档案馆、香港中文大学文物馆编：《清宫内务府造办处档案总汇》第42册，北京：人民出版社，2005年，第701页。

② 中国第一历史档案馆、香港中文大学文物馆编：《清宫内务府造办处档案总汇》第52册，北京：人民出版社，2005年，第2页。

③ 赖毓芝：《图像帝国：乾隆朝〈皇清职贡图〉的制作与帝都呈现》，《"中央研究院"近代史研究所集刊》2012年第75期。

第四节 《皇清职贡图》的理念突破与体例创新

作为集大成的作品，《皇清职贡图》从启动绘制之初就显出与前代职贡图不一样的特质。它不仅需要延续传统职贡图的叙事方式，借以标榜"我居中心"的正统地位；而且需要将域内族群、直接管辖地区及藩部进行前所未有的整合，塑造万邦来朝的"中华天下"国家形象；同时满足统治者资治经世的现实需要。这是以前的职贡图所无法胜任的，由此要求《皇清职贡图》的制作必须实现理念的突破和体例的创新。这些转变背后蕴含着深刻的政治内涵和重要的文化意义，将带有明确政治倾向的职贡主题绘画推向了一个新的层次。

一、制作理念的突破

（一）多族群共存的"一体"观

职贡图的出现与中国古代朝贡制度的形成发展密切相关。朝贡制度确立了"华夏"中心与外围"蛮夷"按照地理距离、关系亲疏等体现出的结构，呈现了一幅包括中国内部和外部世界共同构成"天下"的"同心圆"等级秩序，实际上包含了"中国属内以制夷狄，夷狄属外以奉中国"的等级思想。作为朝贡制度的图像化呈现，清以前各朝职贡图恪守传统朝贡制度的思想内涵，呈现华夷之间泾渭分明的地理和文化界限，如南朝梁萧绎《职贡图》、唐阎立德《王会图》、明仇英《职贡图》等。在人物形象呈现上，这些职贡图多展现单一的朝贡使者，且多突出其粗鄙、野蛮和怪异的一面，表现天朝中心的文明优越感。

然而，以非汉民族入主中原的满人统治者，不可能再延续传统狭隘的"华夷观"，否则将瓦解其政权合法性，动摇其统治根基。基于批驳传统"华夷之辨"思想，牢牢掌握"正统"解释权的需要，《皇清职贡图》采取了多族群共存的"一体"理念。这一理念的变化主要体现在改变以往职贡图突出二元对立的做法，进而将朝贡国、藩部以及直接管辖地等与清朝廷存在不同关系的地区及其代表族群都纳入图中。与清以前传统职贡图呈现单一朝贡国使者不同，《皇清职贡图》收录人物众多，除朝鲜、安南等外藩以外，还包括国内众多的少数族群，涉及西藏、新疆、广西、云南、贵州、甘肃、四川等地区。笔者曾撰文指出，《皇清职贡图》通过视觉表征构建和呈现了一幅包含这些呈现在画中的少数族群连同隐身画外的满族、汉族、蒙古族共同组成多彩中华民族的历史图画。这一表达反映了在统治者的思想意识里，清朝是以满族、汉族、蒙古族为统治核心的多民族政权。① 在此，传统"华夷观"的改变以一种直观的形式呈现出来，塑造了一个有别于传统"汉人天下"的多民族国家形象。同时，在《皇清职贡图》的说文表述中，清朝廷将地方督抚上报的地方稿本"番图"图说中原本民族指向明显的"汉民""汉人"等"涉汉"词语替代为"民化"或者"齐民"类表述，并突出了与儒学融合的"非汉"文化尤其是满族的发饰服装、"淳朴"特质在标示族群向化程度方面的作用。② 在形象展示上，《皇清职贡图》不但未对所绘人物进行丑化，相反还进行了修饰，并删除了地方稿本图说中"性情凶顽"等影响形象的词语③。不仅如此，清朝廷还在《皇清职贡图》图说中对外自称"中国"，对内自称"国朝"④，向世人宣示其多民族国家代言人的身份。凡此种种，都使得《皇清职贡图》构建出了一个包含多族群且具一体特征、富有包容精神和宽阔胸襟的国家形象。

（二）"职贡图"内涵的拓展

清以前职贡图的绘制内容大致可界定为表现向中央朝廷朝贡的少数民族政权、外国（外藩）以及相关的使者、贡物等形象。考察发现，现存清代之前的多种职贡

---

① 黄金东、杨燕飞：《〈皇清职贡图〉中的广西壮族形象研究》，《广西民族研究》2022 年第 2 期。
② 郭丹丹：《〈皇清职贡图〉图说中的"中华天下观"》，《广西民族研究》2022 年第 5 期。
③ 黄金东：《〈云南民族图考〉版本考》，《中央民族大学学报（哲社版）》2018 年第 3 期。
④ 苍铭、刘星雨：《从〈皇清职贡图〉看"新清史"的"清朝非中国论"》，《中央民族大学学报（哲学社会科学版）》2019 年第 6 期。

图，其绘制对象基本限定在此范围内，大体呈现出以下两个特点。

第一，为凸显"万国来朝"的恢宏气势，部分职贡图往往绘制一些未与当朝发生朝贡关系的国家、部族等人物图像。分为三种情况：一种是历史上曾经出现但当朝已经不存在的国家、部族，如唐代《王会图》中的勿吉、流求、女国、月氏等①，明仇英《职贡图》则将早已在历史中消失的契丹、渤海等国借为己用②。另一种是并不真实存在、仅为想象中的国家，被葛兆光称为"子虚乌有"之国③，元柯九思《职贡图卷》与明仇英《职贡图》中所绘"女王国"即属此类。第三种是部分与本朝偶有商贸或使者往来，但并未确定朝贡关系的国家和部落，如宋代《万方职贡图》中的日本、女真、吐蕃等。

第二，王朝统治者为显示其统辖有方，有时会将已经归附的"蛮族"绘入职贡图中，如南朝梁萧绎《职贡图》中的"荆州蛮"。王素指出，《职贡图》中天门、建平、临江三个"荆州蛮"，齐、梁时就已逐渐归化，只是因为梁元帝两次出任荆州刺史，"为了显示自己的政绩而勉强加上的"④。

可见，即便统治者希望通过绘制职贡图展示王朝"万邦来朝""怀来之盛"的太平气象，但受国力和疆域的限制，清以前职贡图所绘来贡之国和族群最多亦不过四十来数，这还需要绘者"外延"职贡内涵，甚至不惜虚撰、借用才得以达成。《四库全书总目》通过盛赞《皇清职贡图》的图像数量及真实性对前代职贡图的做法进行了批评：

> 考《南史》载，梁武帝使裴子野撰《方国使图》，广述怀来之盛，自荒服至海表，凡二十国。张彦远《历代名画记》载梁元帝有《职贡图》。史绳祖《学斋占毕》引李公麟云，元帝镇荆州，作《职贡图》，状其形而识其土俗，凡三十余国。其为数较今所绘，不及十分之一。至《山海经》所载诸国，多出虚撰，概不足凭。《汉书·西域传》以下史家所述，多出传闻，核

---

① 汤开建：《唐〈王会图〉杂考》，《民族研究》2011年第1期。
② 盛科：《虚构的纪实——明代仇英款〈职贡图〉卷研究》，中国美术学院2020年硕士学位论文，第10-11页。
③ 葛兆光：《想象天下帝国——以（传）李公麟〈万方职贡图〉为中心》，《复旦学报（社会科学版）》2018年第3期。
④ 王素：《梁元帝〈职贡图〉新探——兼说滑及高昌国史的几个问题》，《文物》1992年第2期。

第三章 《皇清职贡图》的绘制与增补

以道里山川，亦往往失实。又不及今之所绘。或奉赍贡篚，或亲睹其人，或仗钺乘轺，实经其地。①

四库阁臣对《皇清职贡图》的评价虽有夸耀之嫌，但也有历史事实作依据，因此郑振铎称赞其"皆可作信史"，确非妄为向壁想象者，不啻"册府传信之巨观"也②。需要注意的是，《皇清职贡图》收录如此空前的"朝贡者"数量，并非清朝廷职贡状况的全部事实，而是在抛弃了前朝职贡图所运用的虚撰、借用部分后，进一步深化拓展职贡图内涵的结果。其做法不但将前朝职贡图外延过的"将已归化的蛮族纳入职贡图"以及"将与本朝有商贸交往的国家亦纳入职贡图"内涵移为己用，并且大大扩展了其深度与广度。

清乾隆十六年（1751），朝廷颁发上谕正式启动《皇清职贡图》的绘制，要求近边各督抚"将所属苗、瑶、黎、僮，以及外夷番众，俱照此式样，仿其形貌服饰，绘图送军机处，汇齐呈览"③。根据这个说法，《皇清职贡图》的绘制对象似乎仅限定在"苗、瑶、黎、僮"以及"外夷番众"范围内。但从四川总督策楞上呈军机处的《苗瑶黎壮等族衣冠图》（《四川省番图》）来看，其中不乏苗人、僰人、倮㑩等族群，可见上谕中的"苗、瑶、黎、僮"为泛指，系清朝所属各藩部和所辖各地少数族群的代称。从后期其他各省呈报的原始稿本及汇总而成的多种版本《皇清职贡图》来看，都以尽揽辖下所有少数族群及所见"外夷番众"于图册中为己任。这种做法对于幅员辽阔、疆土"无远弗届"，辖下少数族群数以百计的清朝廷而言，显得自然而又理直气壮，显然是梁元帝萧绎"勉强加入"三个"荆州蛮"的《职贡图》等作品所无法比拟的。此外，上谕并未对"外夷番众"加以限定，因此《皇清职贡图》不仅收录了与清朝廷确有朝贡关系的朝鲜、琉球、安南、暹罗、苏禄、南掌等国，而且将仅有商贸往来而无实际朝贡关系的大西洋国、荷兰、英吉利、法兰西、日本等也纳入其中。

综上所述，清朝廷在继承历代职贡图传统内涵的同时，将已经归附的少数族群和与本朝有商贸关系或往来的国家、地区、部族都纳入《皇清职贡图》中，在事实上对职贡图的内涵进行了深化与拓展，实现了制作理念的更新。

---

① （清）纪昀纂：《四库全书总目》卷71《史部二十七·地理类四》'皇清职贡图'条，乾隆五十四年武英殿刻本。
② 郑振铎：《西谛书话》，北京：生活、读书、新知三联书店，2005年，第263页。
③ （清）佚名：《职贡图》第一册谕旨，法国国家图书馆藏册页绘本。

二、编绘体例的创新

（一）成果体系化

清以前各朝职贡图多由个别画家或宫廷画院绘制而成，成果多为单一的图画，而且长期深藏于宫中或藏家手中，普通人难得一睹真容。反观《皇清职贡图》，则由乾隆亲自过问和主持，军机处组织和协调，各地督抚组织力量依据统一的样式进行绘制和编写，最后经宫廷画家集体创制而成。其制作从最初的组织到稿本的呈报、汇总再到最后的成型、增补，都体现出明显的组织性和统一性。《皇清职贡图》这种组织实施的方式，使得《皇清职贡图》不仅在绘写规模、产出成果、版本流传等方面均远超前代职贡图，而且显示出突出的体系化特征，具体体现在两个方面：

其一，注重流传和利用，制作多种版本，形成完整的版本体系。

《皇清职贡图》的制作从乾隆十六年（1751）正式启动，到乾隆二十六年（1761）彩绘本基本完成，其间还进行多次增补和制作多种版本，再到嘉庆十年（1805）增补重绘后定型，产出成果众多，版本多样。从现存实物看，就制作方法而言，《皇清职贡图》的版本类型有三种：一是彩绘本，有手卷和册页两种形式，其中手卷又有两份副本。二是写本，有《四库全书荟要》本和《四库全书》本两种，均为九卷。《四库全书荟要》本共绘写两套，原存紫禁城御花园的摛藻堂和圆明园长春园内的味腴书屋。此外，还有《四库全书》文渊阁、文溯阁、文津阁本等。三是刻本，有三种版本，均为九卷本。《皇清职贡图》版本复杂多样，不仅有彩绘本、写本和刻本三种类型，而且每种类型中又包含有不同的版本，构成了完整的版本体系。清朝廷之所以制作多种内容相同、版本各异的《皇清职贡图》，其用意就在于积极促进其利用和流传。

其二，制作多角度表现职贡的各类图像并强化其关联性，形成完整的职贡图体系。

清朝以前，职贡图的制作主要有三种样式：第一种以梁元帝萧绎《职贡图》为代表，主要绘制单个贡使，并有题记加以解说；第二种以唐阎立德《职贡图》以及明仇英《职贡图》为代表，重点绘制各方来朝队伍；第三种以北宋摹本《蛮夷职贡图》和元仁伯温《职贡图》为代表，主要绘制贡使与贡物。各朝职贡图并不限于某一样式，如宋代既有绘制各国贡使的《万方职贡图》，也有反映职贡场景的《景德四图》，当然也有对贡物的绘制，如《西旅贡獒图》，明代的《职贡图》《麒麟图》则分别绘制了贡使与贡物。需要指出的是，以上同一朝代绘制的各类"职贡图"虽为同时代创作，但在内容上并无关联性。

到清代，情况发生了变化。除了《皇清职贡图》外，清朝还绘有《爱乌罕四骏图》《土尔扈特白鹰》《宝吉骝图》《廓尔喀贡象马图》等贡物图像以及反映各国朝贡队伍的《万国来朝图》。但与前代职贡图同一时期作品之间松散的关系相比，清代各类职贡图之间联系非常紧密。比如，《万国来朝图》中的四十个使节团成员几乎都来自于《皇清职贡图》第一卷，其形象或完全照搬，或只稍微调整了人物姿态和方向[①]；而根据万伊的考察，《爱乌罕四骏图》《土尔扈特白鹰》《宝吉骝图》《廓尔喀贡象马图》等贡物图，也是清廷在《皇清职贡图》中增绘爱乌罕、土尔扈特、廓尔喀使者形象之外，专门针对其贡品中的珍禽异兽进行的图绘[②]。可见，侧重人物的《皇清职贡图》，侧重场景的《万国来朝图》以及侧重贡物的各类图像，共同构成了一个体现清朝职贡盛况的图像体系，将职贡图的文化表征和政治意义发挥到了极致。

（二）编排展现多层次"中华天下"秩序

尽管乾隆在为《皇清职贡图》所作的御题诗中仍有如"西鲽东鹣觐王会，南蛮北狄秉元辰"[③]表达传统"华夷之辨"观念之语，但鉴于传统"夷夏"观念以及"九州分野体系"[④]在清代发生了巨大变化，以及清廷将互市之国及各省直接管辖的少数族群等基本全都纳入职贡图的编绘范畴等因素，导致《皇清职贡图》在编排次序上较前代职贡图发生了重大变化。

---

① 王蔚：《〈皇清职贡图〉的绘画史意义》，《云南师范大学学报（哲社版）》2018年第6期。
② 万伊：《清宫收藏与〈皇清职贡图〉的绘制》，《美术》2023年第6期。
③ （清）佚名：《职贡图》第一册乾隆御题诗，法国国家图书馆藏册页绘本。
④ 传统分野说以周天星宿皆对应于中国地理区域而不包括四夷外国之地。直至明清之际，西方地理大发现以来所获得的五大洲地理知识传入中国，广为传布，从而对中国人的传统世界观造成了极大的震撼，人们开始对整个世界的万国图景和海陆分布状况有了真正的认识，传统天下观逐渐崩塌，近代世界观开始建立，这是明清时期思想史的重大变化。在这一过程中，中国传统分野学说也受到了巨大的冲击和挑战。

现存清代以前绘制的职贡图，由于臆想的朝贡关系和"子虚乌有"之国的存在，给学者对其所囊括国家、部族以及排序规律等内容的考察带来不少挑战，加之部分职贡图如北宋（传）李公麟《万方职贡图》和明仇英《职贡图》等为画家独立完成，次序的排列受到画家认知的影响，无疑又增加了探索的难度。不过仍有学者在考察南朝梁萧绎《职贡图》《梁元帝蕃客入朝图》和唐（传）阎立本《王会图》等作品后得出结论：一般来说，职贡图中排位比较靠前的几个国家，或是重要邻国，或是国家高度依赖的中间国家，或是强大盟友，或是世界大国，或是传统附庸，剩下其他国家则基本按照地域排序。① 即如王素所说，其排序"有显示利害关系的用意"②。虽然两位学者的结论只针对前述几种职贡图，但根据葛兆光对北宋（传）李公麟《万方职贡图》的研究③，与北宋发生朝贡关系的占城国、渤泥国、朝鲜国、三佛齐国以及当时的大国拂菻国、重要邻国女直国，都排在前列，从侧面印证了"利害关系说"一定程度上的普适性。这说明，清以前职贡图在次序排列上更多侧重体现于华夷的分野，突出二者文化上的差异，呈现的"天下"层次较为单一。

　　与前代职贡图不同，《皇清职贡图》绘制对象众多，需要呈现的"天下"包含多族群、多文化、多元管理机制的诸多地区，这就要求编排上必须突破以往单一层次的结构。清朝廷对此提出了明确的原则和要求，即以"朝鲜等外藩诸国列为首册，其余番蛮各以省分次序"④。《四库全书总目提要》进一步明确为"朝鲜以下诸外藩为首，其余诸藩、诸蛮各以所隶之省为次"⑤，将所涉国家、地区及族群清晰地划分为诸外藩、诸藩及诸蛮三类进行编排。

　　诸外藩，是指与清朝有朝贡或互市关系的海外国家，按照《清史稿·宾礼》的划分，这部分"亦属于藩部"，其事务由主客司主理，但与诸藩相比仍"亲疏略判"。诸藩，是指包括蒙古喀尔喀、西藏、西域新疆、青海、廓尔喀等地区的族群，其事务属理藩院管辖。诸藩与清廷关系之密切，非诸外藩可比。诸蛮，主要指已经纳入各

---

① 罗丰：《邦国来朝——台北故宫藏职贡图题材的国家排序》，《文物》2020年第2期。
② 王素：《梁元帝〈职贡图〉新探——兼说滑及高昌国史的几个问题》，《文物》1992第2期。
③ 葛兆光：《想象天下帝国——以（传）李公麟〈万方职贡图〉为中心》，《复旦学报（社会科学版）》2018年第3期。
④ （清）佚名：《职贡图》第一册题跋，法国国家图书馆藏册页绘本。
⑤ （清）纪昀纂：《四库全书总目》卷71《史部二十七·地理类四》"皇清职贡图"条，乾隆五十四年武英殿刻本。

省管辖地区的少数族群，其所在地区大部分已改土归流，即便未完全改流的地区，也已经彻底为国家及地方行政系统所掌控，包含云南、广西、贵州、福建、湖南、四川、甘肃、宁夏等下辖的广大地区。显然，这种"诸外藩"—"诸藩"—"诸蛮"的编排顺序，是一种由外而内、由疏而亲、层级分明的排列方式，是清朝对"大一统"国家多元化管理的直观呈现，与清以前统职贡图"由近及远"的"利害关系"排序原则相比，有了重要改变。

《皇清职贡图》的排列次序并非随意为之，而是有其深刻的内涵。首先，明确了编绘对象与清朝廷的关系，且其地理信息完备，体现出清朝廷对整个"天下"的地理认知已抛弃了以前各朝的模糊和想象成分，变得真实且具体，较为准确地呈现了清朝廷庞大而复杂的"职贡"关系。其次，这种排序方式也显示了浓厚的政治意味，不仅"可以征分野规方之略"[①]，展现清朝"无远弗届"的天下和"大一统"的疆域，而且将与清朝廷关系亲疏有别的诸外藩、诸藩、诸蛮地区及其众多族群按照亲疏关系由远及近排列，突破了传统二元对立的狭隘"华夷观"，展现了一个以我为中心、包含多族群的多层次"中华天下"秩序。

（三）叙事突出"华夷一体"

为了实现重构"大一统"等政治目的，《皇清职贡图》在图像呈现和说文叙述上颠覆了以前各朝职贡图的传统，最大限度地彰显了职贡图的政治意涵和文化意义。

首先，在图像呈现上采取了新样式，彰显政治意义。

从画面上看，现存清以前职贡图整体上都以绘写男性贡使形象为主。虽然有些职贡图作品中出现了女性形象，如宋代《万方职贡图》、明代《职贡图》中的"女人国""女王国"等少数"番夷"女性，但由于这些职贡国本身即为臆造，因此其人物也多为虚构，并不可信。

---

① （清）佚名：《职贡图》卷四诸臣跋，故宫博物院藏彩绘本。

图 17　清谢遂《职贡图》局部（台北故宫博物院藏）

《皇清职贡图》彻底改变了传统职贡图几乎全部为男性形象的呈现样式。清乾隆十五年（1750），乾隆命令四川总督策楞将"所知之西番、猡猡男妇形状并衣饰服习，分别绘图注释"①。乾隆十六年（1751），朝廷在策楞上交24幅图像基础制作统一的"图示"下发近边各督抚，"令其将所属苗、傜、黎、僮，以及外夷番众，俱照此式样，仿其形貌服饰，绘图送军机处，汇齐呈览"②。这表明，《皇清职贡图》的制作从一开始就有了统一的样式和要求。显然，以上提到的"男妇形状"及"式样"不是传统职贡图中以男性为主的图像。从现存地方进呈稿本以及彩绘本、写本等作品中可以看到，《皇清职贡图》采用了一男一女（间有孩童）成组，相对而立的呈现样式（图17）。据统计，最终定型的乾隆朝《皇清职贡图》彩绘手卷本共绘人物形象610人，其中女性形象达303人，几乎占据半数。此外，在绘写对象身份的选择上，《皇清职贡图》不仅有传统职贡图主体的贡使，还包括非贡使身份的民，更包含了版图范围内众多"番""苗""蛮"等少数族群，来源广泛。

《皇清职贡图》采用的一男一女呈现方式，有学者认为其源自欧洲传统绘画的

---

① （清）佚名：《职贡图》第一册题跋，法国国家图书馆藏册页绘本。
② 《高宗纯皇帝实录》第6册卷390，乾隆十六年己巳条，北京：中华书局，1985年，第117页。

第三章 《皇清职贡图》的绘制与增补

"男女对偶"图式,有着突出的人种志图像属性①。这与乾隆"朕以幅员既广,遐荒率服,俱在覆含之内。其各色图样,自应存备,以昭王会之盛"②的想法和需求可谓不谋而合。新图示的使用以及覆盖多阶层、多族群的收录原则,将不同阶层的男女作为一个地区的族群代表绘入图中的做法,使《皇清职贡图》得以通过一体的画面空间直观地展现了清朝治下"政教之隆""心法治统,不异地异民"③的"大一统"政绩。

其次,在说文叙述上注重描述绘写对象归附中央朝廷的过程,强调向化归一。

现存清以前职贡图上的文字基本都只有简要的题名,即使有题记,其内容也多限于地理位置、贡物情况等方面,如梁元帝萧绎《职贡图》中的"邓至国使",其题记为:"邓至居西凉州界,善别种也。宋文帝世,邓至三象屈耽,遣其所置黑水镇将象破羌上书献骏马。天监五年,国王象舒彭遣厉僧崇献黄耆四百斤,马四匹。其俗呼帽曰突何。其衣服与宕昌略同。"④可见,清以前职贡图中的文字叙述尚未形成统一要求,内容涉及面不够广泛。

《皇清职贡图》说文则一改以前的做法,朝廷不仅从一开始就要求各地提供文字内容,而且对各省呈报的说文进行了统一增删和润色,其做法为"所有部落沿革、风土习俗,俱就各该督抚等查送原文删纂,复按《大清一统志》《文献通考》及史传者书酌加考证,各著图说,书于左方。务期简明该括,不致繁冗"⑤,务求论述严密、考证精当,并形成了统一的要求,充分发挥了图文互证、互补的功能。

在具体内容叙述上,《皇清职贡图》涉及面广,包括绘制人物所在区域地理、政治沿革、服饰样貌、风俗习惯以及归附过程、赋税缴纳情况等内容,使得图说中的信息层次更为丰富。以云南省"曲靖等府仲人"为例,其题记为:"仲人与黔省仲家苗同一族类,曲靖、昭通与黔接壤,故所属皆有之。在曲靖者,宋时隶摩弥部;在昭通者,唐以后均隶乌蒙部;本朝改设流官管辖。其人好楼居。男子缠头,短衣跣足。妇女以青布为额箍,如僧帽然,饰以海巴;耳缀大环,衣花布缘边衣裙,富者或以珠缀之;白布束胫,缠足着履。男女皆勤耕作,输赋税。嗜食犬鼠,风俗朴

---

① 李晓璐:《从〈皇清职贡图〉出发:大航海背景下(16—18世纪)男女对偶民族志图像研究》,中央美术学院2021年博士学位论文,第261、266页。
② 《高宗纯皇帝实录》第6册卷390,乾隆十六年己巳条,北京:中华书局,1985年,第117页。
③ 赵之恒等:《大清十朝圣训》,北京:北京燕山出版社,1998年,第6828页。
④ (南朝梁)萧绎:《职贡图》,中国国家博物馆藏北宋摹本。
⑤ (清)佚名:《职贡图》第一册题跋,法国国家图书馆藏册页绘本。

177

陋。"① 可以看到，相较于前代职贡图，《皇清职贡图》图说内容不仅更为丰富，而且特别注重对绘写对象归附过程及赋税情况的描述。这些例子比比皆是。比如，福建省凤山县放索等社熟番"本朝康熙三十五年归化""岁输丁赋三百四十九两零"、云南省顺宁府蒲人"元泰定间始内附""供赋税"、广西省庆远府过山瑶"向隶土司，雍正七年，改土归流，遂入版籍，供赋役"、贵州省平越黄平等处夭苗"向无土司管辖，明时隶平越、黄平等府州""一体计田输赋"等等。这些叙述展现了不同族群的归附过程和清廷对这些族群的多元化治理方式。

《皇清职贡图》图说的内容也体现出注重各族群的交往交流交融，强调其向化归一的突出特征。这些叙述集中于"贸易""杂居"以及"耕织""礼法""读书"等方面。例如，安集延回目"与布鲁特接壤，各部回人多有往彼贸易者"、广东省乳源县瑶人"时有往来城乡与民人市易盐米者"、云南省景东等府白人"其居处与民相杂"、贵州省贵阳大定等处花苗"民苗杂居"等内容，侧重各族群交往交流的过程。又如，湖南省安化宁乡等处瑶人"耕读与民无异"、云南省鹤庆等府古宗番"颇知礼法"、贵州省广顺贵筑等处土人"其起居、服食，俱有华风"、甘肃省岷州土百户后汝元所辖马连川等族番民"其番民男妇服饰，均与各番相似，亦有如内地民人者，饮食、风俗亦同"等记述，体现出各族相互交融的情况。而伊犁塔尔奇查汗乌苏等处回人"输诚向化"、福建省所辖各生番"倾心归顺"、贵州省都匀平越等处紫姜苗"近颇向化"和大定府威宁州倮㑩"夷民一体输税"、广西省西隆州土人"就田输税，不异齐民"等内容，则表现了各族群倾心"向化"的愿望以及最后"归一"的结果。

三、余论

《皇清职贡图》在制作理念上的突破和体例上的创新，将带有明确政治倾向的职贡主题绘画推向了一个新的层次。通过将这些与朝廷关系亲疏有别的外藩、藩部及少数民族地区众多不同族群依照地理顺序统合于画面中，从视觉空间上呈现了朝廷辽阔的疆域及其多元化的管理方式，表达了"以昭王会之盛"的政治意图，展现了前

---

① （清）佚名：《职贡图》卷四第七段画面，故宫博物院藏彩绘本。本节以下文中所引说文均依此版本，不再一一标示。

所未有的盛世大一统气象。《皇清职贡图》成为清廷批判"华夷之辨"、展现国家"大一统"疆域之盛、论证其政权合法性的重要文本。

《皇清职贡图》不仅更新了传统职贡图的呈现图式，而且在文字叙事上突破传统"华夷有别"思想的束缚，突出"华夷一体"的理念，巧妙地表达出各族群向化归一的政治意图。《皇清职贡图》的说文不仅叙述了各族群陆续归附中央朝廷以及纳入不同管理体制的过程和事实，同时也揭示了各族群之间不断交往交流交融的情况、过程和结果。从这个意义说，《皇清职贡图》通过图文并茂的方式呈现了清前中期各族群不断交往交流交融的历史画面和事实，成为见证中华民族共同体不断形成发展历史的重要史料和依据。如果更进一步，从国家认同的层面出发，《皇清职贡图》在促进各族对国家的认同方面也发挥了应有的作用。正如刘文鹏所说，在反击"华夷之辨"思想过程中，清朝以"大一统"的国家意识统合民族意识，进而将更为广阔地区的"非汉人"族群彻底有效地陶铸成"中国人"，促进了各族对国家的认同。[①]。作为清朝廷批驳"华夷之辨"、重构"大一统"正当性的重要文化实践之一，《皇清职贡图》的制作和图文呈现无疑是这一观点的有力证明。

不仅如此，作为清乾隆时期动员全国力量完成的一项重大工程，《皇清职贡图》创制过程繁复且历时多年，从乾隆十六年发布谕旨正式启动，到乾隆二十六年完成最初的绘本，其间又经历了乾隆时期的多次增补，至嘉庆十年仍进行重绘和增补，前后历经半个多世纪的时间；其组织、统筹和实行涉及皇帝、军机大臣、各地督抚及地方各属官员，几乎动用了整个国家的各级行政力量。最后由宫廷画家绘制完成规模空前的画作，产出了数以千计的成果。无论是时间跨度、规模，还是组织形式，均非历代同类"职贡图"所可比拟。显然，《皇清职贡图》的创制并非来自乾隆的一时心血来潮或是猎奇心理，而是有着深刻的政治内涵和动机。概括起来，主要有以下三点。

其一，宣威颂功。乾隆在发布谕旨启动《皇清职贡图》的编绘工程时明确指出，其目的在于"以昭王会之盛"，毫不避讳其政治企图。为了达到这个目的，乾隆不仅在前代南朝梁元帝萧绎绘《番客入朝图》(《职贡图》)卷首题上"自文其弱"四个大字，并在接下来的御题中批评梁武帝时"诏令所行，不过千里，民户著籍，不

[①] 刘文鹏：《论清代历史地位》，《史学理论研究》2024年第1期。

盈三万，岂尚有番夷朝贡之事！"①为此，乾隆有意扩大《皇清职贡图》的数量和规模，以达到夸耀其功业之目的。最终，《皇清职贡图》所绘图像"统计以部曲区名者凡三百数，以男女别幅者凡六百数"②，而现存最早南朝梁元帝萧绎《职贡图》所绘才三十余国，其数量比《皇清职贡图》"不及十分之一"，规模大大超越前代。乾隆及清代统治者更标榜《皇清职贡图》的创制皆为"亲睹其人""实经其地"，为"允摄提、合雒以来所未睹之隆轨"，而前代图像则"多出传闻""往往失实"③。创制完成后，乾隆将多种版本的《皇清职贡图》庋藏于经常驾临之地，不仅便于取阅，更有夸耀的意图。

其二，昭宣盛德。《四库全书总目提要》指出《皇清职贡图》的创制"以纪盛德昭宣，无远弗届，为亘古之所未有"④。彩色绘本完成后，乾隆不仅亲自为每卷撰写题额，而且撰有御题诗，其中"累洽重熙四海春，皇清职贡万方均。书文车轨谁能外？方趾圆颅莫不亲"⑤之言不仅对《皇清职贡图》极尽颂扬之意，欣喜之情更表露无遗。清吴彭年颂赞此类图像"况今圣天子懋德无疆，笃恭匪懈。玉烛调燮于四时，金镜清明于两戒。风声逖听，递九译以骈臻；露泽旁流，统八荒而远届。肃威仪于螭陛，响振三呼；钦赞导于鸿胪，仪隆再拜。纵使扬芳抒藻，莫罄盛德之形容"⑥，无不是此心态的表露。周妙龄指出，《皇清职贡图》将如此数量众多、来自不同地区的人物集中于画卷中展示，不仅可以给人以无止境、无疆、无限绵延的感觉，画面上所涵盖地域之广与描绘内容之丰富也让人产生无所不包、无所不纳的感叹。不仅如此，画面上的描绘处处显露出繁荣、欢乐的面貌，这些正符合充分彰显国家威德与力量无限绵延的特质。⑦

其三，资政理国。乾隆十三年（1748），在平定大小金川后，乾隆"皇上念列朝服属外臣，式增式扩，爰敕所司绘职贡图，以诏方来而资治镜"⑧，产生了绘制《皇清

---

① 佚名：《〈职贡图〉摹本》，北京故宫博物院藏本。
② 《皇清职贡图》，诸臣跋，台北故宫博物院藏嘉庆十年重刻本。
③ 《钦定四库全书·文渊阁·皇清职贡图》，提要，台北故宫博物院藏本。
④ 魏小虎编：《四库全书总目汇订》第4册，上海：上海古籍出版社，2012年，第2332页。
⑤ 《皇清职贡图》，乾隆御题诗，台北故宫博物院藏嘉庆十年重刻本。
⑥ 鸿宝斋主人编：《赋海大观》，北京：北京图书馆出版社，2007年，第439页。
⑦ 周妙龄：《乾隆朝〈职贡图〉、〈万国来朝图〉之研究》，台湾师范大学2004年硕士学位论文，第37页。
⑧ 《皇清职贡图》，诸臣跋，台北故宫博物院藏嘉庆十年重刻本。

职贡图》的动机，其目的就在于了解当地夷情，为实施有针对性的统治服务，达到"资治镜"的现实需要。为了能获得真实的情况，乾隆特别强调"不得特派专员，稍有声张，以致或生疑畏"①，要求"非我监臣所手量、我将帅所目击、我驿使所口陈者，不以登椠削焉"②。

总而言之，《皇清职贡图》已经超越了图像本身的意义和价值，一方面可以协助清廷构建国家形象和治理国家，即通过创造出远超前代规模和数量的职贡图像，构建"凡属内外苗夷，莫不输诚向化"的国家形象，达到"以昭王会之盛"之目的，并在这些图像的基础上识别和区分不同的族群，以便进行有针对性的统治；另一方面也满足了乾隆"好大喜功"的心理需求，并以此向世人夸耀其帝王功业，颂扬其威德③。美国何罗娜（Laura Hostler）指出，清朝致力于发展此类图册，就是希望以这些视觉材料来协助帝国管理与建构国家形象。因此，她认为《皇清职贡图》是清朝治下"世界"的理想化呈现，有其现代史的意义④。

---

① 《高宗纯皇帝实录（六）》卷390，北京：中华书局，1936年，第120—121页。
② 《职贡图》卷4，诸臣跋，北京故宫博物院藏乾隆朝手绘本。
③ 乾隆将自诩为"十全武功"之一的平定台湾事件以"谨按"形式补入不同版本类型的《皇清职贡图》以及将武英殿刻本集中赏赐给朝中大臣和封疆大吏的举动即袒露出了此心态和目的。
④ Laura Hostetler. Qing Colonial Enterprise: Ethnography and Cartography in Early Modern China[M]. Chicago: University of Chicago Press, 2001: 47.

第四章
《皇清职贡图》版本体系及其流传

《皇清职贡图》现存实物众多，版本复杂多样，不仅有彩绘本、写本和刻本三种类型，而且每种类型中又包含有不同的版本，构成了完整的版本体系。以上三种版本类型，就绘制时间而言，绘本最早，写本次之，刻本最晚。写本源于绘本，刊本又源于写本。① 在前一章中，我们探讨了彩绘本的绘制及其增补，厘清了彩绘本的版本脉络，本章主要梳理写本和刻本的情况，并考证三种版本类型的流传，论述其背后深刻的政治动机。

---

① 畏冬、刘若芳：《〈苗瑶黎僮等族衣冠图〉册及〈职贡图·第六册〉考》，《故宫学术季刊》（台北）2009年第2期。

第一节 《皇清职贡图》写本的绘写

《皇清职贡图》写本形式有《四库全书荟要》本和《四库全书》本两种。乾隆三十八年（1773）三月二十八日，乾隆下令各省督抚搜访遗书，编纂《四库全书》：

> 近允廷臣所议，以翰林院旧藏《永乐大典》，详加别择校勘，其世不经见之书，多至三四百种，将择其醇备者付梓流传，余亦录存汇辑，与各省所采及武英殿所有官刻诸书，统按经史子集编定目录，命为《四库全书》。①

乾隆深知，《四库全书》卷帙浩繁，其修纂非一时之功，自己此时已年届六十三，此生不一定能亲睹其书，同时为了方便随时浏览，因此产生了先修纂《四库全书》精华版的想法。在发布修纂命令一个多月后，乾隆三十八年（1773）五月初一日，他就下令大臣编纂《四库全书荟要》：

> 第全书卷帙浩如烟海，将来度弆宫庭，不啻连楹充栋，检玩为难。惟摛藻堂，向为宫中陈设书籍之所，牙签插架，原按四库编排。朕每憩此观书，取携最便。着于全书中撷取精华，缮为《荟要》。其篇式一如全书之例，盖彼极其博，此取其精，不相妨而适相助，庶缥缃罗列，得以随时流览，更足资好古敏求之益。着总裁于敏中、王际华专司其事。②

---

① 《谕内阁传令各督抚予限半年迅速购访遗书》（乾隆三十八年三月二十八日），中国第一历史档案馆编：《纂修四库全书档案》上册，上海：上海古籍出版社，1997年，第67页。
② 《谕请内阁编著四库全书荟要着于敏中王际华专司其事》（乾隆三十八年五月初一日），中国第一历史档案馆编：《纂修四库全书档案》上册，上海：上海古籍出版社，1997年，第108页。

为了尽快完成《四库全书荟要》的编纂，乾隆不仅命于敏中、王际华两位大臣专司其事，还在"四库全书馆"里设立"四库全书馆荟要处"，特派专人从事修纂工作。《四库全书荟要》由于专供皇帝阅览，参与其事的大臣们自然要谨慎从事，因此从选书、编辑、校勘、抄写、装潢等方面均严格把关，质量很高。如在底本的选择上，《四库全书荟要》较多选用内府藏本，其所收之书比《四库全书》底本不同者多达210种，从源头上保障了质量。在缮写和校勘上也严格把关，不同文字由专人负责，乾隆还不定期抽阅上呈的《四库全书荟要》，检查质量，最后经乾隆"详加批阅"发现，《荟要》的抄写校订"并未见有字画错误之处"①。

《四库全书荟要》原计划于乾隆四十一年（1776）完成。乾隆四十年（1777）十二月初九日大学士于敏中等奏折称："臣等承办《四库全书荟要》，原拟二年半缮竣，续因书有增添，较初定几加一倍，是以展限一年。今以誊录二百人计日程功，自可如限于四十一年冬底毕工。"后来根据校勘情况又进行了调整，"统于乾隆四十二年春季，将第一分《荟要》全行告竣"。②然而真正告成的时间还要往后，乾隆《题摛藻堂》诗曰："工今戊戌成。"下注："《荟要》录于癸巳夏，至今戊戌始蒇工。"③但《圣制重华宫茶宴内廷大臣翰林等题四库全书荟要联句并成二律（庚子）》却说："《荟要》书成庋摛藻……摛藻先陈真是速，味腴继贮亦非迟，注：'《荟要》全书之精，每部凡万二千册，一贮摛藻堂，于己亥年告成；一贮味腴书室，于庚子年告成。'"④以上材料中，戊戌年为乾隆四十三年（1778），己亥年为乾隆四十四年（1779），庚子年为乾隆四十五年（1780）。江庆柏认为两种来自乾隆的不同说法其实并不矛盾，乾隆四十三年仅完成了摛藻堂本的缮写，到最后的成书还需要装潢、装匣、上架等，因此第一部《荟要》成书在乾隆四十四年，第二部成书于乾隆四十五年，从校上时间也能证实。⑤

由上可知，《四库全书荟要》共缮写两套，第一部藏于紫禁城御花园的摛藻堂

---

① 《谕内阁四库全书处呈各书疵谬迭出总裁蔡新等着交部察议》（乾隆三十九年十月十八日），中国第一历史档案馆编：《纂修四库全书档案》上册，上海：上海古籍出版社，1997年，第274—278页。
② 中国第一历史档案馆编：《纂修四库全书档案》上册，上海：上海古籍出版社，1997年，第313页。
③ （清）庆桂：《国朝宫史续编》卷55《宫殿五·圣制题摛藻堂诗（戊戌）》，清嘉庆十一年内府抄本。
④ （清）庆桂：《国朝宫史续编》卷82《书籍八》，清嘉庆十一年内府抄本。
⑤ 江庆柏：《〈四库全书荟要〉研究》，南京：凤凰出版社，2018年，第30页。

（图 18）；第二部藏于圆明园长春园内的味腴书屋。①

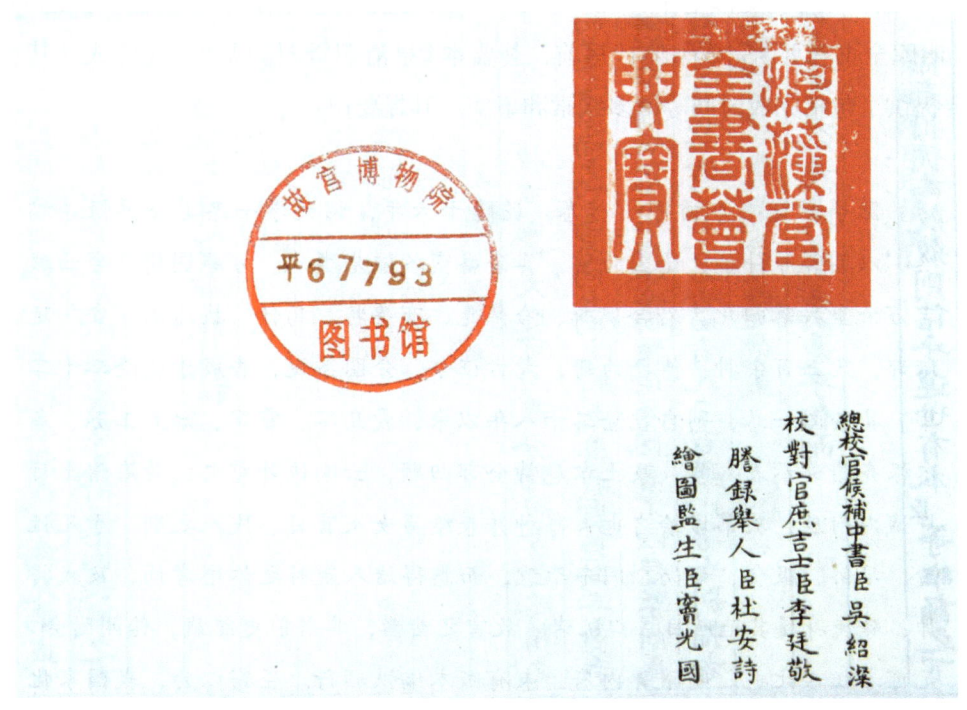

图 18 "摛藻堂全书荟要宝"（台北故宫博物院藏）

《四库全书荟要》与《四库全书》的体例框架基本相同。内分经、史、子、集四部分，下设若干子目。全书共收书 464 种，庆桂《国朝宫史续编》卷八十二《书籍八·钦定摛藻堂四库全书荟要》记载：

> 臣等谨案：《荟要》萃《全书》之精。自乾隆癸巳特诏编录，阅七载告成，命于乾清宫北摛藻堂排贮，"摛藻堂印"识之，以别于御园味腴书室所藏者也。经部列架六，史部列架十，陈于左；子部列架六，集部列架十，陈于右。函以木楾。其二三种同函者，中用格别之。凡万一千二百六十六册，四百六十四部。②

其文后录有《四库全书荟要》收录图书的全部目录，并注明每部书的具体函数。

---

① 吴哲夫：《四库全书荟要纂修考》，台北：故宫博物院，1976 年，第 74 页。
② （清）庆桂：《国朝宫史续编》卷 82《书籍八》，清嘉庆十一年内府钞本。

作为乾隆亲自主持的一项重大文化工程，《皇清职贡图》自然也是《四库全书荟要》的收录范围，列入史部七十种之一，题为"钦定皇清职贡图二函"。值得注意的是，在《四库全书荟要》完成整体抄写前，荟要本《皇清职贡图》已经首先完成，其卷前提要提供了包括完成时间等诸多线索和事实。其提要曰：

> 臣等谨案：《职贡图》八卷。乾隆十六年，诏大学士忠勇公傅恒等编绘。以朝鲜等外番、诸国为首，其余番蛮各依省类次。方事图辑，会西域二万余里种落归化，乃合伊犁、哈萨克、布鲁特、乌什、拔达山、安集延诸部，凡三百余种，傅色为册，考古证今，分图系说，告成于乾隆二十二年。其续图一卷，则自乾隆二十八年以来，爱乌罕、霍罕、启齐玉苏、乌尔根齐诸部奉表入贡，及土尔扈特全部归顺，云南边外整欠、景海诸土目抒诚内附后，次第增绘者也。每种并兼绘男女及官目、民人之别。于凡性情、习俗、服食、好尚，罔不毕载，而悉得诸入觐时之体察考询，及我将帅、驿使身履其地所目击口陈者。故言之凿凿，非若前史纪载，传闻附会、无可考核者比也。图藏弆内府，未有版本编帙颁行。臣窃以为，我国家化成中外，我皇上觐扬光烈，版图式廓，举亘古未臣之众悉归琛赆，而怙冒之仁与抚驭之略，并可于是图征之。及伏诵御题长律，尤殷殷于保泰承庥之道，于此益见大圣人履圣思谦、笃恭兢业，所以隆囊昔而方诏来者，非独大一统之模而已也。今者《四库》之辑，实为载辑之大成。方舆姓族之书，各以类载。矧若是图，所以阐圣模而资治镜者，固宜为舆志之巨观、史籍之要览。谨依册分卷，仍各系图说，编次如左。校录之余，窃不胜遭逢之庆焉。乾隆四十二年十一月恭校上。①

由上可知，最早完成的《钦定四库全书荟要·摛藻堂·皇清职贡图》完成于乾隆四十二年。材料同时透露了《皇清职贡图》"以朝鲜等外番、诸国为首，其余番蛮各依省类次"的编排原则；"凡性情、习俗、服食、好尚，罔不毕载"的说文内容；"悉得诸入觐时之体察考询，及我将帅、驿使身履其地所目击口陈者"的图像来源；"阐圣模而资治镜者，固宜为舆志之巨观、史籍之要览"的编纂目的等内容。《荟要》本

---

① 《钦定四库全书荟要》史部《皇清职贡图》，提要，台北故宫博物院藏摛藻堂本。

第四章 《皇清职贡图》版本体系及其流传

《皇清职贡图》由举人杜安诗誊录、监生孙大儒、戴禹汲、窦光国等绘图，九卷，共三百组图文，其中第九卷为续图，包含了乾隆时期前三次增补的图文，从"爱乌罕回人"到"景海头目先纲洪"。然而遗憾的是，藏于圆明园的《荟要》本《皇清职贡图》于清咸丰十年（1860）毁于英法联军的战火中。

与此同时，《四库全书》本的《皇清职贡图》也按计划编纂。经过六年多时间，至乾隆四十三年，文渊阁本《皇清职贡图》最先完成，其提要曰：

> 《皇清职贡图》九卷，乾隆十六年（1751）奉敕撰。以朝鲜以下诸外藩为首，其余诸藩诸蛮各以所隶之省为次。会圣武远扬，戡定西域，拓地二万余里，河源月窟之外，梯航麟集，琛赆旅来，乃增绘伊犁、哈萨克、布鲁特、乌什、巴达克山、安集延诸部，共为三百余种，分图系说，共为七卷。告成于乾隆二十二年。……迨乾隆二十八年（1763）以后，爱乌罕、霍罕、启齐玉苏、乌尔根齐诸部，咸奉表入觐，二尔扈特全部自俄罗斯来归，云南整欠、景海诸土目又相继内附，乃广为续图一卷……然伏读御题长律，方以保泰承庥，殷殷咨儆，此景命所以重臣、天声所以益播也。自今以往，占风验海而至者，当又不知其凡几。珥笔之臣，且翘伫新图之更续矣。乾隆四十三年本月恭校上。①

文渊阁本为八册九卷本，由监生徐照薪书写图说、罗善徵绘图，其绘制图像名称与数目与《荟要》本均完全一致，共涵盖三百组图文。其他《皇清职贡图》写本也相继完成，其中文溯阁本完成于乾隆四十七年②，文津阁本完成于乾隆四十九年③。

《皇清职贡图》写本与彩绘本相比，在形式上进行了较大的调整。首先，放弃了手卷绘本中男女合图的形式，转而采用册页本男女图像左右二页分开的形制。其次，删去了绘本上方说文中的满文，仅保留汉文内容，且放到该组男女图像的后页。最后，其图像由绘本的彩色变白描，失去了最初的绚丽。

---

① （清）纪昀纂：《四库全书总目提要》卷71《史部二十七·地理类四》，《皇清职贡图》条，清乾隆五十四年武英殿刻本。
② 金毓黻辑：《金毓黻手定本文溯阁四库全书提要》上，北京：全国图书馆文献缩微复制中心，2000年，第319页。
③ 《文津阁四库全书提要汇编》史部十一《地理类》，北京：商务印书馆，2006年，第304—305页。

通过对比现存实物，结合成书时间的先后顺序，很容易发现，《皇清职贡图》写本的蓝本来源于彩绘本，而且很可能是册页本。前引摛藻堂《钦定四库全书荟要》本《皇清职贡图》提要说到"傅色为册"，无疑指的是绘制的图册，因为写本是不傅色的；又说《荟要》本的《皇清职贡图》"依册分卷"而成。如果真如此提要所说，《四库全书荟要》本《皇清职贡图》的编纂是依据册页绘本分卷，而最初的册页本《皇清职贡图》为八册，那么其卷数应为八卷，而不应该是现存的九卷。《荟要》本为何要另立一卷呢？畏冬认为，《荟要》本编纂时距乾隆四十一年增补的"整欠头目先迈岩第""景海头目先纲洪"已有一年多时间，完全可以将增补的图文内容归入原有卷册中而不必另立续图一卷。另立一册即第九卷的做法实际上是考虑到今后仍有增补新图的可能，《四库全书总目提要》说道："自今以往，占风验海而至者，当又不知其凡几。珥笔之臣，且翘伫新图之更续矣"，道出了其中的缘由。因写本是书籍形式，不同于手卷、册页可通过装裱的手法在任意位置插入新增补的图像，而写本一旦装订成书籍，不便于增补新的内容。因此《荟要》本才"广为续图一卷"，以便将来增补时，在卷尾顺序排列即可。这种做法也为此后完成的其他写本和刻本所沿用，只是文渊阁本却没有将第九卷单独成册，而是直接附到第八卷之后一起成册，是故为八册九卷本。

综上所述，四库本《皇清职贡图》采用八册的分法应与《职贡图》册为八册有关，但"广为续图一卷"的并非为册页本，而是《四库荟要》本。与此相关，畏冬通过梳理档案发现，《皇清职贡图》的制作经过了一个地方进程的"番图"到军机处编绘《职方会览图》样本，最后才到《皇清职贡图》的过程。他发现，在乾隆二十六年前，清廷从未使用过"职贡图"的概念。因此，《荟要》和《四库》所谓的"告成于乾隆二十二年"的"职贡图"八卷或七卷均是错误的说法，是将乾隆二十二年完成的《职方会览图》和册页《职贡图》混为一谈了。①

《皇清职贡图》各写本编纂完成后，也曾进行过增补。根据目前所见实物及材料，写本并没有像彩绘本那样添入"巴勒布大头人"的图文，而仅仅增添了前文述及的"谨按"部分汉文内容。其增补也没有另接新纸，而是直接在原"淡水右武乃等社番妇"页中空白处直接缮写。《荟要》本和文津阁本均有此段说文，但不知为何文渊阁本没有添入。

---

① 畏冬、刘若芳：《〈苗瑶黎僮等族衣冠图〉册及〈职贡图·第六册〉考》，《故宫学术季刊》（台北）2009年第2期。

第二节 《皇清职贡图》刻本版本考

《皇清职贡图》所见三种刻本，除了北京故宫博物院和台北故宫博物院藏本有具体落款日期而确定为嘉庆十年武英殿本外[①]，其他尚有乾隆二十六年[②]、乾隆二十八年（1763）前[③]、乾隆五十四年（1789）[④]和乾隆年间[⑤]武英殿本等说法。这表明，学术界目前仍尚未完全厘清《皇清职贡图》刻本的版本脉络及其关系。随着国内外众多收藏机构《皇清职贡图》刻本和相关档案材料的发现和披露，为解决这个问题提供了新的实物和文献证据，这不仅有助于深入了解《皇清职贡图》刻本的生产过程及其背后的深刻内涵，而且也将丰富清代雕版印刷史的内容。

一、现存《皇清职贡图》刻本情况

据不完全统计，中国国家图书馆、辽宁省图书馆、浙江省图书馆、首都图书馆、北京故宫博物院、台北故宫博物院、中国民族图书馆、中央民族大学图书馆、天津市图书馆、保定市图书馆、美国哈佛大学哈佛燕京图书馆、日本早稻田大学图书馆等众多国内外藏书机构均藏有《皇清职贡图》刻本实物。

通过仔细比对发现，这些刻本内容基本一致，但有两点明显不同：其一，除嘉庆十年殿本外，其他本均无嘉庆御题诗和庆桂等6人恭和诗，以及巴勒布大头人、

---

① 见《皇清职贡图》卷一"御题诗"、卷九"御识"，台北故宫博物院藏嘉庆十年重刻本。
② 完整图版见《皇清职贡图》，台北华文书局1968年影印本。
③ 畏冬：《〈皇清职贡图〉创制始末》，《紫禁城》1992年第5期。
④ 祁庆富：《〈皇清职贡图〉的编绘与刊刻》，《民族研究》2003年第5期。
⑤ 辽宁省图书馆图书藏《皇清职贡图》，辽沈书社1991年影印本；北京故宫博物院藏，图版收入刘托、孟白主编：《清殿版画汇刊（九）》，学苑出版社2008年影印本。

越南国夷官、越南国官妇、越南国行人、越南国夷人、越南国夷妇等图文内容。其二，有些本子在卷三福建省末尾"淡水右武乃等社生番"说文后添入了一段内容（图19），全文为："谨按：台湾生番向由该督抚图形呈进者。兹乾隆五十三年福康安等追捕逆匪林爽文、庄大田，各生番协同擒剿，倾心归顺。是年冬，番社头目华笃哇哨等三十人来京朝贡，并记于此。"①哈佛燕京图书馆、中央民族大学图书馆及首都图书馆藏本则无此"谨按"内容。

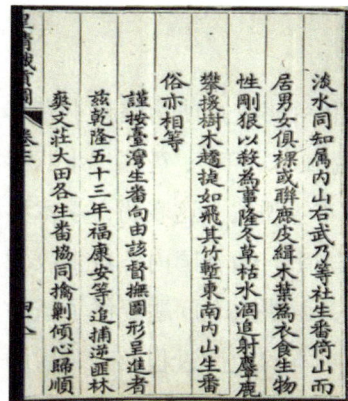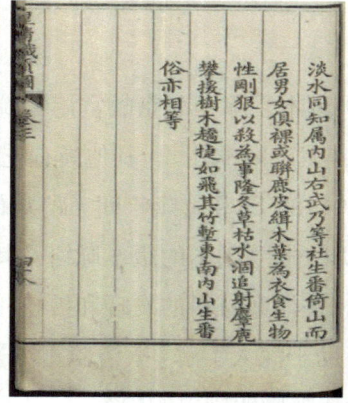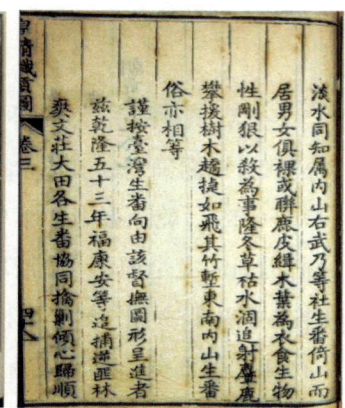

图 19 《皇清职贡图》各刊本卷三"淡水右武乃等社生番"说文

为便于叙述和比对，现将各本特征、内容异同归纳列表如下：

类型	收藏机构	基本特征	备注
甲本	中央民族大学图书馆、中国民族图书馆②、哈佛燕京图书馆、首都图书馆等	九卷，半页八行，每行二十字，白口，四周双边，单鱼尾，纸色洁白细腻，墨色均匀，赵体字	无"谨按"
乙本	北京故宫博物院、台北故宫博物院等	九卷，半页八行，每行二十字，白口，四周双边，单鱼尾，纸色洁白细腻，墨色均匀，印制清晰，赵体字	有"谨按"，比甲、丙本多嘉庆御题诗、庆桂、董诰等6人恭和诗、巴勒布大头人等图文内容

---

① 《皇清职贡图》卷3，台北故宫博物院藏嘉庆十年重刻本。

② 中国民族图书馆藏本较为特别，为毛装，系东北图书馆（今辽宁省图书馆）所赠，为武英殿刻印后送往东北满族福地之旧藏；有"谨按"内容，然本页板框高度比本书其他部分短、纸张差，可明显看出不是同一版，当为后加；内容上，此本所记人物也与其他甲本一致，止于"景海头目先纲洪"。因此，总体上该本仍属"甲本"类型。

续表

类型	收藏机构	基本特征	备注
丙本	中国国家图书馆、辽宁省图书馆、日本早稻田大学图书馆等	九卷，半页八行，每行二十字，白口，四周双边，单鱼尾，纸色较暗淡，印制多处模糊，赵体字	有"谨按"，字体风格与乙本接近

上表所列甲、乙、丙三种《皇清职贡图》刻本，内容基本一致，一般都由谕旨、御题诗、诸臣恭和诗、校勘职名、正文、跋文等组成；行款相同，装帧形式基本相同。因此，要想厘清这些版本之间的脉络和关系，就必须进行更细致的比对和考证，深入挖掘相关档案材料，方能获得新的认识。

二、《皇清职贡图》刻本考证及其关系梳理

经过对《皇清职贡图》不同刻本进行考证，梳理出它们之间的关系为：乾隆武英殿刻本完成于乾隆四十五年；嘉庆武英殿刻本是在乾隆殿本基础上进行增补的重刻本，完成时间为嘉庆十年；翻刻本的底本为嘉庆十年武英殿重刻本，刊刻时间应为嘉庆十年至清末。

（一）甲本为乾隆武英殿刻本

清代武英殿刊刻图书，以国家之财力和物力作为后盾，延揽众多镌刻高手，在技艺上精益求精，无论行款、字体、印刷用料、图书装帧，均具有鲜明的宫廷特色和独具一格的皇家风范[①]。从现有实物特征来看，上表所列甲本与清代武英殿刊刻图书风格完全一致。

甲本在版本特征上，纸张细腻洁白，有如白玉般温润，薄而平滑，有挺括感，帘纹细密，文字印制清晰，触手如新，符合清代宫廷刻书用开化纸（也称"开花纸"，即"连四纸"）特征[②]；典型的赵字体，遒劲整齐，笔画圆润清劲，结体舒展灵秀，用笔使转圆熟，风格和美，大气磅礴，有富贵之气；墨色均匀，至今仍黑亮如漆，墨

[①] 翁连溪：《清代内府刻书研究》，北京：故宫出版社，2013年，第99页。
[②] 翁连溪：《清代内府刻书研究》，北京：故宫出版社，2013年，第107页。

香优雅；装帧工艺精美绝伦，用色协调，装饰既精美典雅又古朴华丽，尤其是中央民族大学图书馆藏本的装具，为典型的清宫原套原函（图20），属于四合古锦面，饰有龙凤图案，贴淡黄色长条书签，瓷青色书衣，浅绿色包角；整体格局端庄大方，板框之内，行格舒朗，字距相宜，板框之外，天头大于地脚，清爽清晰。以上种种特征，无不显示出此版本的宫廷皇家气质，一望便知为内府刻本。

图20　中央民族大学图书馆藏（甲本）函套

从内容上看，甲本图文内容止于乾隆四十年（1775）所增补之"云南整欠头目先迈岩第""景海头目先纲洪"，无乾隆五十五年（1790）增补之"巴勒布大头人"[①]。同时，在《皇清职贡图》各类型版本完成时间及其关系上，以绘本最早，写本次之，刻本又次之。写本源于绘本，刻本又源于写本[②]。根据现有材料，最早的写本应为《钦定四库全书荟要·摛藻堂·皇清职贡图》，完成于乾隆四十二年（1777）[③]。由此推断，《皇清职贡图》刊刻时间上限为乾隆四十二年，下限为乾隆五十五年。

以上论述说明，甲本为清乾隆时期殿本。哈佛燕京图书馆藏本的钤印为此提供了有力的佐证。其藏本1函10册，钤有"哈佛大学哈佛燕京图书馆珍藏印""阳湖陶氏涉园所有书籍之记"印。按，陶湘为近代著名藏书家和刻书家，平生酷嗜开化

---

① 畏冬：《乾隆时期〈皇清职贡图〉的增补》，《紫禁城》1992年第6期。

② 畏冬、刘若芳：《〈苗瑶黎僮等族衣冠图〉册及〈职贡图·第六册〉考》，《"故宫"学术季刊》（台北）2009年第2期。

③ 《钦定四库全书荟要》史部《皇清职贡图》，提要，台北故宫博物院藏摛藻堂本。

纸印本，曾收藏近500部殿本，被时人称为"陶开化"①，对开化纸殿本颇有研究。陶湘曾藏有乾隆殿本《皇清职贡图》，《涉园藏殿本书目》载："皇清职贡图，十册，乾隆，开花纸"②。可知，哈佛燕京图书馆藏本为陶湘旧藏，此类型刻本是乾隆殿本。

进一步考论可知，《皇清职贡图》殿本的刊刻始于乾隆四十三年。摛藻堂《钦定四库全书荟要》本《皇清职贡图》的"提要"说到《皇清职贡图》绘本完成后"图藏弆内府，未有版本编帙颁行"，落款为"乾隆四十二年十一月"③，说明此时尚无刻本传世。文津阁《钦定四库全书》本《皇清职贡图》的"提要"进一步说到《皇清职贡图》绘本"图储藏内府，先未有版本，乾隆戊戌始允廷臣之请刊刻颁行，于以阐圣谟而资治镜"④。乾隆戊戌年为乾隆四十三年，乾隆当年同意了大臣的请求，决定刊刻《皇清职贡图》。

清代武英殿刻书有严格制度规定，印制数量由皇帝直接过问，刊刻之书多用于陈设或颁赏⑤。目前，笔者在中国第一历史档案馆馆藏目录系统中共检索出6封为赏赐《皇清职贡图》所上的谢恩折⑥，时间集中于乾隆四十五年（1780）十一月至十二月之间。其中，时任四川总督文绶及户部右侍郎彭元瑞所上奏折与本节的考证和论述有直接关系，特录其全文如下：

其一，奏为御赐《皇清职贡图》谢恩事：

> 四川总督臣文绶跪奏，为恭谢天恩事。
>
> 窃臣据在京提塘禀，赍到御赐臣《皇清职贡图》一套。臣随出郭跪接祇领，至署恭设香案，望阙叩头谢恩。敬谨展阅讫，钦惟我皇上覆载兼宏，尊亲共戴，颂率俾于光天之下，著同文同轨之休，仰照临于如日之中，极

---

① 傅增湘：《藏园群书题记》附录二《涉园明本书目跋》，上海：上海古籍出版社，1989年，第1907页。
② 陶湘藏，忆园编：《涉园藏殿本书目》史部，中国国家图书馆藏民国间抄本。
③ 《钦定四库全书荟要》史部《皇清职贡图》，提要，台北故宫博物院藏摛藻堂本。
④ 《四库全书》出版工作委员会编：《文津阁四库全书提要汇编·史部》，北京：商务印书馆，2006年，第304页。
⑤ 翁连溪：《清代宫廷版画》，北京：文物出版社，2001年，第5—7页。
⑥ 受赏者为直隶总督袁守侗、浙江学政王杰、四川总督文绶、两广总督巴延三、户部右侍郎彭元瑞、陕甘总督勒尔谨，对应档号为：04-01-12-0194-055、04-01-12-0195-031、04-01-12-0195-062、04-01-12-0195-065、04-01-12-0195-066、04-01-12-0195-067。

来享来王之盛，二万里疆开葱岭，天马歌喧十二部，骨戮防风旄牛塞静久矣。车书万国，统八表以攸同，中外一家，遍九围而是式矣。于是考前规于王会，罗殊俗于皇舆，扬典册之光华，焕缥缃之藻彩，或竖亥之所步万里飞车，或博望之所穷三年持节，卉衣皮服含毫而点染皆工，凿齿雕题下笔而神采毕肖。集共球于绝域，咸列九宾；纷剑佩以徕庭，悉通重译。梯航山海，夏台之玉帛万重，士女冠裳，阎相之丹青千古，而且寿之梨刻，被以璇题，谟烈仰承，不谕恢疆之绩，拊循垂训，益深保泰之思，瑞应尧图洵矣。

熙朝之巨制象传、禹鼎伟哉！册府之宏观，臣职厕采风，才跌作会，山经海志，未窥郭璞之书，筇杖宛驹，曾效张骞之使。捧琬琰于秘府，恍睹纨牛露犬之奇。铺藻绩于爻间，直周弱水扶桑之外。巩皇图于万祀，照竹帛而永被鸿休；荷帝赉于九重，保子孙而长钦世宝。所有感激微忱，谨恭摺奏谢天恩，伏乞皇上圣鉴。谨奏。

乾隆四十五年十二月十七日。①

其二，奏为恩赐《皇清职贡图》谢恩事：

臣彭元瑞跪奏，为恭谢天恩事。

十一月三十日，江南提塘贵领得恩赐臣《皇清职贡图》全部恭递到臣。臣谨郊迎至署，望阙九叩首，祗领讫。洪惟我国家累洽重熙，宅中驭外，东渐西被，广舆溢禹贡之书，北爨南谐，皈宇陋张衡之赋。我皇上绍衣鸿烈，宾服骏厖，受此丕基，缵三圣人之绪，增其式廓，为四天下之君。溯御极之十六年，诏写彤庭职贡，迨藏工者三十载。宠颁册府图书，陋纂序于湘东，掩丹青于右相，会昌增图于宗正。

仅有坚昆祥符创绩于鸿胪，独传注辇诇懿今而铄古，更阐义以陈词。夫其使犬捕貂，近附戎衣之始，旅獒献雉，来同鼎卜之初。朔漠海台，溯仁皇帝之恢宇；乌蛮白爨，仰宪庙之同风。凡诸图之辰共星罗，皆累叶之栉风沐雨，幅帧有截，缔构毋忘，则图之所重者一也；若乃伊犁一旅之师，

---

① （清）文绶：《奏为御赐〈皇清职贡图〉谢恩事》，乾隆五十四年十二月十七日，中国第一历史档案馆藏，档号：04-01-12-0195-062。

第四章 《皇清职贡图》版本体系及其流传

回部四城之绩，金川则两番并荡，卫拉则四部全归，尽漠裘瀛帕之伦，倾心向日，由羽檄军符之候，指掌从天，群仰朝仪，从钦庙算，则图之所重者二也；开边在古凿空，所讥或属籍之羁縻，或贡期之断续。今则朝鲜比内诸侯之职，极西备保章氏之官，台吉年班，土司岁觐，宛驹、阗璧随屯田都护以来庭，番社、僰夷或博士学官之著录。旷德之致，真古所稀，则图之所重者三也。

天将全付，诚乃前知先觉，伐之三秋，离座航瀛梯嶂，齐登王会之篇，拜赉赐于琅函，测海窥天，敬抒圣德之颂。所有微臣庆幸感激下情，谨缮折恭谢天恩，伏祈皇上睿鉴。臣谨奏。

乾隆四十五年十二月初三日。①

在清代，皇帝将内府刻书赏赐给王公大臣以示尊宠，是一种较为常见的做法。对大臣来说，能够得到皇帝赏赐内府图书是一种莫大的荣耀，一般都要恭设香案，望阙叩头，并上折谢恩。显然，皇帝的这种赐予，象征意义远大于实际意义。以上两封奏折材料中的四川总督文绶、户部右侍郎彭元瑞就是其中的幸运者。除他们外，目前所能看到的材料表明，直隶总督袁守侗、浙江学政王杰、两广总督巴延三、陕甘总督勒尔谨等4人也受到了皇帝赏赐《皇清职贡图》的恩宠，他们也都上了谢恩折。

由上可知，清朝廷在乾隆四十五年集中制成了相当数量的《皇清职贡图》。那么，这6位大臣所收到的《皇清职贡图》是什么版本形式呢？以上所引两封奏折为探索这个问题提供了关键的证据材料：其一，文绶所上谢恩折中说到，朝廷在绘写完成《皇清职贡图》后，又"寿之梨刻"，指出了这批《皇清职贡图》的版本类型。按，古人刻书木材多选用梨木和枣木，故刻书又称为"授之枣梨"或"寿之梨枣"②。由此说明，6位大臣收到的《皇清职贡图》为刻本，而且为乾隆皇帝赏赐，是武英殿内府刻本。其二，彭元瑞所上奏折明确了《皇清职贡图》武英殿刻本的完成时间。奏折中说到，殿本《皇清职贡图》的制作，从乾隆"御极之十六年，诏写彤庭职贡"，"迄蒇工者三十载"，即从乾隆十六年（1751）颁布谕旨启动工程三十年后完工。由此推定，乾隆《皇清职贡图》武英殿刻本的完成时间应为乾隆四十五年。

---

① （清）彭元瑞：《奏为恩赐〈皇清职贡图〉谢恩事》，乾隆五十四年十二月初三日，中国第一历史档案馆藏，档号：04-01-12-0195-066。
② 李致忠：《古籍版本知识500问》，北京：北京图书馆出版社，2001年，第254页。

（二）乙本为嘉庆武英殿增补重刻本

前表所列乙本《皇清职贡图》的版本情况较为清晰，通过对其版本特征、题识内容以及档案材料的考证和梳理，可以确定为嘉庆十年武英殿增补重刻本。

乙本版本特征与乾隆殿本基本一致，行款相同，用纸细腻洁白，有挺括感；墨色黑亮，印制清晰、均匀；字体是典型的赵体字，与甲本一致；整体格局端庄大气，行格舒朗，字距虽比甲本稍密，但仍清爽大气。可见，乙本版本特征与乾隆殿本规格一致，显示出其宫廷富贵之气。通过比对二者用笔、字距等结构特征，可清晰看出乙本为重刻本[①]。

从内容及卷次、编排等格式方面看，乙本与甲本基本一致。乙本较甲本内容主要增加了卷一嘉庆《御制补绘皇清职贡图成卷恭依皇考前题元韵》御题诗和庆桂、董诰、朱珪、戴衢亨、赵秉冲、黄钺等6位大臣的恭和诗；卷三福建省"淡水右武乃等社生番"后"谨按"内容；卷九巴勒布大头人、越南国夷官、越南国官妇、越南国行人、越南国夷人、越南国夷妇等图文内容。其中，卷一嘉庆御题诗落款为"嘉庆乙丑仲冬日"；卷九越南3段5个人物有嘉庆"御识"，落款为"嘉庆十年乙丑仲冬月"。这些内容的增补与嘉庆时期的历史事实相符，《皇清职贡图》绘本和刻本中越南这几段人物形象和说文也正是嘉庆十年所增补[②]。

此外，在清宫档案中有与乙本相关的记载。《嘉庆朝上谕档》载："前蒙发下派员缮写之《职贡图》画卷内有巴勒布即廓尔喀头人画像，系乾隆五十八年以后增入，是以《职贡图》刻本内并未载有图说。兹谨拟图说一条，并翻译满文，恭呈御览。伏候训示，俟发下后，再交缮写之员于画卷内一律缮入。谨奏。嘉庆十年六月二十日奉旨：'知道了。'钦此。"档后并录具体的图说内容以供嘉庆皇帝审阅。[③] 根据档案记载，"巴勒布大头人"的图说为嘉庆十年六月在重刻《皇清职贡图》的过程中发现缺少后才命人另撰增入。按，嘉庆重刻本之"巴勒布大头人"一段标题，图说及图像与乾隆彩绘本"巴勒布大头人并从人即廓尔喀"一段均有别，图像系改绘，图说则根据

[①] 如下文图22所示，甲本和乙本在字体细节的风格上有差异，其中"淡""同""属"等字在一些笔画上有明显区别，显然不属于同一版本。

[②] 畏冬：《嘉庆时期〈皇清职贡图〉的再次增补》，《紫禁城》1993年第1期。

[③] 《嘉庆朝上谕档》第10册，桂林：广西师范大学出版社，2008年，第319页。

乾隆后期历史事实另撰①。通过比对《嘉庆朝上谕档》录文与嘉庆重刻本此段说文，发现二者一模一样，由此可佐证嘉庆重刻本完成于嘉庆十年。

（三）丙本为翻刻本

丙本存世数量较多，中国国家图书馆、辽宁省图书馆、浙江省图书馆、北京故宫博物院、台北故宫博物院、中央民族大学图书馆、天津市图书馆、保定市图书馆、日本早稻田大学图书馆等机构均有收藏，其中中国国家图书馆、辽宁省图书馆等机构还藏有不止一套。

然而，丙本的情况却是最为复杂的。丙本行款、卷次、编排等格式与甲本相同，很容易让人将其误认为乾隆内府刻本。但是，通过比对字体细节、风格、内容等特征发现，丙本不可能为乾隆时期的内府刻本，也不是以乾隆殿本为底本，而应是地方翻刻嘉庆十年（1805）重刻本，并且为了达到冒充乾隆殿本的目的，有意抽掉了有关嘉庆时期的相关图文内容。

首先，外在版本特征不符合清代内府刻书风格。如图21所示，丙本用纸较差，颜色发黄泛红，品质与清宫刻书大量使用的"开化纸"和较低等级的"开化榜纸"相差甚远；着墨不均匀，印制模糊之处比比皆是，多处栏线不整齐，无挺括感；整体格局上无殿本清爽、大气，无清宫刻书之气势和风格。因此，此版本不可能为内府刻本。

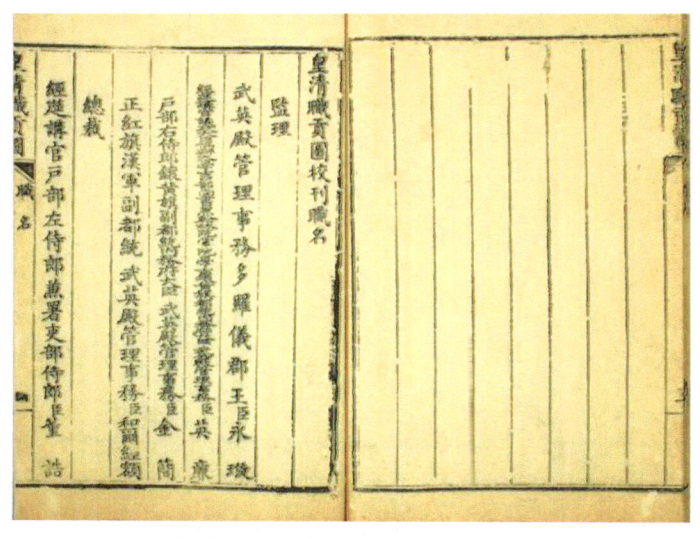

图21　日本早稻田大学图书馆藏（丙本）校刊职名页

---

① 畏冬：《嘉庆时期〈皇清职贡图〉的再次增补》，《紫禁城》1993年第1期。

其次，从字体、字距等细节方面来对比，可以看出丙本更接近于乙本而与甲本差异较大。如卷三"淡水右武乃等社生番"说文内容第一行（图22）之"同""知"等字以及"乃等"两字刊刻间距，甲本之"同"字第一笔画"丨"带有明显的弯折，而乙本、丙本则为笔挺的竖直状；甲本"知"字第二"丿"明显比乙本、丙本长，甲本"矢"部分之"一"为笔直状，乙本、丙本左上为尖状；甲本"乃""等"二字间距适宜，为分开状，而乙本、丙本中这两个字中间已无间距，上下笔画相连在一起。

再次，从图像的绘画风格看，丙本也更接近乙本而与甲本存在差距（图23）。通过比对图像，发现现存三种刻本所画人物形象基本一致，单从图像上辨认很容易让人误认为同一版本。然而，如果细究三种图像的风格等细节，就能发现这三者之间总体风格上有细微的差别，即甲本较为淡雅，而乙、丙本较为浓重，后二者整体视觉更突出，线条更明显，墨色更黑。

图22 卷三"淡水右武乃等社生番"说文第一行（左至右：甲本、乙本、丙本）

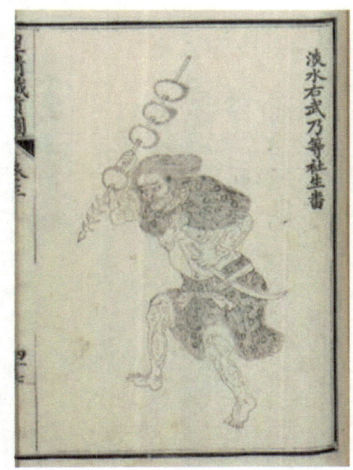
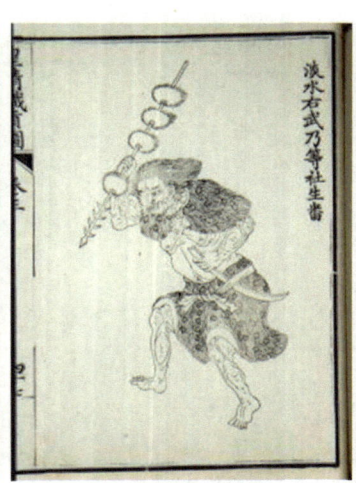
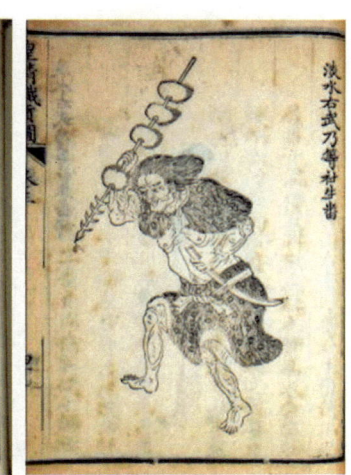

甲本（北京故宫博物院藏）　　乙本（北京故宫博物院藏）　　丙本（哈佛燕京图书馆藏）

图23 "淡水右武乃等社生番"像

最后，从内容上看，丙本应以乙本为底本。如前表所列，甲本无"谨按"内容，而乙本、丙本均有。此段"谨按"内容记述乾隆五十三年（1788）平定台湾之事，甲本完成于乾隆四十五年，自然无此内容。因此，祁庆富先生据此认为《皇清职贡图》乾隆殿本完成于乾隆五十四年的结论是无法成立的①。综合前面论述，丙本此段内容只能来源于乙本。

以上论述表明，丙本不属于内府刻本，而是地方翻刻本，其底本为清嘉庆十年武英殿增补重刻本。

《皇清职贡图》翻刻本的出现，与清代内府刻书的流通密切相关。在清代，内府图书除了用于呈览、陈设、赏赐和颁发外，为了扩大影响，也很重视个人和地方的请印和翻刻。请印指个人自行出资由官府代为刷印某书，翻刻则是地方据本重雕②。清乾隆是内府刻书的鼎盛时期，请印、翻刻也最为兴盛。乾隆元年（1736）四月，刚刚登基的乾隆颁布谕旨："乃闻各省虽有刊板而士子刷印寥寥，盖由赴司递呈，以俟批发，既多守候之劳，且一生所请不过一部，断不能因一部书而特为发板开刷，士子所以欲多得书而其势不能也。朕思诸书实皇祖惠教万世，皇考颁行天下之典籍，安可不广为敷布，着直省抚藩诸臣加意招募坊贾人等，听其刷印，通行鬻卖，严禁胥吏阻挠需索之弊，但使坊贾皆乐于刷印，斯士子皆易于购买，庶几家传户诵，足以大广厥传。"③乾隆三年（1738）又下发谕旨鼓励请印和翻刻："有愿翻刻者，听其自便，毋庸禁止。如御纂诸书内有为士人所宜诵习而未经颁发者，着该督抚奏请颁发，刊版流布。至于武英殿、翰林院、国子监皆有存贮书版，亦应听人刷印。并从前内府所有各书，如满汉官员有愿购觅诵览者，概准刷印。"④在乾隆的提倡下，各地翻刻内府图书蔚然成风。乾隆之后，虽然内府刻书事业逐渐衰落，然而以请印、翻刻形式对图书的推广并未停止，直至清末光绪年间仍有记载⑤。

由以上论述推断，丙本《皇清职贡图》很可能就属于朝廷鼓励请印、翻刻的对象，从而得以更广泛的流传。至于故意抽掉嘉庆时期的内容以冒充乾隆本的做法，从历朝历代刻书的种种目的来分析，很可能是为了牟利或者夸耀。但是，为何同时

---

① 祁庆富：《〈皇清职贡图〉的编绘与刊刻》，《民族研究》2003年第5期。根据本文考证成果，祁先生看到的实际上是嘉庆翻刻本。
② 翁连溪：《清代内府刻书研究》，北京：故宫出版社，2013年，第336页。
③ 《高宗纯皇帝实录（一）》卷17，北京：中华书局，1985年，第448页。
④ 《高宗纯皇帝实录（二）》卷70，北京：中华书局，1985年，第130页。
⑤ 翁连溪：《清代内府刻书研究》，北京：故宫出版社，2013年，第339页。

却又保留了真正乾隆殿本所没有的"谨按"内容，是故意还是无意为之，目前所见的材料尚无法解答，只能留待更多资料证据的发现了。同时，综合丙本版本特征等各种情况看，其刊刻时限应为嘉庆十年后至清末时期，属于清刻本的范畴。

第三节 《皇清职贡图》版本流传

《皇清职贡图》不仅在最初制作时即绘制了多份内容相同的彩绘本,而且日后又陆续制作了多种写本和刻本。按照常理而言,如果出于单纯的阅览或存史之需,出于经济因素考虑,并不需要制作如此多种内容相同、版本各异的《皇清职贡图》。这背后一定有着更为复杂的社会背景,以及深刻的政治和文化意义。因此,要想充分了解《皇清职贡图》的价值,不仅需要关注图像本身的内容,更要考察其流传的情形及其蕴含的政治意义。

一、彩绘本陈设于宫廷

乾隆朝彩绘正本及嘉庆重绘本藏于乾清宫。《各作成做活计清档》载:"(乾隆四十年十月)十二日,接得员外郎图阿押帖,内开九月二十二日,首领吕进忠交乾清宫职贡图四卷一分"[1],清楚表明乾隆朝正本《职贡图》原藏乾清宫。《钦定石渠宝笈续编》《钦定石渠宝笈三编》所录乾隆朝金廷标等绘《职贡图四卷》、嘉庆朝《庄豫德等画职贡图四卷》均列在"乾清宫藏"[2]条目下,更清楚表明了其存藏地。清胡敬辑《国朝院画录》亦载:"《职贡图》旧藏乾清宫,为丁观鹏等合画。"[3]中国国家博物馆现存金廷标绘《职贡图》卷二钤有"乾清宫鉴藏宝"朱方印。以上实物和档案记载证实

---

[1] 中国第一历史档案馆、香港中文大学文物馆编:《清宫内务府造办处档案总汇》第38册,人民出版社,2005年,第6页。

[2] 参见故宫博物院编:《钦定石渠宝笈续编》第2册,海南出版社,2001年,第386—394页;《钦定石渠宝笈三编》第2册,海南出版社,2001年,第243—245页。

[3] 于安澜编:《画史丛书》第5册,上海:上海人民美术出版社,1963年,第67页。

《皇清职贡图》手卷正本的原藏地为乾清宫。

彩绘册页本原藏圆明园。现藏法国国家图书馆《职贡图》第一、二、三、七册及私人藏家手里的第五册均钤有"圆明园宝"（图24），即为物证。此外，畏冬根据第六册后白页上的"赠与娄拔伯爵"（LE COMETE CHASSELOUP-LAUBAT）旧体法文及法国作家伯纳著《1860：圆明园大解难》对当时洗劫圆明园情形和分配物品情况的记录，表明此图册原藏于圆明园中，于清咸丰十年（1860）被法军掠走并作为贵重物品运回法国，最初被赠送给娄拔伯爵。①

图24 《职贡图》第一册"圆明园宝"钤印（法国国家图书馆藏）

乾隆朝彩绘副本之谢遂摹绘本原藏热河避暑山庄，台北故宫博物院珍藏实物钤"避暑山庄"朱印。《钦定石渠宝笈三编·避暑山庄八》下明确著录了《谢遂职贡图》②的详细信息，经与台北故宫博物院所藏本比照，其特征完全一致。此外，隆五十三年（1788）十二月二十八日，军机处向热河总管札文，要求奉旨将当地存放的《职贡图》第二卷送京。第二年正月初八日，军机处就回复热河总管，说本月初六日送来《职贡图》一卷已收讫，等办理完后，仍送归原处安设。③又过了半个月，军机处

---

① 畏冬、刘若芳：《〈苗瑶黎僮等族衣冠图〉册及〈职贡图·第六册〉考》，《故宫学术季刊》（台北）2009年第2期。

② 故宫博物院编：《钦定石渠宝笈三编》第11册，海口：海南出版社，2001年，第262—266页。

③ 中国第一历史档案馆编：《纂修四库全书档案》下册，上海：上海古籍出版社，1997年，第2157—2158页。

就传旨,将《职贡图》手卷一轴发回热河,仍于原处收藏。① 以上材料所载可佐证此《职贡图》第二卷为谢遂摹绘本,原藏于避暑山庄。另外一份现藏于北京故宫博物院的副本,因无藏地之印,不太好判定其原来具体的收藏地。然而,从乾隆五十三年（1788）十二月二十八日军机处致盛京将军咨文中要求将盛京《职贡图》第二卷送京的记录判断②,此当即为除谢遂摹绘本外的另一份彩绘副本,曾陈设于当时的盛京皇宫中③。

清廷将《皇清职贡图》彩绘本陈设于清宫内廷中,足以显示其重要性。乾清宫的建筑布局严格地按照君权神授的思想,它代表了天子的神圣和威严,显示了帝王的无上权威。④ 作为"皇帝临轩听政,岁时于内廷受贺赐宴,及常日召对臣工,引见庶僚,接觐外藩属国陪臣,咸御焉"⑤的内廷正殿,将《皇清职贡图》陈设于乾清宫中,其政治意涵不言自明。除北京紫禁城外,避暑山庄和圆明园可以说是清朝另外的两个政治中心,清朝皇帝经常在这两座行宫办理国内外大事。避暑山庄有"塞外之都"的说法,我们所熟知的接待英国马戛尔尼使团、西藏六世班禅、赏赐土尔扈特首领渥巴锡等大事均是在避暑山庄内进行。圆明园素有"御园"之称,建有供皇帝处理朝政的正大光明殿和勤政殿,与紫禁城同为当时的全国政治中心。清康熙朝时"有条陈事,赴畅春园面奏"⑥,此后"政事几务即裁决其中"⑦;雍正时"朕在圆明园与在宫中无异,凡应办之事照常办理。尔等应奏者不可迟误"⑧;乾隆帝首次在圆明园正大光明殿听政就宣布"朕今日御勤政殿办事,此即昔日皇考办事之所。朕未另建园亭,即于该处办事者,并非图自暇逸,盖时时追慕皇考,宵旰不遑。尔诸臣凡有应奏应办

---

① 中国第一历史档案馆、香港中文大学文物馆编:《清宫内务府造办处档案总汇》第51册,北京:人民出版社,2005年,第272页。

② 中国第一历史档案馆编:《纂修四库全书档案》下册,上海:上海古籍出版社,1997年,第2157页。

③ 至于其陈设为临时性或长久性,目前材料尚无法确定,但盛京皇宫曾陈设《职贡图》彩绘本则是确定无疑的。

④ 郎秀华:《乾清宫沿革》,《紫禁城》1983年第5期。

⑤ （清）庆桂等编纂;左步青校点:《国朝宫史续编》卷54《宫殿四·内廷一》,北京:北京古籍出版社,1994年,第431页。

⑥ （清）蒋良骐撰;鲍思陶、西原点校:《东华录》,济南:齐鲁书社,2005年,第218页。

⑦ （清）蒋廷锡原修;（清）王安国等纂:《大清一统志》卷1《京师·苑囿》,清道光九年木活字本,12A。

⑧ 中国第一历史档案馆编:《圆明园》上,上海:上海古籍出版社,1991年,第17页。

之事,仍应上紧办理,不可有意减少,以致迟滞"①。圆明园的政治地位由此可见一斑。此外,盛京作为满族福兴之地,其皇宫的政治象征意义自不待言。实际上,《皇清职贡图》在乾隆的亲自主持和多次过问下完成,体现乾隆的意志和思想,本身就是权威的体现。通过《皇清职贡图》,乾隆构建了一幅内外向化输诚的帝国形象,通过将许多与清朝没有实际朝贡关系的西洋诸国列入其中,展示了清帝国无比广阔的疆域和无与伦比的权威。乾隆在发布谕旨启动《皇清职贡图》的编绘工程时明确指出,其目的之一在于"以昭王会之盛"②,毫不避讳其政治企图。乾隆将彩绘本陈设于内廷宫中,通过《皇清职贡图》中图文的展示,不仅有向世人夸耀其帝王功业,颂扬其威德③之义,而且更有方便其随时阅览,以便有效区分和识别这些民族,从而进行有针对性统治的现实考量。

二、写本存放于内宫及四库七阁

《皇清职贡图》写本有《四库全书荟要》本及《四库全书》本两种。《荟要》本共两套,乾隆有诗曰:

> 荟要书成度摛藻……摛藻先陈真是速,味腴继贮亦非迟,下注:"荟要粹全书之精,每部凡万两千册,一贮摛藻堂,于己亥年告成;一贮味腴书室,于庚子年告成。"④

由此可知,《四库全书荟要》成书后先陈于摛藻堂(见图18),后又抄写了一部副本陈于味腴书屋。《四库全书荟要·提要》载:"《荟要》萃全书之精,自乾隆癸巳特诏编录,阅七载告成。命于乾清宫北摛藻堂排贮,钤'摛藻堂'印识之,以别于御

---

① 《清实录》第10册《清高宗实录(二)》卷62,北京:中华书局,1985年,第20页。
② 《高宗纯皇帝实录(六)》卷390,北京:中华书局,1986年,第121页。
③ 乾隆将自诩为"十全武功"之一的平定台湾事件以"谨按"形式补入不同版本类型的《皇清职贡图》以及将武英殿刻本集中赏赐给朝中大臣和封疆大吏的举动即表露出了此心态和目的。
④ (清)弘历:《圣制重华宫茶宴内廷大臣翰林等题四库全书荟要联句并成二律(庚子)》,(清)庆桂:《国朝宫史续编》卷82《书籍八》,清嘉庆十一年内府钞本。

园味腴书室所藏者也。"①

此两处皆为禁中藏书之地，其最初目的即为供乾隆休息时读书所用，"列架弄摛藻堂内，以备临憩阅览"②，乾隆认为"朕每憩此观书，取携最便宜"③。味腴书屋位于圆明园内，环境清幽，在此地读书，乾隆颇感惬意："含经堂畔敞书筵，味腴常喜静便"④，"随意构书屋，到处可翻披。于学贵时习，所无要日知。"⑤

另外一种写本藏于四库全书七阁中。其中热河避暑山庄文津阁、圆明园文渊阁、紫禁城文渊阁、盛京皇宫文溯阁，称"北方四阁"；扬州文汇阁、镇江文宗阁、杭州文澜阁，称"江南三阁"。作为乾隆亲自主持，前后耗时18年时间，花费大量人力、物力和财力编纂而成的《四库全书》，其目的绝不仅仅是保存古籍，而更多的是为了"使用"。因此，在《四库全书》编纂完成后，乾隆便特意强调其利用问题，称"《四库》所集……非徒广金匮石室之藏，将以嘉惠艺林，其牖后学，公天下之好也"⑥。

北方内廷四阁虽然深藏宫中，近乎皇帝的私有物，但为了宣扬文教，实施文治治国大略，乾隆就特别允许大臣和翰林使用文渊阁《四库全书》的藏书。他告诫管理者，"翰林原许读中秘书，即大臣官员中，有嗜古勤学者，并许告之所司，赴阁观览"，但也同时强调，"第不得携取出外，致有损失"。⑦说明朝廷大臣和一部分官员有机会利用这些藏书。对于"士人等固不便进内抄阅"文渊阁藏书的情况，乾隆则积极支持他们利用藏于翰林院的四库底本，下令："翰林院现有存贮底本，如有情殷诵习者，亦许其就近检录，掌院不得勒阻留难。"⑧

对于南三阁，乾隆更是特意叮嘱当地官员，让士子可以随时抄阅。在启动南三

---

① （清）庆桂：《国朝宫史续编》卷82《书籍八》，清嘉庆十一年内府抄本。
② （清）弘历：《圣制题摛藻堂诗（戊戌）》，（清）庆桂：《国朝宫史续编》卷55《宫殿五》，清嘉庆十一年内府钞本。
③ 《谕请内阁编著四库全书荟要着于敏中王际华专司其事》（乾隆三十八年五月初一日），中国第一历史档案馆编：《纂修四库全书档案》，上海：上海古籍出版社，1997年，第108页。
④ （清）弘历：《御制诗二集》卷83《味腴书屋》，摛藻堂《四库全书荟要》本，台北故宫博物院藏。
⑤ （清）弘历：《御制诗三集》卷79《味腴书屋》，摛藻堂《四库全书荟要》本，台北故宫博物院藏。
⑥ 《谕内阁著大学士会同吏部翰林院议定文渊阁官制及赴阁观览章程》（乾隆四十一年六月初三日），中国第一历史档案馆编：《纂修四库全书档案》，上海：上海古籍出版社，1997年，第518页。
⑦ 《谕内阁著大学士会同吏部翰林院议定文渊阁官制及赴阁观览章程》（乾隆四十一年六月初三日），中国第一历史档案馆编：《纂修四库全书档案》，上海：上海古籍出版社，1997年，第518页。
⑧ 《谕内阁著江浙督抚等谆饬所属俟全书排架后许士子到阁抄阅》（乾隆五十五年五月二十三日），中国第一历史档案馆编：《纂修四库全书档案》，上海：上海古籍出版社，1997年，第2189—2190页。

阁抄写工作时，他就下发谕旨："兹《四库全书》允宜广布流传，以光文治。如扬州大观堂之文汇阁、镇江金山寺之文宗阁、杭州圣因寺行宫文澜阁，皆有藏书之所，着交四库馆再缮写全书三分，安贮各该处，俾江浙士子得以就近观摩誊录，用昭我国家藏书美富、教思无穷之盛轨。"① 因此，当《四库全书》一部分抄写完成后运往江浙时，乾隆指示："将来全书缮竣，分贮三阁后，如有愿读中秘书者，许其陆续领出，广为传写。"② 三阁全书抄写完成，正式颁行后，乾隆再次颁布谕旨："着该督抚等谆饬所属，俟贮阁全书排架齐集后，谕令该省士子有愿读中秘书者，许其呈明到阁抄阅，但不得任其私自携归，以致稍有遗失。"③

由上可知，乾隆将《皇清职贡图》列入《四库全书》中，让大臣及士子随意抄阅，其本意就在于"不特内府珍藏，借资乙览，亦欲以流传广播，灌溉艺林"④，目的是"以副朕乐育人才、稽古右文之至意"⑤，"以副朕振兴文教、嘉与多士之至意"⑥。乾隆通过推动《皇清职贡图》的流传，传达了其"稽古右文"的用意，达成了向世人宣传"文治"的作用，进而引领全国文教。

三、刻本广布于社会

刻本形式的《皇清职贡图》由于易于复制、携带，翻阅亦方便，因此成为众多版本类型中流传面最广，受众最多的一种。据不完全统计，国内外各藏书机构及个人藏有《皇清职贡图》的不下五十家，有些还不止一套，足见其流传广泛。然而，由于

---

① 《内阁着交四库馆再缮写全书三分安置扬州文汇阁等处》，中国第一历史档案馆编：《纂修四库全书档案》下，上海：上海古籍出版社，1997年，第1599页。

② 《谕内阁将来江浙文汇等三阁分贮全书许读书者领出传写》（乾隆四十九年二月二十一日），中国第一历史档案馆编：《纂修四库全书档案》下，上海：上海古籍出版社，1997年，第1768页。

③ 《谕内阁著江浙督抚等谆饬所属俟全书排架后许士子到阁抄阅》（乾隆五十五年五月二十三日），中国第一历史档案馆编：《纂修四库全书档案》，上海：上海古籍出版社，1997年，第2189页。

④ 《谕内阁著江浙督抚等谆饬所属俟全书排架后许士子到阁抄阅》（乾隆五十五年五月二十三日），中国第一历史档案馆编：《纂修四库全书档案》，上海：上海古籍出版社，1997年，第2189页。

⑤ 《谕内阁将来江浙文汇等三阁分贮全书许读书者领出传写》（乾隆四十九年二月二十一日），中国第一历史档案馆编：《纂修四库全书档案》下，上海：上海古籍出版社，1997年，第1768页。

⑥ 《谕内阁着交四库馆再缮写全书三分安置扬州文汇阁等处》，中国第一历史档案馆编：《纂修四库全书档案》下，上海：上海古籍出版社，1997年，第1599页。

刊刻主体不一样，其不同版本的流向和功用存有少许差异。

武英殿《皇清职贡图》刻本属内府图书，其刊刻有严格的制度规定，印数数量由皇帝直接过问，一般多用于陈设和颁赏。陈设用书一般规定每种十至二十部，主要陈设在大内的主要宫殿、书斋及行宫、苑囿、庙宇等处，供皇帝每到之处能够随时检阅，同时用于标榜其"稽古右文"之意。① 从现存实物看，北京故宫博物院、台北故宫博物院和中国民族图书馆所藏《皇清职贡图》武英殿刻本均原陈于清宫中。故宫所藏为清宫旧藏当无疑义，唯中国民族图书馆所藏需稍作说明。此本1958年受赠于辽宁图书馆前身——东北图书馆，为毛装形式。按，清代武英殿刻书不少即为毛装形式，辽宁图书馆珍藏原沈阳故宫之殿本书不少即为当初内府武英殿的毛装图书②，由此可知，中国民族图书馆藏本当为武英殿刻印后送往东北满族福地之皇宫旧藏。

武英殿刻本图书也用于赏赐。在清代，皇帝将内府刻书赏赐给王公大臣以示尊崇，是一种较为常见的做法。对大臣来说，能够得到皇帝赏赐内府图书是一种莫大的荣耀，一般在京官员亲自领取，外地官员则由驻京提塘代领递送本府，督抚等人需至郊外望阙跪迎到府。所有受赏图书须陈设在显要处，再行转折奏谢。目前，笔者从第一历史档案馆馆藏目录系统中共检索出6封为赏赐《皇清职贡图》所上的谢恩折③，时间集中于乾隆四十五年（1780）十一月至十二月之间。显然，赏赐给这些大臣的《皇清职贡图》为武英殿刻本。

不仅如此，清朝廷还将《皇清职贡图》刻本赐予外国使节。《清史稿》载：

> 初，琉球、安南、暹罗诸使来，议政大臣咸会集，赐坐及茶。乾隆初元，谕停止。时属国陪臣增扩，敕所司给《皇清职贡图》以诏方来。四十七年正月，紫光阁锡燕，朝鲜、琉球、南掌陪臣与焉。④

---

① 杨玉良：《清代中央官纂图书发行浅析》，《故宫博物院院刊》1993年第4期。
② 李致忠：《古籍版本知识500问》，北京：北京图书馆出版社，2001年，第57—58页。
③ 受赏人为直隶总督袁守侗、浙江学政王杰、四川总督文绶、两广总督巴延三、户部右侍郎彭元瑞、陕甘总督勒尔谨，对应档号为：04-01-12-0194-055、04-01-12-0195-031、04-01-12-0195-062、04-01-12-0195-065、04-01-12-0195-066、04-01-12-0195-067。
④ （民国）赵尔巽：《清史稿》卷91《礼志十·宾礼》"山海诸国朝贡礼"条，北京：中华书局，1974年，第2676页。

可见，为了扩大《皇清职贡图》的影响，乾隆改变了最初给使节赐茶的仪式，而改赐《皇清职贡图》。借由其中的图像，乾隆不仅清楚地向周边属国展示帝国的范围与内容，更定义了来朝各成员自身在清帝国中的位置。①19世纪初，生活于乾隆、嘉庆年间的朝鲜学者韩致渊在其著作《海东绎史》一书中就将《皇清职贡图》列入"仪物"篇中，作为了解清朝的重要参考书目②。

总之，不论是赐予王公大臣，还是外国使节，其象征意义远大于实际意义，其作用不仅可宣扬朝廷权威，亦可昭德，展示帝国的高大形象。《四库全书总目提要》更扬扬得意指出，《皇清职贡图》的创制"以纪盛德昭宣，无远弗届，为亘古之所未有"③。

售卖也是殿版《皇清职贡图》的重要流通方式。乾隆初年，朝廷曾于崇文门监督处售卖内府颁行余下之书。乾隆七年（1742），武英殿修书处奏准"其颁发之外交内阁拟奏，准其通行"④。乾隆九年（1744），清朝廷正式设立武英殿通行书籍售卖处，准许售卖殿版图书成为一项固定的制度⑤。有清一代，凡内府售卖图书均有详细记录，以备日后因政治等原因修补或禁毁，其中就有殿本《皇清职贡图》。根据国家图书馆藏《清同治光绪间武英殿卖书底簿》抄本记录统计⑥，从同治三年（1864）至光绪五年（1879），售卖殿本《皇清职贡图》的记录共有17条，售出35套，其售价为每部价银一两八钱五分和一两八钱六分两种，购买人员有折配匠赵俊英、松司长、礼部主事延茂、礼部主事刘锡全、员外郎春某、员外郎扎某、人民童世荣、人民张廷芬、提调处协修杨绍和、副内管领吉纯、笔帖式玉恒、内务府笔帖式玉森等人。其中购买数量较多者有员外郎春某两次五部，折配匠赵俊英三次八部。由此可看出，殿本《皇清职贡图》的购买人群既有普通人民，亦有工匠和官员，阶层较广。其中多次购买多部者，从其身份来推测，或是赠送他人，或为转卖书肆赚取差价，由此进一步扩大了该书的流通范围。此外，从十余年价格非常稳定的情况看，利润并非清廷售

---

① 赖毓芝：《图像帝国：乾隆朝〈皇清职贡图〉的制作与帝都呈现》，《"中央研究院"近代史研究所集刊》（台北）2012年第75期。
② 见（朝鲜）韩致渊：《海东绎史》第2册，卷20，朝鲜：朝鲜光文会，1913年，铅印本。
③ 魏小虎编：《四库全书总目汇订4》，上海：上海古籍出版社，2012年，第2332页。
④ 《武英殿修书处为知会事》（乾隆七年），内阁大库档案，登录号：144747-001，台湾"中研院"史语所藏。
⑤ 中国第一历史档案馆编：《纂修四库全书档案》上，上海：上海古籍出版社，1997年，第215页。
⑥ 《清同治光绪间武英殿卖书底簿》，《四库未收书辑刊》第2辑第28册，北京：北京出版社2000年，第105—140页。

卖殿版图书的考量范围，应为按制作成本出售，意在传播思想、扩大殿本的流播范围，从而达到"人人诵习，以广教泽"①之目的。

至于翻刻本《皇清职贡图》的流向，不似殿版流传有序，有固定的陈设地或档案记载，因此很难得知其具体的受众。然而，从请印或翻刻殿版图书多为地方官府或个人的情况推测，其受众应多为中下层民众，流传范围广泛。据不完全统计，现存《皇清职贡图》刻本中翻刻本占所有刻本比重达95%以上，无论藏于私人，还是公共机构中，绝大多数均为翻刻本。由此不难想象其流传的广泛性。

四、《皇清职贡图》流传的文化意义

文化史学家库尔特·图霍夫斯基（Kurt Tucholsky）曾经说过："一幅画所说的话何止千言万语。"②确实，与单纯的文字相比，图像更具魅惑性，更易深入人心，透过图像独有的特质，往往能更加自然、不着痕迹的方式反映或建构出制作者的意图。段炼认为，图像的意义不仅在图像本身，而更在于图像的制造者和观照者，以及二者在相关语境中的互动关系。③彼得·伯克也告诫那些准备利用图像作证据的每个人，应当以研究它们的制作者的不同目的为起点。④这些论述提醒我们，在使用图像史料时除了关注其内容本身外，更应考察其背后所隐含的文化意义。

梳理《皇清职贡图》版本的流传情形发现，与历朝历代各类"职贡图"多为供皇帝阅览或宫廷陈设不同，《皇清职贡图》的流传更为多样，不仅陈设于宫廷内殿、皇帝书斋、行宫、庙宇、苑囿等多处用以彰显朝廷权威，同时方便皇帝阅览；而且通过制作多种版本的方式，典藏于官方藏书机构或赏赐给大臣及外国使节；更直接在武英殿售卖并允许官府、个人翻刻，极力扩大其流通范围和受众层次。这说明，《皇清职贡图》的制作从始至终都强调其利用问题，而非将其作为皇帝私人玩赏的图册。

---

① 《高宗纯皇帝实录（十）》卷70，北京：中华书局，1986年，第30页。
② ［英］彼得·伯克著，杨豫译：《图像证史（第二版）》，北京：北京大学出版社，2018年，第1页。
③ ［加］段炼：《视觉文化：从艺术史到当代艺术的符号学研究》，南京：江苏凤凰美术出版社，2018年，第11页。
④ ［英］彼得·伯克著，杨豫译：《图像证史（第二版）》，北京：北京大学出版社，2018年，第17—18页。

清朝统治者动员整个国家力量，花费大量人力、财力和物力，跨越半个多世纪制作完成内容基本一致而版本形式各异的《皇清职贡图》，并有意扩大其传播范围和受众，其背后有着显示朝廷权威，颂扬帝王功业，构建国家形象；彰显帝国威德，统领天下文教；了解夷情，为实施有针对性的统治服务，达到"资治镜"之现实需要等考量。从这个意义上说，《皇清职贡图》版本流传背后所蕴含的文化意义已经超越了图像本身的价值。

　　正是由于《皇清职贡图》所具有的多种重要意义，在乾隆及嘉庆年间，清朝廷才对其多次增补，并制作多种版本将其内容进行复制，多渠道向不同受众进行传播。梳理《皇清职贡图》版本的流传情形，为此类图像资料在政治议题上的运用提供了一个很好的观察视角。

第五章
《皇清职贡图》对民族形象与"大一统"政治文化的构建

葛兆光认为,《职贡图》承担了建构帝国、描述天下的功能。一方面,它记录了自己周边来朝贡的不同民族和国家;另一方面,它也记录了中国当时的自我和周边疆域是什么样子。[①] 由此可见,职贡图不是一般的图像资料,从一开始就有着清晰而明显的官方意识特征。职贡图的形成发展与中华"大一统"观有着密切关系,是历代中央王朝用于表征"大一统"的重要文本。《皇清职贡图》的绘制继承了历代"职贡图"的思想,且其纪实性、"治世"功能等特征更为突出,是中国统一多民族国家和中华民族共同体形成发展的重要视觉表达。

本章主要围绕《皇清职贡图》在政治议题上的运用展开,重点考察其在建构民族形象、"大一统"政治文化等方面的具体运用和表征意义,论证中华民族共同体不断形成发展的历史事实。主要探讨《皇清职贡图》中呈现的广西壮族形象、表达的"中华天下观"和女性绘像的出现及其变化等内容,意在阐明《皇清职贡图》并非一般意义上的图像资料,不仅具有表征"大一统"、构建"中华民族共同体"的作用,更具有治理边疆、增强文化认同等实际功用,是清前中期朝廷力图重塑正统意识、构建"大一统"政治文化的重要实践,可为新时代铸牢中华民族共同体意识提供深厚的文化认同基础和历史依据。

---

① 葛兆光:《古人的"世界观"》,《北京日报·理论周刊》2015年11月30日,第20版。

第一节 《皇清职贡图》对民族形象的构建——以广西壮族为例

视觉是人类获取信息的主要途径之一。韩丛耀认为，人类主要通过以视觉为主导的感知经验来理解世界，把握世界并尝试用视觉的图画和符号描绘世界、表征世界。[①]确实，视觉以其直观、鲜活、生动的特点成为文化传播和文化认同的重要媒介和途径。因此，经由视觉构建和呈现的形象一旦与民族结合，就成为构建民族认同的重要手段。斯图亚特·霍尔指出："形象提供了一种方法，把一种想象的一致性强加给分散和破碎的经验。"[②]苏珊·桑塔格认为，"形象拥有非凡的力量，能决定我们对真实的要求"[③]。形象的重要意义不言而喻，尤其是人类社会发展到民族国家的历史阶段后，视觉形象成为动员社会、凝聚力量的重要象征符号和资源，对民族共同体意识具有不可忽视的影响。

《皇清职贡图》所绘国内外各民族众多，以国内少数民族为主，它以人物图像的形式呈现了国内外尤其是中国周边各民族的形象。《皇清职贡图》在各地进呈稿本的基础上，不仅对入选图像进行了精心挑选，而且对入选的图像和说文进行了加工和润色，使其更符合官方的意志和审美。《皇清职贡图》对民族形象的建构为我们呈现了一幅清前中期中华民族共同体不断形成发展的生动画面。

本节以《皇清职贡图》所绘广西壮族图像为中心，通过分析和解读该图册对广西

[①] 韩丛耀：《中华图像文化史·图像论卷》，北京：中国摄影出版社，2017年，第4页。
[②] ［英］斯图亚特·霍尔：《文化身份与族裔散居》，罗刚、刘象愚主编：《文化研究读本》，北京：中国社会科学出版社，2000年，第210页。
[③] ［美］苏珊·桑塔格：《形象世界》，陈永国主编：《视觉文化研究读本》，北京：北京大学出版社，2009年，第119页。

壮族形象的构建和呈现，结合相关历史文献，构建一幅清前中期广西壮族形象相对完整和真实的历史画面，并以此为基础论述《皇清职贡图》对清前中期"中华民族共同体"的视觉表达及其意义。

一、壮族形象研究及《皇清职贡图》广西壮族图像基本情况

一个民族的形象是在历史发展过程中经由"他者"不断建构而形成的对该民族的总的看法。以壮族而言，虽然有着悠久的历史和丰富的文化，但是由于历史上缺乏本民族成熟的文字体系，古壮字的使用范围小、地区差异大，相关的历史文献和民间文书记载不仅偏少而且缺乏连贯性和系统性，因此其民族形象大多经由汉文典籍构建和呈现。显然，这种构建和呈现带有明显的偏见，尤其是明代以前呈现的是一个总体上怪诞离奇乃至偏离人性的壮族形象。这种经由纯粹文字资料构建和呈现的形象不仅缺乏生动、具体的细节，而且与历史上真实的壮族形象相去甚远。这种状况也决定了当代学者对壮族及其先民形象的专题研究基本以文字材料为依据。这当中以欧宗启的研究最为系统[1]，他先后发表了一系列文章，从历史文献、口述作品、英雄叙事以及当代建构等角度较为系统论述了壮族形象的历史书写和当代建构的手段、意义等内容，奠定了坚实的壮族形象研究基础。此外，也有部分学者从小说、民间故事、报纸等角度探索不同历史时期的壮族形象[2]。纵观这些研究成果，不仅研究的论据较为单一，仅有的几篇以视觉材料为主的论文也仅限于对花山岩壁画壮族先民形象的研究[3]，而且相关成果较为薄弱，除了《多维视野的壮族形象建构研究》[4]

---

[1] 如《论历史文献中的壮族形象书写》，《广西民族学院学报》2006年第4期；《论壮族口述作品中的壮族形象书写》，《广西民族大学学报》2007年第1期；《论壮族形象的历史建构及其意义》，《广西民族研究》2008年第3期；《壮族英雄叙事的壮族形象建构及英雄情怀》，《广西社会科学》2017第7期；《当代壮族历史书写的壮族形象建构——"壮族形象建构研究"之二》，《广西民族研究》2020年第6期，等等。

[2] 如李斯颖：《壮族英雄史诗中的英雄形象塑造与文化解读》，《内蒙古大学学报（哲学社会科学版）》2020年第4期；黄剑婧：《壮族民族形象的报纸媒介呈现》，广西大学博士研究生学位论文，2018年，等等。

[3] 主要有梁庭望：《花山崖壁画——壮族上古的形象历史》，《中央民族学院学报》1988年第2期；张亚莎：《花山岩画——左江流域古代民族图像志》，《中国文化遗产》2016年第4期，等等。

[4] 欧宗启：《多维视野的壮族形象建构研究》，北京：中国社会科学出版社，2020年11月。

一书外，其他研究大多散落在通史性和历史文化相关论著中。从总体上看，现有成果大多注重壮族的内质特征而缺乏对外在形象的研究，所呈现的壮族形象较为模糊，缺少形象、生动的细节呈现，整体性不足。《皇清职贡图》正好弥补了这些缺陷，它对各民族形象的呈现不仅生动而且非常具象，是珍贵的图像民族志。

《皇清职贡图》以人物肖像形式展现了国内外各民族的体貌形态、衣冠服饰、生产生活等画面，以文字形式记载了各民族的历史渊源、风俗习惯、与朝廷的关系等内容，是历史民族志图像的集大成者。该图册共绘写国内外各族图像300余幅，600余个人物形象[1]，绝大部分为国内少数民族，其中涉及广西壮族的图像确切者有灵山县僮人[2]、兴安县僮人、贺县僮人、融县僮人、岑溪县狼人、贵县狼人、思恩府属侬人、太平府属土人、西隆州土人9种；部分与僮人习俗相近，但无法明确为壮族者有西林县皿人、西林县佧人、马平县伶人3种。为了保持论述的严谨性，本节主要以前9种图像为研究对象，同时为了保障图像的真实性和可信度，主要依据最接近原貌的中国国家博物馆藏乾隆朝《皇清职贡图》手卷正本[3]（仅存卷二）进行分析和解读。

二、《皇清职贡图》呈现的广西壮族形象

清朝廷在启动《皇清职贡图》绘制之初，为了达到了解当地夷情，以便实施针对性统治的现实目的，一再强调所绘图像的真实性。乾隆等清朝统治者更标榜《皇清职贡图》的创制皆为"亲睹其人""实经其地"，为"摄提、合雒以来所未睹之隆轨"[4]。为了获得周边各民族样貌、习俗等方面的真实情况，乾隆特别叮嘱，"各该督抚等，或于接壤之处，俟其顺便往来之时，或有人前往公干，但须就便图写，不得特派专员，稍有声张，以致或生疑畏"[5]，要求"非我监臣所手量、我将帅所目击、我

---

[1] 各版本收录数量有所差别，如乾隆朝彩绘本册页本共有290段画面590个人物形象，经过增补的彩绘手卷本有301段画面610个人物，最全的嘉庆增补本共有304段画面615个人物。
[2] 灵山县在《皇清职贡图》中属广东省，但其地历史上曾有较长时段属广西区域，改属广东后又复于1965年正式划归广西，且灵山县僮人与广西各地僮人文化渊源和习俗等均一致，故一并列入。
[3] 文中所引图像及说文大都依此版本，除部分特例外，不再一一标示。
[4] 《钦定四库全书·文渊阁·皇清职贡图》提要，台北故宫博物院藏本。
[5] 《高宗纯皇帝实录（六）》卷390，北京：中华书局，1986年，第120页。

驿使所口陈者，不以登槩削焉"①。这些做法使《皇清职贡图》对国内周边各民族绘写内容的真实性得到了保障。虽然清廷对最后入选《皇清职贡图》的民族图像进行了精心挑选，并对入选的图像和说文进行了修饰和润色②，但总体上仍与历史上真实的情形保持了高度的相似性。以此而言，《皇清职贡图》保留了非影像时代关于广西壮族形象最为接近真实的图像资料，也就使对广西壮族形象的绘写和呈现有了较为可靠的依据。

（一）长相端庄、气质典雅

《皇清职贡图》所绘广西壮族图像色彩清淡鲜润，人物表情灵动，五官刻画精细，体态和表情跃然于纸上，外在特征总体呈现一幅长相端庄、气质典雅的形象。

从体貌特征看，《皇清职贡图》所绘壮族整体端庄典雅，体形健壮，五官清秀，面部表情和善，肤色较白，仪态端庄（图25）。通览图册中的壮族图像发现，其体貌特征在保持与周边民族一致的同时也显示出较为明显的地域和民族特征。如体形，较之北方特别是西北民族的高大壮硕，图册所绘壮族体态中等，无论是躯干，还是腿部，均以中型为主，属于典型的华南人类型，形态上男性肌肉发育好，体形匀称，女性皮下脂肪发达，体态丰满。

a. 兴安县僮人　　　　　　　　　b. 贵县俍人

图25　整体体形

---

① （清）佚名：《皇清职贡图》卷4，诸臣跋，北京故宫博物院藏乾隆朝手绘本。
② 黄金东：《〈云南民族图考〉版本考》，《中央民族大学学报（哲社版）》2018年第3期。

从更为具体的面部特征看,《皇清职贡图》所绘广西壮族女性却整体趋向于中原汉族类型。如图26所示,图中女性头短而宽,头型稍圆,面部低而略宽,上唇皮肤部明显前凸,红唇厚度中等偏厚,脸型处于圆形脸和鸭蛋脸之间,眼眶低,鼻型偏短,鼻根不高,具有鲜明的中原汉族女性特征。这种面部特征显然与现实中的广西壮族女性多为华南人特征的状况有所出入。① 这正是清朝廷构建"大一统"政治在图册中的反映,朝廷通过将《皇清职贡图》中各民族女性的面部修饰成趋向于中原特征来迎合当时的主流审美,进而彰显国家形象,同时也暗含了将国内各民族统一为一体的政治愿望。与女性不同,《皇清职贡图》所绘壮族男性面部特征多偏向华南人长相。如图27所示,男性面部轮廓突出,颈部较长。眼裂开度基本为宽型,蒙古褶不发育,鼻翼宽大于两眼内宽,鼻基底上翘,鼻唇沟较为明显,普遍有圆形耳垂,唇形厚。

a. 融县僮人　　　b. 兴安县僮人　　　c. 贵县狼人　　　d. 思恩府属狚人

图26　女子面部

a. 岑溪县狼人　　　b. 贵县狼人　　　c. 太平府属土人　　　d. 西隆州土人

图27　男子面部

在保持总体相似特征的同时,《皇清职贡图》所绘壮族体貌也因性别、地区、支系等不同有所差异,主要体现在地区和性别上。

地区差异主要表现在男性脸型特征上。如图27中a、b两图同为狼人支系男性

---

① 张振标、张建军:《广西壮族体质特征》,《人类学学报》1983年第3期。

形象，但 a 图男性脸型狭长，鼻根低矮，下颌内曲度大，具有明显的华南人特征；b 图男性则为"用"字脸，面部宽，鼻型短宽，带有东南亚人特征。c、d 两图土人支系之间的差别更为明显，c 图男性脸型长度、颧骨高度、下颌长度、眼裂长度、嘴唇厚度的值都明显高于 d 图男性，而且二者的鼻型也有较大差距，c 图鼻型狭长，d 图鼻型短宽，鼻梁塌。

在性别差异上，图册整体呈现男性脸型狭长度、颧骨高度、眼裂长度、鼻尖长度、鼻翼高度、口裂长度、嘴唇厚度、下颌凸出率特征的均值高于女性；而体型丰满度、蒙古褶出现率、眼裂向外上倾斜率、鼻根高度、鼻尖上翘率、下颌圆润度特征的均值低于女性的特点。这些性别间的差异，说明同一族群的同一支系或同一族群的不同支系在面部特征的男女分型结果上可能存在差异。

（二）文化独特、性情朴实

服饰是民族文化的物质载体，是物化了的民族心理反映，承载着一个民族的精神文化。从这个意义上说，服饰是一个民族物质文化和精神文化的结合体。《皇清职贡图》所绘壮族服饰集中反映了壮族的审美，无论头饰、衣饰，还是其他的装饰物和用具，无不映衬出既蕴含丰富民族特质，又讲究朴素实用的民族形象。

1. 特色鲜明的发式和头饰

《皇清职贡图》所绘广西壮族男女普遍椎髻束发、头巾裹头、出行戴帽，女性还髻插银簪。图册对这些发式和头饰的绘写不仅与图说记录吻合，而且细节清晰可见，色彩鲜艳夺目，富有民族特色，观来让人赏心悦目。

统计表明，《皇清职贡图》所绘 9 幅广西壮族图像男女 18 人中基本椎髻束发。椎髻发式整体为圆形大髻，有高低、单双、直立、后垂之分（如图 26、图 27）。壮人将头发盘起高耸在头顶、头的前半部或脑后，或向前倾或后垂，类似于现在的丸子头；也有的盘于脑后，呈扁圆形。图册的说文对这些也多有记载，如兴安县僮人"妇椎髻"、岑溪县俍人"男椎髻"、思恩府属侬人"妇首绾双髻"等，体现了《皇清职贡图》"图文互证"的特点。

裹头巾是壮族头饰的特色之一（如图 25-a、图 27-c/d）。图册所绘 9 幅图像中，头裹头巾的男性有 6 名，比例达三分之二，其中 5 条以蓝色为底色，1 条以白色为底色；女性 2 名，约占五分之一，都均以蓝色为底色。由此可见，广西壮族男性裹头巾较为普遍,且以蓝色为主,如兴安县僮人"男蓝布裹头"、贺县僮人"男花巾缠头"、融县僮人"男花布缠头"、太平府属土人"多以尺布裹头"、西隆州土人"男以蓝布缠头,土妇首裹布帧"等。壮族地区普遍裹戴头巾与当地自然环境密切相关,头巾既可防晒吸汗、防风御寒,又能防止蚊虫叮咬和丛林剐蹭,也可阻挡灰尘,保持头发的清洁。从颜色上,壮族头巾基本为蓝色系,因当地多"有草蓝、木蓝,皆能制靛"①,壮人就地取材,简单方便,实用性高;至于白色头巾则是继承了壮族先民白巾裹头的习俗,明时就有关于瓦氏夫人所率俍兵"头裹方素,无他色者"②的记载。除裹头巾外,《皇清职贡图》中所绘广西壮族也有少部分戴帽者,其种类为笠帽,集中分布于桂东地区。如图28中,贵县俍人"男带(戴)笠",融县妇女外出售卖织锦"必带(戴)竹笠而行",这些笠帽用金黄竹篾编织而成,圆顶大檐,里外两层,除了系带,无任何装饰。

  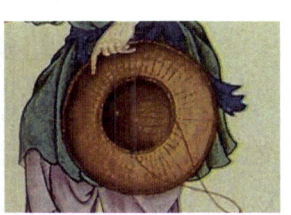

a. 融县僮妇　　　　　　b. 贵县俍人　　　　　　c. 岑溪县俍人

图 28　帽式

除以上所列外,《皇清职贡图》中清初广西壮族女性头插簪钗的特征也较为突出,如兴安县僮人"妇椎髻,银簪悬以花胜",贺县僮人"女环髻遍插银簪",贵县俍人"喜簪花",西隆州土妇"髻插花簪"等。这些地区大多处于较为发达的桂东地区,不仅头上插簪,而且样式相对华丽,很明显受到了不断进入该地汉族的影响。

由上可知,图册呈现的壮族发式和头饰民族特色鲜明,同时也展现出了与其他民族服饰文化交融的特点。以头饰为例,图29中的广西瑶族和侗族,男女皆椎髻束发,a图"傜妇以银簪遍插髻间"与贺县僮人"女环髻遍插银簪"类似,都髻上插簪,材质均为银质;b图中伶妇裹头巾,颜色和壮族一样也是蓝色。这充分说明,除了保持本民族传统外,壮族也与周边族群相互交融,形成了独具特色的头饰文化。

---

① (民国)刘运熙:《灵山县志》卷21,广州:广州新中华印务局,1914年,第14页。
② (清)汪森辑;黄振中等校注:《粤西丛载校注(上)》,南宁:广西民族出版社,2007年,第1047页。

a. 临桂县大良瑶　　　　　　　　　b. 怀远县伶人

图 29　周边其他民族头饰

2. 既保持特色又互相融合的衣饰

《皇清职贡图》中的广西壮族男性普遍上衣下裤，上衣形制有对襟短衫、右衽短衫、中长对襟衫、右衽交领衫、斜襟唐衫等，下身则着大裆长裤、大裆中长裤或短裤；女性为上短衣下长裙，或上衣下裤，腰间系长带或花围腰，其上衣形制与男性接近，有对襟衫、右衽衫、斜襟唐衫、肚兜和围腰，下身着筒裙、百褶裙或裤子（图 25）。整体而言，《皇清职贡图》所绘广西壮族衣饰轻盈秀丽，端庄优雅，具有浓厚的民族特色，同时体现了互相融合的特点。

交领方式以右衽为主。图册中不论男女所着斜襟上衣中全为右衽，这当然不是壮族及其先民的传统。从《战国策·越策（二）》载瓯骆之民"被发文身，错臂左衽"，到《旧唐书·南蛮传》记广西僚人"男子左衽露发徒跣"，再到《宋史》称广源州蛮依氏"俗椎髻左衽"等记载表明，壮族先民服饰在宋代以前普遍采用左衽的方式。《皇清职贡图》中所绘壮族衣式全部为中开襟或右襟的情况表明，其服饰至清初时已逐步与汉族趋于一致，有如灵山县僮人"衣饰亦与齐民相仿"[①]的情形。

面料装饰及色彩上，《皇清职贡图》所绘壮族衣饰织锦与面料相结合。如兴安县僮人"衣裳俱缘以锦绣"，贺县僮人衣锦边短衣，系纯锦裙，华丽自喜，能织僮锦及巾帕。材质主要是棉或麻，如岑溪县"男椎髻绩麻为衣，以耕渔为生"。色彩搭配以蓝色、青色、蓝黑色等蓝色系为主，带有强烈的民族特质。

从文化元素上看，既富有本民族文化特征，又与周边少数民族相渗透，包含多民族服饰文化元素。如岑溪县俍人"男椎髻，绩麻为衣，以耕渔为生。妇垂髻耳环，与民人相同"；西隆州土人"男以蓝布缠头，蓝衣花带，手银镯，足鹞鞋，时肩丝网袋以藏什物。土妇首裹布帻，髻插花簪，绿衣红领花袖，外系细折长裙，束以飘带……不异齐民"。可见，清初时广西壮族在与周边汉族的不断交往过程中，在服饰上自觉或不自觉地向汉族看齐，并逐步趋于一致了。这种状况在壮族的下装中表现尤其明显。文献记载表明，壮族及其先民男性与女性一样，有长期的着裙史。至清初，壮族男性着裙的记载仍屡见诸典籍，如《太平庽风俗考》载太平府僮人"男耕女织，裹头赤足，长裙短衣"①，汪森《粤西丛载》也说广西僮人"男服者，短窄衫，细褶裙，其长过膝"②。可见，图册中壮族男女服饰出现分化，男性普遍弃裙着裤的情形乃是受到汉族服饰文化影响的结果。

从功能上看，《皇清职贡图》中的壮族服饰体现出朴素大方，注重实用的明显特征。在历史上，壮族人民主动适应周围的自然环境，与自然协调和谐，在服饰上融实用于美中。清乾隆时期，社会发展相对较快的东南部岑溪"有民僮瑶三者，民性淳良……服舍朴素，不尚文饰"③，反映了壮族服饰注重实用、朴素大方的特性。以轻薄为主的款式充分适应了当地炎热多雨、冬短夏长等气候特点；男性裤子整体宽松，既容易穿脱，方便出行，更适应劳作的需要。普遍裹头巾，采用蓝色、青色、蓝黑色等蓝色系颜色，以及手镯、耳环、项圈等具有审美功能的装饰品，包括油盖伞、笠帽、竹篮、荷包等具有实用性的生活实用品（图30），无不体现出当地壮族人顺应环境，就地取材，注重实用的民族智慧，反映了壮族人民注重实用的朴实性情。

图30 岑溪县俍人生活用具

---

① （清）陈梦雷：《古今图书集成》卷1448《职方典·太平府风俗考》，上海：中华书局，1934年，第33页。

② （清）汪森辑；黄振中等校注：《粤西丛载校注（下）》，南宁：广西民族出版社，2007年，第1028页。

③ （清）何梦瑶纂，刘廷栋续纂：《岑溪县志》卷1《地舆志·风俗》，乾隆九年刻本。

(三)开化文明、开放包容

历史上壮族多被描写成野蛮荒怪、生性好斗的形象①。在传统的汉文典籍中,"粤人之俗,好相攻击"②,他们"俗好相杀,多构仇怨"③,"以射猎仇杀为事"④,直至清初仍被认为"僮者,撞也。粤之顽民,性喜攻击撞突","僮人难治……性特剽悍"⑤,这些书写无不呈现一个野蛮好斗、尚未开化的民族形象。然而,从《皇清职贡图》对广西壮族图像和说文的绘写中,却呈现了一个相对开化文明、开放包容的壮族形象。

在图像的表现上,《皇清职贡图》所绘壮族人物整体姿态多为平行或向下,面部白皙,表情温和,眼神平和,无论从整体姿态,还是面部表情上,均无桀骜不驯的神态,而表现出温和顺从的态度;手部、腿部无任何攻击性动作或倾向,双手或持织品或扶柴捆或提竹篮,动作自然。如图31所示,贺县僮妇双手托住自织的僮锦,腰部微屈,恭顺之态跃然纸上,男子则一手持巾帕,另一手稍向上抬至胸间,或在向世人诉说其织锦之精美,或向朝廷表明其人"安耕织,慕文物"的心迹;所持器具,除灵山县僮人因"以捕猎为生"而手持弓弩,腰别箭筒外,其他图像均为竹篮、竹笠、油盖、纺线、巾帕、背筐等生活用具,无其他武器类器物。尤为值得一提的是,贵县俍人手持包含文化和艺术象征意义的折扇(图25),"时携巾扇闲游",表现出其人"粗知汉字",倾心向化,知书达理的开化形象。以上种种通过艺术手法呈现壮族形象的表达表明,清初朝廷统治

图31 贺县僮人

---

① 欧宗启:《论历史文献中的壮族形象书写》,《广西民族学院学报》2006年第4期。
② 《汉书》卷1下《高帝纪下》,北京:中华书局,1975年,第73页。
③ 《隋书》卷31《地理志下》,北京:中华书局,1973年,第888页。
④ (宋)范成大撰;孔凡礼点校:《桂海虞衡志·志蛮》,北京:中华书局,2002年,第141页。
⑤ (清)金𬭚修,(清)钱元昌纂:《广西通志》卷92《诸蛮》,清雍正十一年刻本。

者对广西壮族形象的认知总体上呈现一幅恭敬顺从、相对开化文明的正面形象。

在说文上,《皇清职贡图》中的壮族部分已经"就田输税,不异齐民",有些虽然还遗留着部分"粗悍"的气质,但却都朝着化为齐民、文明开化的方向发展。灵山县僮人虽"性质粗悍",然而明朝时"奉调征剿",清初时已"衣饰亦与齐民相仿";兴安县僮人初"性尤犷悍,喜攻击撞突",然清初时"其在兴安之富江诸处者,被化最早,习俗较醇";贺县僮人从"性慓悍"至"本朝以来,僮人安耕织,慕文物";融县僮人"性虽悍",却"颇知奉法,有田者必争先输课";贵县俍人明代时即"征贼有功",清初已"亦有粗知汉字者";岑溪县俍人明弘治间"时奉调遣",至"国朝顺治初,亦调狼兵二十名戍其地,今为例";思恩府属侬人"明时屡肆猖獗",但到雍正年间改土归流后,"侬人悉隶版籍";太平府属土人更是"自改流以来,土人子弟,有读书应试为诸生者"。《皇清职贡图》说文对广西壮族形象的这些书写,既是清朝统治者在广西大力兴建学校、积极推动教化的结果,同时也是壮族心态开放、善于学习、积极融入中华民族大家庭的历史呈现。以贺县僮人为例,其人"安耕织,慕文物",到清初时已经几乎分辨不出是僮了,光绪《贺县志》引乾隆旧志说当地壮人"敦诗说礼,所在皆有;身列胶庠者,后先相望。由明经、孝廉入仕籍者,且相接踵。其余耕凿相安,皆知教子弟读书识字,几不辨其为僮矣"[1]。明末清初思想家顾炎武说广西全州"自宋元以来,喁喁向风",认为"一入编户,即为赤子,安问僮与民也,且僮之奉贡赋垂七十余年,夷尽变而夏矣"[2]。从这个意义上说,《皇清职贡图》中呈现的广西壮族都已成为"华夏"重要的一个部分。

与文明开化的形象相伴随,《皇清职贡图》也呈现了一个开放包容的广西壮族形象。在稻作文明长期的浸润下,壮族在历史上形成了稳重温和、开放包容的民族性格。因此,他们很少与历代迁入广西的其他民族发生激烈对抗或排挤,虽然经历过一些冲突,但却能在冲突中走向磨合,并逐步和解,最终交融为一体。无论对多次大规模迁入的汉族,还是宋元后从湖南、贵州等地迁来的苗族、瑶族,以及明清时期来到的彝族、水族、仡佬族等民族,广西壮族均能与他们和谐相处。在共同的发展历程中,各民族相互吸收对方的长处,共同开拓祖国的南疆大地。

壮民族的包容性格在《皇清职贡图》中亦有所体现。首先,艺术表现上,如前

---

[1] (清)全文炳修,(清)苏煜坡纂:《贺县志》卷7《风俗·猺僮》,清光绪十六年刻本。
[2] (清)顾炎武:《天下郡国利病书》卷106《广西·全州》,清光绪三年刻本。

所述，无论是体态上的端庄优雅，还是神态上的温和以及动作上的自然等图像呈现，无不显露出壮族善良温和、开放包容的精神气质。其次，图册呈现整体的广西民族既有壮，也有瑶、苗、侗等民族体现了广西多民族共居的分布格局。如兴安县不仅有"僮人"，也有"平地瑶"；罗城县苗人、兴安县僮人均"与瑶杂居"。这些民族不仅杂居共处，也互相学习，和衷共济，如庆远府过山傜"布帛皆市之僮人"；灵山县僮人通过吸收周边民族服饰文化，"衣饰亦与齐民相仿"；贵县俍人积极学习别的民族文化，"亦有粗知汉字者"；太平府属土人崇尚儒家文化，"自改流以来，土人子弟，有读书应试为诸生者"。这些事实充分说明，正是壮族等广西土著民族对外来民族的包容心态和互相学习的开放精神，才造就了历史上广西民族关系相对和谐的局面，而《皇清职贡图》则通过图文表征的方式呈现了这一历史事实。

三、《皇清职贡图》是"中华民族共同体"在清前中期的图像表达

《皇清职贡图》以图文并茂的形式呈现了长相端庄、气质典雅，文化独特、性情朴实，开化文明、开放包容的广西壮族形象。当然，从清朝统治者的角度出发，对广西壮族形象的构建和呈现不可能体现出类似我国现代民族平等关系的内涵，其中必然存在着偏见和歧视，这是历史的事实，也是此类"职贡图"政治内涵的本质体现。因此，对部分壮族支系"尚鬼重财""男女婚姻不以礼"、以鸡卜定吉凶等相对消极形象的绘写也就成了图册不可缺少的一部分内容。但总体上，图册所呈现的形象无论是外在体貌神态还是内在精神气质都是较为正面的，展现了广西壮族的民族特质。这种呈现既接近当时广西壮族的真实情形，又满足了统治者对这些经济文化还处在边缘族群的认知需要，还能彰显天朝"无远弗届"的威德，在尺寸的拿捏上可谓恰到好处。以此扩展开来，《皇清职贡图》对广西壮族等国内各民族形象的构建和呈现，有着重要的学术价值和现实意义。

《皇清职贡图》所呈现的广西壮族是当时边地各民族的一个缩影，如果将视野扩展至图册呈现的所有民族，就构成了清前中期一幅相对完整的中华民族多彩画面，今日中华民族大家庭的大多数民族都能在画卷中找到昔日的身影。以乾隆朝《皇清职贡图》彩绘本为例，其绘写的民族及其支系数量情况如下：卷一有西藏、新疆等地 33 个；卷二有关东、福建、湖南、广东、广西省等地 61 个；卷三有甘肃省和四川省 92 个；卷四有云南和贵州 78 个。在这一幅画面中，满族、汉族和蒙古族作为

统治阶层，自然不会呈现在"职贡图"中，但是作为此图册实际的主持者和赞助者，让每一位图册的观看者都强烈感受到其居于统治地位的强大力量，以及将其意志贯穿于图册之中、构建"大一统"政治的隐喻。就此角度来说，《皇清职贡图》构建了一幅以满族、汉族、蒙古族为中心，其他各民族共同组成多元一体中华民族共同体的历史图画。在这一过程中，《皇清职贡图》不仅通过视觉表征手段发挥了"以图证史"的功用，提供了重回中华民族共同体发展过程的历史现场，证实了中华民族共同体不断形成发展的历史事实，而且也是这一历史过程真实可靠的视觉事实。

清朝统治者作为少数民族入主中原，但自认秉承了中华正统，实现了国家的高度统一，旗帜鲜明地反对"华夷之辨"的狭隘民族观，进而强调"天下一统，华夷一家"。通过考察《皇清职贡图》对历史中华各民族的视觉形象呈现，我们对清朝统治者"华夷一家"的民族观有了更为直观的认识。前已述及，《皇清职贡图》通过视觉表征构建和呈现了一幅以满族、汉族、蒙古族为中心，其他各民族共同组成多元一体中华民族的历史图画。换一种角度和说法，可以说《皇清职贡图》的这一表达反映了在清朝统治者的思想意识里，清朝是以满、汉、蒙古为政治基础的多民族政权。从艺术表现方法来看，图册对清前中期时多民族共存画面的呈现本身就是清朝统治者"华夷一家"民族观念的视觉表达。为了更好地呈现这些观念，《皇清职贡图》在图像的具体表现手法上采取了长卷、留白等形式，将各地的民族及其支系次序分组铺开，彰显了国家的威德和力量；在人物尤其是女性的刻画上进行修饰，使人物的形象朝着符合主流审美，逐步趋于一致的方向发展，营造了一种相对的统一感；在色彩的使用上，其设色清淡鲜润，传达出清新淡雅的气质，使其呈现的画面更为端庄统一。特别是在人物的呈现角度上，与其他"职贡图"等类似图像多采用侧面角度不同，《皇清职贡图》则采取了近乎正面的平视角度，不仅有助于建立图像人物与背后统治者的直接关系，更暗含了在统治者的观念里，对其政权和国家为多民族所共有这一理念和事实的认同。有研究者通过考察《皇清职贡图》的绘制特点和背后的政治意涵指出，其中不仅体现了清朝"中外一家"的"民族共同体"思想，而且也表明清朝并非一个"满洲帝国"，而是一个以满、蒙古、汉为主体，包含边疆各族的统一的中华帝国[①]。这一论述，清晰阐释了《皇清职贡图》背后的政治意涵和象征意义，有

[①] 苍铭、张薇：《〈皇清职贡图〉的"大一统"与"中外一家"思想》，《云南师范大学学报（哲学社会科学版）》2019年第3期。

力地驳斥了新清史所谓"清朝非中国论"。

总而言之,《皇清职贡图》是清朝构建"大一统"政治文化的一种方式,是清初时期中华民族共同体不断发展形象、具体、可信的体现形式,也是这一历史发展过程确凿的视觉事实。从这个意义上说,《皇清职贡图》通过视觉表征所构建和呈现的清前中期中华民族共同体形象不仅对研究中华民族共同体从内而外的历史演进过程有十分重要的学术价值,同时也可为新时代铸牢中华民族共同体意识提供深厚的文化认同基础和历史依据。

第二节 《皇清职贡图》图说中的"中华天下观"

清乾隆朝，经过不断经营和管理，国家疆域幅员辽阔，对边疆地区管理日益完善。在此基础上，清廷统治者对传统"华夷观"和"正统观"不断发起挑战，取得了重大进展。疆域大一统使统治者有足够信心不再纠结于传统汉文化的优势地位，转而着手塑造可与之匹敌的满洲核心特质，并将二者与其他民族文化融合，构建视野更为广阔的多族群"大一统"意识形态话语[1]以及提出"主天下者即为正统"的"中华天下观"。为构建国家形象，乾隆帝不惮且非常乐于将这一变化通过各种志书编纂、图谱制作展现出来，绘制《皇清职贡图》正是此庞大计划中的一部分。因此，探讨《皇清职贡图》具体是如何响应这一计划呈现"中华天下"而不是"汉人天下"，对于理解乾隆时期"正统观""华夷观"的转变和理解中华民族共同体形成发展具有重要的意义和价值。

近年来，学界已有研究者关注到这一问题，他们多次提及传统被认作"夷"的满

---

[1] 按夏明方、黄兴涛等清史学者的观点，康雍乾三朝皇帝对传统"华夷观""正统观"的挑战，实现了对既存华夷观、君臣观、正统观、礼乐观、灾祥观等传统儒学内容的重构，即在承认此前传统中国的历史、文化的主体（以汉文化为核心代表）地位的同时，以"中国天下"代替狭隘的"汉人天下"，强调了其他民族，尤其是满、蒙古、藏等少数族群在这个文化中存在的作用和价值，比如满人皇帝以独特的"军机处"和"秘密立储制度"，改革中国传统的君相体制和皇位继承制，又在统一少数民族、拓展和有效管辖辽阔疆土的策略上，尚武重骑射、实行满蒙联盟、重视喇嘛教、允许一定程度的多元文化并存等等。他们与汉人互相沟通，协作共融，形成了新的、视野更为广阔的多族群"大一统"意识形态话语——"新儒学"，以此作为满人政权"合法性"，即"主中华者为正统"的理论支撑（夏明方、吴密《多重变奏中的灾异论与清代王朝认同——以〈大义觉迷录〉为中心》，黄兴涛《清代满人的"中国认同"》）。

族和蒙古族与以正统自居的汉族以缺省方式共同消失在《皇清职贡图》中的现象[①]，并从御题诗、族称使用及图像绘制等角度对《皇清职贡图》与"大一统"、"中外一家"、中华帝国意识之间的关系进行了探索[②]。但需要指出的是，作为一部民族志图册，《皇清职贡图》的文字解说与图像呈现互为补充和印证，共同承载了记录和宣扬多民族国家形成与发展历史的重要使命，然而现阶段学界相关研究多集中在对图像视觉功能的解析和图说的浅层次个体分析上，在全面解构和深入分析图说内涵方面还略显不足。为此，本节拟以《皇清职贡图》图说为切入点，深入阐释其是如何适配清廷的"民化"而不是"汉化"需求，如何在标示族群向化时使用多民族取向的标准而不仅是"汉化"标准、如何发挥儒家文化的教化功能等，来呈现乾隆的"中华天下观"及其对多民族文化的塑造、融合和使用，以此加深对中华民族共同体形成发展历史过程的认识。

一、《皇清职贡图》的"民化"取向

乾隆十五年八月十一日，四川总督策楞接到大学士傅恒转寄上谕，令其将"所知之西番、倮倮男妇形状并衣饰服习，分别绘图注释，不知者不必差查"[③]。策楞将当地番民夷地情况绘图二十四幅并另附风俗、服饰好尚等图说，上呈朝廷。收到这部分初稿后，朝廷对其中部分进行修改，形成"图式数张"，并于乾隆十六年一月正式颁布上谕将其下发各督抚，"令其将所属苗、瑶、黎、僮，以及外夷番众，俱照此式样，仿其形貌服饰，绘图送军机处，汇齐呈览"[④]，从而正式启动了《皇清职贡图》的

---

① 如周妙龄：《乾隆朝〈职贡图〉、〈万国来朝图〉之研究》第四章第一节《乾隆朝天下观之图示：〈职贡图〉、〈万国来朝图〉》，台湾师范大学2004年硕士研究生论文；齐光：《解析〈皇清职贡图〉绘卷及其满汉文图说》，载《清史研究》2014年第4期；苍铭、刘星雨：《从〈皇清职贡图〉看"新清史"的"清朝非中国论"》，载《中央民族大学学报（哲学社会科学版）》2019年第6期；黄金东、杨燕飞：《〈皇清职贡图〉中的广西壮族形象研究》，载《广西民族研究》2022年第2期。
② 参见苍铭、张薇《〈皇清职贡图〉的"大一统"与"中外一家"思想》，《云南师范大学学报》2019年第3期；苍铭、刘星雨《从〈皇清职贡图〉看"新清史"的"清朝非中国论"》，《中央民族大学学报（哲社版）》2019年第6期。
③ 《四川总督策楞奏折》（乾隆十六年十一月十七日），《宫中档乾隆朝奏折》第一辑，台北：台北故宫博物院，1982年，第910页。
④ 《清实录》第14册《高宗纯皇帝实录（六）》，北京：中华书局，1986年，第120-121页。

第五章 《皇清职贡图》对民族形象与"大一统"政治文化的构建

制作。同年十一月十七日，策楞奏报自己正在"留心图写，容俟绘就另进"①。从现存中国第一历史档案馆的四川省《番图》来看，此次策楞共组织绘制了五十二种番图②。此后朝廷按统一标准对收集上来的各省番图进行润色加工，以图说为例，"所有部落沿革、风土习俗，俱就各该督抚等查送原文删纂。复按《大清一统志》《文献通考》及史传诸书酌加考证，各著图说，书于左方。务期简明赅括，不致繁冗"③。《皇清职贡图》制作者们参照《大清一统志》《文献通考》等资料，再次对四川所交二版《番图》册说进行了修改和完善。这个修改过程是展现清廷如何以国家意志来统一地方督抚认知的重要途径，也是发掘制作者们更深层创作动机的视角之一。

以"威茂协辖瓦寺宣慰司番民"为例，在《番图》中完全按照上谕所提"形状并衣饰服习"来组织图说，具体为：

> 威茂协辖瓦寺宣慰司所管番民。多附近内地，服制大概与汉民相同，亦穿长袍马褂，着鞋袜。性淳良，知汉礼，惟地土瘠薄，所产不敷一年之食。秋成后，多将家具、器物，夫妇相携，走内地佣工，名为下坝；至春三月，仍回巢播种，岁以为常。
>
> 瓦寺土妇。服饰亦与汉民相同，梳头挽髻，包花布手巾，缠裹脚，穿花鞋，惟腰前常束围腰布一幅。每年冬间，下坝佣工，夫妇力作。④

但在《皇清职贡图》中其图说则为：

> 威茂协辖瓦寺宣慰司番民。古冉駹国，汉为汶山郡，唐改茂州；明洪武中平蜀，置威茂道，开府其地。其瓦寺番居大江西南之山溪中，号西沟生番。正统时，滋扰内地，有桑纳思霸者平之，授为宣慰司。本朝顺治七年归

---

① 策楞：《四川总督策楞奏折》，台北故宫博物院编辑委员会编：《宫中档乾隆朝奏折》第一辑，台北："国立"故宫博物院，1982年，第910页。
② 但并未包含威茂协辖大、小金川番民、松潘镇属漳腊营辖口外三阿树番民、松潘镇属平番营辖上九关番民、建昌镇属会盐营辖中所土千户夷人、建昌镇属会川营辖迷易普隆等处摆夷、泰宁协左营辖冷边番民等七种番民，推测此部分应为后续添绘。
③ （清）佚名：《职贡图》，题跋，法国国家图书馆藏册页本。
④ （清）佚名：《苗瑶黎僮等族衣冠图》第5幅《威茂协辖瓦寺宣慰司所管番民》，中国第一历史档案馆藏彩绘本。

化,仍令承袭,在汶川等县输赋。俗勇悍,屡奉征调。崇尚喇嘛,病则诵经。番民衣服与**内地**相似。妇女挽髻,裹花布巾,长衣摺裙。勤于耕作。秋成后,夫妇相携赴内地佣工,名为下坝;春月始归播种,岁以为常。①

显然,《皇清职贡图》说文较《番图》发生了两个变化:其一,前者精简了后者关于形貌服饰、风俗生产的描述,新增区域地理、政治沿革、番民归化、治理方式以及赋税缴纳等内容。这种调整不是孤例,对图说的类似增删几乎涉及四川所有少数族群。对于朝廷而言,《番图》对当地少数族群发型服饰、生产方式等民俗学描述虽能呈现王朝边民"衣冠状貌各有不同"的多元文化特色,却不足以达成全面展现"内外苗夷,莫不输诚向化""以昭王会之盛"的深层目的,为此军机处将图说约一半权重置于阐述地区历史沿革、治理历史及现状上,并对国家管理象征的"赋税"进行了重点记述。其二,《皇清职贡图》在描写番民服饰时以"内地"替代"汉民",删除《番图》中"汉礼"相关表述。类似删替也并不仅限于"瓦寺宣慰司番民"一条。据统计,出现在《番图》中的"汉民""汉境""汉人"等词汇在《皇清职贡图》图说中均被"齐民""内地民人""内地"所取代,而"多有习汉人衣冠者""该处附近内地,知汉礼,衣服亦多与汉民相同"等说文甚至被直接删除(表3)。

表3 《番图》及《皇清职贡图》中"汉""民"表述对比表

序号	名称	《番图》图说	《皇清职贡图》图说
1	石泉县青片白草番民	服制:附近**内地**,与**汉民**大概相同	番民服制与**齐民**同
2	威茂协辖瓦寺宣慰司番民	服制大概与**汉民**相同	番民衣服与**内地**相似
3	建昌中左营辖祭祀田等处倮㑩	建昌中左右越巂会川靖远宁越嘉顺冕山怀远各营辖附近**汉境**之祭祀田昌州麻柳苦竹坝咱罗三大枝等土司土目所管倮㑩	服食、言语与**内地民人**无异,且有读书识字者
4	建昌镇属会川永宁营辖披沙等处苗人	服制与**汉民**大略相同	服制与**内地**略同

① (清)佚名:《职贡图》卷3第39幅《威茂协辖瓦寺宣慰司番民》,故宫博物院藏乾隆朝彩绘副本。

续表

序号	名称	《番图》图说	《皇清职贡图》图说
5	建昌镇会川营辖黎溪等处僰人	服制仿佛**汉民**,(夷妇服饰)与**汉民**无异	衣服与**内地**同
6	松潘镇属平番营辖下六关番民	性淳良,知**汉礼**	删除
7	威茂协辖岳希长宁等处番民	性淳良,识**汉语**,以耕种为生	删除
8	松潘镇属龙安营辖白马路番民	性淳良,通**汉语**,勤耕作,常负柴草等物至内地易卖	删除
9	松潘镇属叠溪营靖大小姓黑水松坪番民	多有习**汉人**衣冠者	删除
10	泰宁协左营辖沈边番民	该处附近内地,知**汉礼**,衣服亦多与**汉民**相同	删除
11	泰宁协属黎雅营辖木坪番民	其附近内地,各寨土番衣饰亦多仿照**汉民**	删除

《番图》图说由地方督抚上报而未经朝廷统一修改,其内容应是地方官员认知的真实表达。上述变化说明:第一,四川相关负责官员仍然将"汉"作为其他少数民族的对照存在,默认"汉地""汉境"即为"内地","汉人"即为内地人,"汉礼"等同于内地礼法。他们忽略了满族、蒙古族等"非汉"族群也为齐民、所居之地亦属中华、文化亦为中华文化之事实,导致图说中以汉代民、汉即中华现象普遍出现。其二,清廷为纠正地方官员这一错误认知,军机处将《番图》图说中族群指向非常明确的"汉民""汉人"等涉汉词汇或直接删除,或替换成内涵更加丰富的"齐民""民人"等表述。这种"民化"理念亦被清廷运用于其他各省图说,造成了《皇清职贡图》中几乎所有涉汉表达都被"齐民类"表述所取代。据统计,《皇清职贡图》存在相关情况的族群共68种,遍及湖南(3种)、广东(6种)、广西(6种)、甘肃(13种)、云南(17种)、贵州(23种)等多省(表4)。

表 4 《皇清职贡图》图说中部分"齐民"类词汇使用情况

序号	省份	族群	图册说
1	湖南	靖州通道等处青苗	间有与**居民**杂处者
2		安化宁乡等处瑶人	其赋税与**齐民**一体输纳,耕读与**民**无异
3		永顺保靖等处土人	**民**间亦多资之赋税
4	广东	新宁县瑶人	言语服饰渐兴,与**内地**习杂染,同**齐民**一体编户输粮,妇人髻环衣饰亦与**民**无异
5		乳源县瑶人	生瑶不与**华**通;时有往来城乡与民人市易盐米者
6	广西	临桂县大良瑶	纳正供与**良民**等矣
7		永宁州梳瑶	明景泰时始出,与**州民**贸易
8		兴安县平地瑶	俗醇似**平民**
9	甘肃	河州土千户韩玉麟等所辖撒喇族土民	男子冠履与**内地民人**无异;女系裙裹足,亦同**民妇**
10		狄道州土指挥赵恒所辖参哑等族番民	饮食、风俗与**州民**相同
11		岷州土百户后发葵所辖牟家山堡等土人	妇人绾髻,布衣布裙大概与**民间妇女**相似;饮食、风俗亦同**内地**
12		肃州番目温布所辖黑番	饮食、风俗,并同**边民**
13	云南	云南等府乾倮倮	性勇好斗,不通**华**言
14		鹤庆等府僳人	不通**内地**言语,无贡税
15		曲靖府海倮倮	与**齐民**杂处,其服食、语言俱相似
16	贵州	贵定龙里等处白苗	**民**苗杂居,一体输赋
17		贵筑龙里等处东苗	急公服役,比于**良民**
18		大定府威宁州倮倮	**夷民**一体输税
19		广顺贵筑等处土人	其起居、服食,俱有**华**风。计亩而税,同于**编户**
20		贵定都匀等处蛮人	归流以来,岁输正供,齐于**编氓**

第五章 《皇清职贡图》对民族形象与"大一统"政治文化的构建

编绘《皇清职贡图》作为国家的一项文化工程，军机处能对图说内容进行如此大规模增删更替，其动因自然来自乾隆授意，体现的也是皇帝意志。对执政者而言，相对于狭隘的涉汉表达，"民化"表述显然更有益于建构一个兼具包容精神和宽阔胸襟的国家形象，对证明清朝"自古得天下最正"的最终诉求大有裨益。

表4显示，《皇清职贡图》对"齐民"类表述的使用基本集中在以下几种语境中：描述族群与其他民族混居或杂居情况时；描述族群与其他民族共同缴纳赋税时；描述族群服饰、起居、衣食与其他民族近似或相同之时；描述族群治理与内地一体化程度之时。《皇清职贡图》尽揽清朝辖下族群，只将满族、蒙古族和汉族排除在外。满族在清代享受特殊供养，缴纳赋税的概率极小，而蒙古族大多偏居北方蒙古高原，因此能与南方少数族群大规模杂居、散居并共同缴纳税收的"齐民"，唯汉族可能性最大。清廷对此心知肚明，却仍弃涉汉词汇不用而以齐民类表述代之，可见其推行"民化"决心之坚定。但在描述服饰起居以及番民治理一体化程度之时所使用的"齐民""编户"等词，其多民族指向可能性就大为提高，这一点会在后文讨论。

不过仍有两类涉汉词汇被《皇清职贡图》保留，一是在表现少数族群教化程度之时，会使用"亦有粗知汉字者"（广西贵县俍人）、"不通汉语"（永北等府西番）、"颇通汉语"（贵阳府属宋家苗）以及"能通汉语"（都匀平越等处紫姜苗）等说文。可见清廷虽在"汉""民"之称上颇为敏感，却未排斥作为语言文字专称的"汉语"或"汉字"；另一类则出现在贵州部分《皇清职贡图》中，在描述永丰州等处侬苗服饰及都匀黎平等处佯僙苗习俗时，图说使用了"衣服与汉人同"与"婚葬与汉人同"字样，此外贵定黔西等处木佬、定番州八番亦分别保留了"风俗、服食俱类汉人"和"男女衣服类汉人"描述。在其他各省涉汉叙事均已消失的情况下，此四种说法得以保留当然不是因为贵州图说独树一帜，相反《皇清职贡图》所涉27种贵州少数族群中有23种都使用了"齐民类"叙事，如在阐述纳赋情况时采用"同于齐民""与齐民无异""与齐民一体"的类比，在描述少数民族与汉人杂居时频繁运用"与民杂居"字样，对少数族群与汉人在服饰起居、风俗习惯方面的相似之处，也存在使用"俱有华风"（广顺贵筑等处土人）、"与民间相似"（余庆施秉等处水伦佬）的情况。意即说，绝大部分贵州图说都实现了改"汉"为"民"，因此这四种"汉人"叙事得以保留，更倾向于是朝廷删改疏漏而非刻意为之，而这一疏漏也再次佐证了在涉汉问题上，地方官员认知与朝廷意志存在的差异。

二、《皇清职贡图》中向化标准的多民族指向

乾隆十六年（1751）十一月一日，署理湖广总督恒文向军机处递交了湖广地区苗瑶黎僮番众图像，十二月初九军机处发现湖广所报番众图仅湖南一省，于是下令将"其湖北一省有无番苗人等，合再知会贵督，应一并查明，依照前式绘画图像，咨送本处，以便汇其具奏等"。仅一日后，恒文就奏称："此查湖北各府并无苗瑶黎僮，亦不与番夷地方联界。至宜昌、施南二府所辖，从前容美等土司，改设州县，均系土民，并非苗瑶黎僮，形貌服饰与内地民人毫无区别。已据署湖北布政使明德具详，毋庸绘图。"①

改土归流是清廷打破南方"蛮不出峒，汉不入境"的土司制度禁锢，加强民族间交往、交流与交融，实现对南部及西南疆土直接治理的重要手段。改土归流后，大部分土司地区摆脱了羁縻统治，改由中央政府指派流官管辖，"录其人民，籍其田地"②、征收赋税，以实现与内地的一体化管理。从雍正二年开始，时任湖广总督迈柱陆续在湖南永顺、保靖、桑植以及湖北宜昌、施南地方推行改土归流。经过清廷几十年的经营，作为改土归流非核心区，湖南地区除永顺、保靖等处土人已完成改土归流、缴纳赋税外，永绥、乾州等处红苗以雍正八年归诚而直接由流官永绥同知管辖，安化宁乡等处瑶人也已实现"向化"和"赋税与齐民一体输纳"，即便有靖州、通道等处青苗未明言其赋税情况，也有"时荷担趁墟""所居多在深山密箐中，间有与居民杂处者"之语，表明其与民人交往情况以及内地化趋向。湖北原容美土司属民更是因非苗瑶黎僮、不与番夷地方接壤、改土归流后都已成为土民以及形貌服饰与内地民人无异，被认定为"与内地民人毫无区别"。言下之意，湖北布政使明德与湖广总督恒文都认为此部分少数族群经过清廷教化治理已完全向化，转夷为民了。而评估这种转化的标准除了族群属性和地理位置外，还包括了形貌服饰上的"内地

---

① （清）恒文：《署理湖广总督巡抚湖北恒文为湖北各府并无苗猺黎僮无庸绘图一案咨请查照奏折》，乾隆十六年十二月十日，《军机处档》，第 2740 箱 007841 号，台北故宫博物院藏。

② 刘彬：《永昌土司论》，王锡祺《小方壶斋舆地丛钞》第 8 帙第 10 册，杭州：杭州古籍书店，1985年，第 47 页。

民人化"以及政治治理上的一体化。

类似标准在《皇清职贡图》台湾部分也有体现。台湾少数民族在清代被统称为"番",其聚居的部落村社则称之为"番社",《皇清职贡图》以熟番、归化生番和生番对其进行记录。道光年间邓传安在《台湾番社纪略》中记载:"界内番或在平地,或在近山,皆熟番也;界外番或归化,或未归化,皆生番也。""北路熟番……每社有通事、土目约束其众,废置皆由同知。""所谓归化,特输饷耳,而不剃发、不衣冠,依然狉狉獉獉,间或掩杀熟番而有司不能治,为之太息。"①周玺在《彰化县志》中也提到:"内附输饷而曰熟番,未服教化者为生番。"②可知清廷划分台湾番民是以界内界外③、是否内附输饷、是否有朝廷委派通事土目管理、是否剃发以及是否服从教化作为准则。

由上可知,少数族群是否纳入朝廷一体化管理、是否缴纳赋税是清廷评判其向化与否的最基本准则,而恒文所提衣帽服饰之"民化"与邓传安所提"剃发"问题则为衡量族群向化程度的重要指标。自满族入关以来,"剃发易服"一直是汉人臣服清朝最显著的政治文化符号,随着康熙年间经营苗疆、雍正年间改土归流以及乾隆年间中缅战争等,原属湖广、四川、云贵等地区的土司及辖下少数民族,"亦开始剃发,表示与内地编户齐民无异。"④这意味着到乾隆年间,原属满洲符号的发式服装早已与汉族及其他民族生活习俗融合,成为编户齐民共同的文化特征,这一点在前述"威茂协辖瓦寺宣慰司番民"图说中亦有体现:男子所穿传统满式服制"长袍马褂"与妇女"缠裹脚"这一汉人旧俗均为番民接受,成为"与汉民相同"(实际是与齐民相同)的重要指征,这也昭示着原属不同民族的两种服制习俗至此已完成融合,实现了"民化"。而使用这一"民化"指标来标示族群向化程度的《皇清职贡图》,便自然具备了一种多民族指向性。

---

① 邓传安、陈盛韶:《蠡测汇钞》,北京:书目文献出版社,1983年,第1—3页。
② 周玺:《彰化县志》,高雄:台湾银行经济研究室编印,1957年,第295页。
③ 所谓"界",是指从康熙六十一年(1722)起,清廷为防止汉人在地方政府管辖和控制地区之外快速扩张破坏汉番资源平衡而树立的界碑,乾隆十五年和乾隆二十五年,朝廷再次划定"红蓝线"番界,并修筑人工土堆"土牛"作为界标。
④ 张闶:《清代剃发政策再论——兼与鱼宏亮先生商榷》,《清华大学学报(哲学社会科学版)》2021年第3期。

除此之外，在四川《番图》和《皇清职贡图》中，共有 115 个族群说文中出现了关于性格特质的描述，根据这些描述内容，这些族群可被细分为淳朴类、柔懦类、性悍但识字畏法类、性悍类、性游惰贪狡诡谲类、性蠢愚鄙俭类及其他类七种（见表 5），其中又以淳朴类（38 种）和性悍类（40 种）数量为最多。然而，无论是清廷上谕中所提及的"形状并衣饰服习，分别绘图注释"，还是闽浙总督上报时所称"臣等绘图进呈……，种各有图，图各有说，凡风土嗜好，道里远近，无不具载"[①]、四川总督所言"并将该处地土风俗、服饰好尚大概情形，逐一注明成帙"，甚至清廷在修订图说时所提"所有部落沿革、风土习俗，俱就各该督抚等查送原文删纂"等，均未要求刻画族群性格，为何《皇清职贡图》和《番图》还要将其作为重要内容进行记录呢？

表 5 《皇清职贡图》及《番图》中族群性格分类表

性格类别	族群
淳朴类	福建罗源县畲民、靖州通道等处青苗、兴安县平地瑶、灌阳县竹箭瑶、陆川县山子瑶人、西宁县土指挥祁宪邦等所辖东沟等族番民、西宁县土指挥金事汪于昆所辖土民、碾伯县土指挥同知李国栋所辖东沟等族土民、松潘镇中营辖西坝包子寺等处番民、松潘左营辖东坝阿思洞番民、松潘右营辖北坝元坝泥巴等寨番民、松潘镇属龙安营辖象鼻高山等处番民、松潘镇属龙安营石泉县青片白草番民、松潘镇属漳腊营辖寒盼祈命等处番民、松潘镇属叠溪营辖大小姓黑水松坪番民、松潘镇属平番营辖下六关番民、建昌右营辖苏州白露等处西番、建昌镇越巂等营辖邛部暖带等西番倮倮、建昌镇属会川营辖迷易普隆等处摆夷、建昌镇属会川永宁协右营属九姓苗民、普安等营辖雷波黄螂夷人、马边营辖蛮夷长官司夷人、泰宁协左营辖沈边番民、泰宁协属黎雅营辖木坪番民、泰宁协属阜和营辖明正番民、泰宁协属里塘番民、泰宁协属巴塘番民、丽江等府么些蛮、平越清平等处西苗、平越黄平等处仡苗、普定永宁等处马镫龙家苗、余庆施秉等处水仡佬、平远州披袍仡佬、普安州属僰人、云南等府黑倮倮、永昌府西南界缥人
柔懦类	关东、鄂伦绰；合浦县山民；建昌镇属会川营辖通安等处摆夷；鹤庆等府俅人
性悍但识字畏法类	怀远县伶人、连州瑶人、融县僮人、松潘镇属漳腊营辖口外甲凹鹊个等处番民、建昌镇属会盐营辖右所土千户倮倮、修文镇宁等处青苗

[①] 《高宗纯皇帝实录（六）》卷 419，乾隆十七年七月戊子条，北京：中华书局，1986 年，第 485 页。

第五章 《皇清职贡图》对民族形象与"大一统"政治文化的构建

续表

性格类别	族群
性悍类	费雅喀、赫哲、永顺保靖等处土人、灵山县僮人、琼州府黎人、兴安县僮人、贺县僮人、龙胜苗人、威茂协辖沃日各寨番民、威茂协辖小金川番民、威茂协辖岳希长宁等处番民、松潘镇属龙安营辖白马路番民、松潘镇属漳腊营辖口外三郭罗克番民、松潘镇属漳腊营辖口外三阿树番民、威茂协辖瓦寺宣慰司番民、建昌中右营辖阿史审札等处保倮、建昌镇属越巂等营辖九枝门呆结惟土番、建昌镇属怀远营辖虚朗等处保倮、建昌镇属会川营辖黎溪等处獠人、建昌镇属会盐营辖中所土千户狤獠夷人、泰宁协标右营松坪夷人、泰宁协属阜和营辖德尔格忒番民、泰宁协属阜和营辖番民巴底巴旺土司所管番民、泰宁协属阜和营辖纳滚番民、泰宁协属阜和营辖春科番民、泰宁协属阜和营辖纳夺番民、云南等府乾倮倮、广南等府妙倮倮、广南等府沙人、广南等府侬人、丽江等府怒人、铜仁府属红苗、贵定龙里等处白苗、清平县九股苗、贵定县平伐苗、贵阳安顺等处补笼苗、定番州谷蔺苗、黎平府罗汉苗、都匀平越等处紫姜苗、大定府威宁州保倮
性游惰贪狡诡谲类	恰喀拉、松潘镇中营辖七步峨眉喜番民、威茂办辖杂谷各寨番民、儿那达番民、建昌中营辖阿都沙马保倮、建昌镇属会川永宁营辖披沙等处苗人、建昌镇属会盐等营辖瓜别马喇等么些、泰宁协属阜和营辖卓斯甲番民、泰宁协属阜和营辖上下瞻对番民、泰宁协属阜和营辖瓦述余科等番民、遵义龙泉等处杨保苗
性蠢愚鄙俭类	文县番民、松潘镇属南坪营辖羊峒各寨番民、建昌中左营辖祭祀田等处保倮、泰宁协右营辖大田保倮、楚雄等府扯苏蛮、临安等府栂鸡蛮、广西府阿者倮倮、顺宁府利米蛮、贵阳大定等处花苗、大定府威宁州黑保倮、贵定县剪发仡佬、平越黔西等处打牙仡佬
其他类	泰宁协属阜和营辖咱里番民

蔡名哲等人在研究中指出，乾隆皇帝为了证明"自古得天下之正莫如我朝"，塑造一个能与传统汉文化对等独立的满族文化，在延续先祖正统观基础上，通过组织编写《钦定开国方略》（记武功）、《御制增订清文鉴》（载语言）、《钦定满洲祭神祭天典礼》（述古风），《满洲实录》《钦定八旗通志》《八旗满洲氏族通谱》以及《满洲源流考》等系列书籍，将"骑射""清语"和"淳朴"塑造为满洲的核心价值，并同时通过将满洲历史溯源到周代之前，使这种核心价值得以与源远流长的儒家文化相提并论。[①] 相较于需要长时间习练的"骑射"和"清语"，"淳朴"消解了野蛮性，成为一种相对文明原始状态的象征。清廷认为，对比过于"矫饰""浮华"的汉文化，"淳朴"更加真诚美好，于是在乾隆十七年（1752），乾隆皇帝要求八旗子弟"学习骑射，

---

① 蔡名哲：《清前期满洲特质之再建构研究》，中央民族大学2022年博士学位论文。

娴熟国语，敦崇淳朴，屏去浮华"①。可见以"淳朴"与汉文化的"虚文"对抗，是满汉差异的重要体现之一。

《皇清职贡图》中所呈现少数族群之"淳朴"性格，与作为满洲特质的"淳朴"存在明显差异。根据两种图册中的图说，淳朴类族群大致可分为如下三类：一指拥有寄物不失、崇尚简朴、赊贷必还、习于劳苦、性格柔顺等品质的族群，二指本性淳良且师儒知礼法的族群，三指秉性善良且勤于耕织的族群。显而易见，师儒知礼法、勤于耕织类族群曾受到"崇礼守法""男耕女织"等传统儒家文化影响，至于"寄物不失、崇尚简朴、赊贷必还、习于劳苦、性格柔顺"等族群性格，既暗合了满洲"淳朴"特质中的真诚美好，也与儒家文化所推崇的信义勤劳品质相匹配。此外，《皇清职贡图》中"淳朴"被用以与"性悍""蠢愚鄙俭"以及"游惰贪狡诡谲"等不易教化、非文明特质进行对比，既为突出其在清廷征服及治理过程中"易驯"的特点，也为展现此类族群性格中去野蛮化、保持相对文明原始状态的一面，而这恰是满洲核心价值"淳朴"最重要内容之一。由此可见，《皇清职贡图》中作为族群性格的"淳朴"跟与"虚文"对应的满洲特质"淳朴"相比，既具备了恪守礼法、勤于耕织等儒家文化内涵，也包括了去野蛮化、处于相对文明原始状态等满洲特色，已表现出明显的多民族取向。

表6 《皇清职贡图》及《番图》中"淳朴类"分类汇总表

序号	族群
性朴易驯	福建罗源县畲民、靖州通道等处青苗、兴安县平地瑶、灌阳县竹箭瑶、陆川县山子瑶人、松潘右营辖北坝元坝泥巴等寨番民、松潘镇属龙安营辖象鼻高山等处番民、建昌镇属会川营辖迷易普隆等处摆夷、泰宁协属黎雅营辖木坪番民、泰宁协属里塘番民、泰宁协属巴塘番民、丽江等府么些蛮、平越黄平等处夭苗、永昌府西南界缥人、马边营辖蛮夷长官司夷人、普安州属僰人
淳良知礼法	松潘镇中营辖西坝包子寺等处番民、松潘镇属叠溪营辖大小姓黑水松坪番民、松潘镇属平番营辖下六关番民、建昌镇属会川永宁协右营属九姓苗民、泰宁协属阜和营辖明正番民、平越清平等处西苗

---

① 《高宗纯皇帝实录（六）》卷411，乾隆十七年三月辛巳条，北京：中华书局，1986年，第377页。

续表

序号	族群
勤耕作	西宁县土指挥祁宪邦等所辖东沟等族番民、西宁县土指挥佥事汪于昆所辖土民、碾伯县土指挥同知李国栋所辖东沟等族土民、松潘左营辖东坝阿思洞番民、松潘镇属龙安营石泉县青片白草番民、松潘镇属酒腊营辖寒盼祈命等处番民、建昌右营辖苏州白露等处西番、建昌镇越巂营辖巧部暖带等西番倮㑩、普安等营辖雷波黄螂夷人、泰宁协左营辖沈边番民、普定永宁等处马镫龙家苗、余庆施秉等处水仡佬、平远州披袍仡佬、云南等府黑㑩㑩

三、《皇清职贡图》中儒学"教化"成果的呈现

《皇清职贡图》在诸多方面表现出极强"民化"倾向和多民族指向性,但其图说也保留了大量对少数族群"读书识字""应试""师儒"的描述。以贵州为例,宋家苗、夭苗、补笼苗、紫姜苗、木佬等族群图说都出现"子弟读书识字或应试"相关内容。改土归流前后,清廷为教化东部和东南部叛服无常之"生苗",实现长治久安,采取了兴办义学这一重要举措。正如康熙末年于准在《请开苗民上进之途疏》中所言:"欲永绝苗患,必先化苗为汉。除令剃发缴械外,欲令其习礼教、知正朔,先自知读书能汉语始。"①所谓义学,即要以"汉语""礼教"来教化尚处于蒙昧状态的少数民族,使其化生为熟,"数十百年后习俗混同,斯乱机遂遏已矣"②。从康熙四十四年(1705)起,清廷就在贵州各府州县卫军设立义学,"听黎瑶子弟之俊秀者,入学读书,训以官音,教以礼义,学为文字"③。到乾隆初年,苗人读书应考的现象大增,苗疆义学取得可喜"教化"成果并获得乾隆称赞:"'新疆'之苗亦渐知向化,不独内地之苗与汉民无异也。"④

《皇清职贡图》中这种以"读书识字"与否来体现族群向化程度的现象,虽以贵

---

① 罗文彬、王秉恩:《平黔纪略》,贵阳:贵州人民出版社,1988年,第535页。
② 徐家干著;吴一文校注:《苗疆闻见录》,贵阳:贵州人民出版社,1997年,第216页。
③ (清)托津:《钦定大清会典事例(嘉庆朝)·礼部学校·各省义学》卷317,《近代中国史料丛刊》,台北:文海出版社,1991年。
④ 贵州省文史研究馆古籍整理委员会编:《〈清实录〉贵州资料集录》,汕头:汕头大学出版社,2010年,第204页。

州为最多，却不为其独有，四川建昌中左营辖祭祀田等处猓倮、云南景东等府白人、云南等府撒弥蛮、丽江等府么些蛮、曲靖府海猓倮、甘肃碾伯县土指挥同知李国栋所辖东沟等族土民、广西太平府属土人、贵县俍人、罗城县苗人以及广东连州瑶人、湖南安化宁乡等处瑶人图说中，都有"间有读书者""有读书应试者""村落亦有墅舍书声""颇知礼法"等描述，可见清廷虽在《皇清职贡图》中极力淡化涉汉痕迹，却依然认可将少数族群是否掌握"汉语""汉礼"等传统儒家文化视为评判其向化程度的重要标准。

四、《皇清职贡图》图说中的"中华天下观"

乾隆三十二年（1767）五月，云南提督李时升将永昌府檄缅甸文稿呈送御前，乾隆阅视后，为其中"有数应归汉"一句感到"深可骇异""实属舛谬"。"夫对远人颂述朝廷，或称天朝，或称中国，乃一定之理。况我国家中外一统，即蛮荒亦无不知大清声教，何忽撰此归汉不经之语，妄行宣示，悖诞已极。"①在乾隆帝看来，清王朝一统中外，连蛮荒之地都需听其声教，其幅员之辽阔、辖下族群之丰富早已超越了"汉"所能囊括之范畴，地方官员却仍以"汉"即"中国"的旧观念视之，因而深感骇然。这篇檄文犯了与四川《番图》同样的错误，认为"汉"即"中国"，以"汉"代"中华"，忽略了其他族群尤其是满族与蒙古族的存在及价值，这自然为力主"主中华者即为正统"的乾隆帝所不能容忍。

一方面，满族作为"外族"入关执政后，历代皇帝学习并接受中国历史和传统文化（以汉文化为主），他们将儒家思想作为治国基本理念，接续帝系，讨论正朔。②乾隆甚至非常自得于自己的汉学造诣："即以汉人文学而论，朕所学所知，即在通儒，未肯多让，此汉人所共知。"③《皇清职贡图》之所以出现朝廷以"汉语""汉仪"教化诸夷相关图说，其根本原因即在于此。另一方面，满族统治者对儒家文化强大的影响力也始终保持警惕之心，本民族文化被同化消失的担心贯穿着他们的统

---

① 《高宗纯皇帝实录（十）》卷784，乾隆三十二年五月庚午条，北京：中华书局，1986年，第636页。
② 黄兴涛：《清代满人的"中国认同"》，《清史研究》2011年第1期。
③ 《高宗纯皇帝实录（三）》卷220，乾隆八年十月癸亥条，北京：中华书局，1985年，第829页。

治，乾隆就曾仅因十一阿哥永瑆取别号"镜泉"就对相关大臣大加申斥，认为"饰号美观，何裨实济，岂可效书愚陋习……"，他还借题发挥，认为若这种"相习变更旧俗"的现象不改，"其流弊必至令羽林、侍卫等官咸以脱剑学书为风雅，相率而入于无用，甚至改易衣冠，变更旧俗，所关于国运、人心，良非浅显，不可不知儆惕"[①]。为此，对满洲特质的提炼与保护就成为清前期诸位皇帝尤其是乾隆皇帝的一项重要任务。同时，来自传统士大夫对政权正统性的质疑也是统治者们执政压力来源之一，而且从四川《番图》册说和《皇清职贡图》贵州图说中均出现以"汉"代"中华"现象以及云南提督"有数应归汉"事件来看，这种压力甚至可能不只来自士大夫，还有相当数量的朝廷官员亦未能领受上层致力于树立"正统"的急迫心情，反而为传统"华夷观"浸染，只是这种浸染表现得更加无意识、更为隐蔽而已。

在这种背景下，自入关到康雍乾时期，执政者们都在对传统"华夷观""正统观"进行挑战和修正[②]。雍正皇帝在《大义觉迷录》中指出："且自古中国一统之世，幅员不能广远，其中有不向化者，则斥之为夷狄。如三代以上之有苗、荆、楚、猃狁，即今湖南、湖北、山西之地也，在今日而目为夷狄可乎？"[③]三代以上曾为夷狄之地的湖南、湖北、山西，到清时早已不能以夷狄视之，可见夷、民身份并非不可转换，所谓夷民之别不过是地理空间上的差异而已。乾隆四十六年（1781），《四库》馆为迎合上意，拟将陶宗仪《辍耕录》中所载元代杨维桢的《正统辨》予以删除，因他们认为该文"大旨欲以元承南宋之统，而排斥辽金。……持论殊为纰缪"[④]。岂料乾隆却表示"我朝为明复仇讨贼，定鼎中原，合一海宇，为自古得天下最正。……然馆臣之删杨维桢《正统辨》者，其意盖以金为满洲，欲令承辽之统，故曲为之说耳，不

---

① 《高宗纯皇帝实录（十）》卷760，乾隆三十一年五月辛巳条，北京：中华书局，1986年，第363页。
② 李金飞：《清代疆域"大一统"观念的变革——以〈大清一统志〉为中心》，《中国边疆史地研究》2020年第2期；张一驰、刘凤云：《清代"大一统"政治文化的构建——以〈盛京通志〉的纂修与传播为例》，《中国人民大学学报》2018年第6期；王大文：《〈大清一统志〉的纂修与清代前中期政治文化》，《文献编纂与"大一统"观念：〈大清一统志〉研究》第五章第一节，北京：北京方志出版社，2016年；夏明方、吴密：《多重变奏中的灾异论与清代王朝认同——以〈大义觉迷录〉为中心》，"清代政治与国家认同"国际学术讨论会论文集，2010年；黄兴涛：《清代满人的"中国认同"》，《清史研究》2011年第1期，等等，都对此问题进行过探讨。
③ （清）胤禛：《大义觉迷录》上谕一，北京：中国城市出版社，1959年，第5页。
④ 文渊阁《四库全书》，台湾商务印书馆影印本，第1040册，台北：台湾商务印书馆，1980年，第411页。

知辽、金皆自起北方，本无所承统，非若宋元之相承递及，为中华之主也"[①]，"夫辽、金虽称帝，究属偏安"[②]，辽、金历史上未能"奄有中原"而不能被视为正统，而曾为"中华之主"的宋、元才是清朝所应承继的统绪。也就是说，乾隆皇帝所持正统观已不再拘泥于华夷区别，而将重心放在政权是否实现疆域一统上，即所谓"主中华者即为正统"。郭成康曾指出，乾隆皇帝真正开始关注并连篇累牍证明"清朝是否得中华统绪之正""夷狄是有资格为中国之王"问题是从乾隆三十三年（1768）开始，持续到乾隆五十年代结束[③]，那么绘制《皇清职贡图》无疑是这一系列自证的序曲。

《皇清职贡图》向世人展示了在清帝国已经"一统"的广袤疆域上，经过改土归流、多年教化之后已经完成和正处在化夷为民进程中的边民状态。一方面，乾隆皇帝摒弃了传统以"汉"为中心绘制职贡图的方式，让满族、蒙古族与汉族一起作为王朝核心消失其中，成为以"中华天下"代替"汉人天下"最直接的表达；另一方面，清廷通过以"民"代"汉"的方式将涉汉叙事从图说中剔除，纠正了部分地方官员"汉"即"中华"的狭隘认知，突出与儒学融合的"非汉"文化尤其是满族发饰服装、"淳朴"特质在标示族群向化方面的作用，利用结束羁縻统治、统一纳赋等政治成果来展现边民治理与内地的一体化过程，同时充分发挥儒家文化的教化功能并将其视为评判族群向化程度的重要标准。这种对多民族文化的塑造、融合和使用实践，构建出一个更具包容精神和宽阔胸襟的国家形象，它既可承载儒家道德文化、治国理念，也可承载"非汉"民族文化特质，具备了更宽广、更包容、更深层次的共同体特征，而不再仅仅是一个"满洲帝国"，这是乾隆"中华天下观"的集中体现，对研究中华民族共同体形成的历史过程具有十分重要的意义。

---

① 《命馆臣录存杨维桢〈正统辨〉谕》，《高宗纯皇帝实录（十五）》卷1142，乾隆四十六年十月甲申条，北京：中华书局，1986年，第291页。此上谕末署"乾隆辛丑孟春"为乾隆四十六年正月，《高宗实录》不知何故误记为乾隆四十六年十月甲申。
② 《高宗纯皇帝实录（十五）》卷1154，乾隆四十七年四月辛巳条，北京：中华书局，1986年，第465页。
③ 郭成康：《清朝皇帝的中国观》，《清史研究》2005年第4期。

第三节 《皇清职贡图》中的女性绘像与清朝"大一统"话语体系建构

职贡图作为传统"正统观""华夷观"最直观的视觉体现，是塑造王朝"天下国家"形象的重要方式，反映了统治者在有限的"国家"认知中保存的无边"帝国"想象。清代以前，这种"想象"往往经由绘制来朝使节、朝贡队伍以及贡物贡品的方式呈现，男性贡使通常是图像的中心。然而，绘成于清乾隆年间的《皇清职贡图》却未完全因循传统制作理念，转而以"男女对偶"图示整本书写职贡所涉族群、地区或国家的方式取而代之，这种选择使女性绘像得以在职贡图中首次出现，并在彩绘册页、手卷正本和副本中呈现出渐次被"统一"的状态。

作为前代职贡图极少涉及，却在《皇清职贡图》中占据过半篇幅的"番夷"女性绘像，其出现和变化显然暗含着清廷在呈现"天下国家"时更为深远的需求和考量。本节试图以《皇清职贡图》中的女性绘像为切入点，探讨其在职贡图中的出现及嬗变与清廷重塑正统意识、建立兼容多族群的"大一统"话语体系之间的关系，以此加深对"中华民族共同体"形成发展过程的理解与认识。

一、《皇清职贡图》中女性绘像的特点

《皇清职贡图》各版本中的女性绘像，由于制作时间以及后续增补、添绘的原因，数量略有差别。就现存彩绘版本来看，法国国家图书馆藏册页本四册加上私藏相对完整的第五、六册，共绘制了 380 个人物，其中女性 203 个；中国国家博物馆藏手卷正本第二卷共绘制 122 个人物，其中女性 62 个；故宫博物院藏手卷副本四卷共绘制 601 个人物，其中女性 299 个。与此前主要绘制"蛮夷"图像的职贡图和苗蛮图相

比，《皇清职贡图》中的女性绘像主要呈现出以下几个特征：

（一）数量庞大，精美写实

作为传统绘画中极为特殊的题材，"番夷"女性绘像在历史上并不单独出现，而是与"番夷"男性绘像一起构成专门画科，即历朝职贡图及其衍生品"苗蛮图"等，但二者于女性形象的展示却有显著区别。从数量上看，就现存前代职贡图中，仅宋代苏汉臣《万国朝宗图》及（传）李公麟《万方职贡图》、明代仇英《职贡图卷》等绘有"女国""女人国""女王国"的女性贡使及侍女形象；从风格上看，这些形象虽大多由知名画家绘制，却未表现出鲜明的"番夷"特色，这与"女人国""女王国"等均为"子虚乌有"①之国，画家们只是根据自身对女性的认知虚构了这些形象有关。相较而言，《皇清职贡图》制作之前"苗蛮图"中的女性虽形容模糊，但数量丰富，"苗蛮"特征也相对明显。以制成于康熙三十三（1694）至康熙三十六（1697）年的《贵州通志·蛮僚卷》为例，该卷所绘31幅图像中，有9幅与"苗蛮"女性息息相关，即罗鬼女官出行之图、白罗罗贩茶图、马镫龙家织纺之图、㑩㑩捕鱼之图、宋家嫁女之图、夭苗构楼嫁女之图、八番打稻之图、阳洞罗汉苗织锦涤发之图、生苗红苗争斗妇劝之图等等。不过由于这类图像更强调"群像"与"场景"，其对个体人物的塑造不如职贡图精美。

图32 （传）宋李公麟《万方职贡图》中的"女王国"贡使女侍形象（现藏美国弗利尔美术馆）

---

① 葛兆光：《想象天下帝国——以（传）李公麟〈万方职贡图〉为中心》，《复旦学报（社会科学版）》2018年第3期。

与传统职贡图只绘制女使女侍而"苗蛮图"专注于底层女性相比,《皇清职贡图》将上述二者均囊括进来,实现了阶层上的覆盖。由于乾隆朝完成了"远逾前代"的疆域一统,《皇清职贡图》中的近 300 个"番夷"女性绘像,涉及了被视为传统职贡图内容的朝贡、互市之国,囊括了被称为"藩部"的西藏、青海、新疆等地区,尤其还包含了关东、福建(含台湾)、甘肃、四川、云南、广西、贵州等数个省份中的苗、瑶、黎、僮、畲、番、土、侬、𠎿人、倮㑩、仲人、沙人、怒人、蛮等数十种少数族群。这部分女性,在前代职贡图中从未出现,却在《皇清职贡图》中以一种由外而内、由疏而亲的方式被全面绘制、被层级式排列,这不但是对职贡图体系中女性形象的丰富与完善,也直观呈现了清朝对多族群统一国家的多元化管理策略。

不仅如此,近 300 名女性,尤其是"苗蛮"女性基本都依照乾隆皇帝"实经其地""亲睹其人"的要求被绘写。因此,我们看到,云南曲靖府鲁屋㑩㑩妇、西藏鲁卡补扎番妇裸露的身体被坦然展现,布鲁特头目妇右侧面部刺青、水沙连等社生番妇和内山生番唇部刺青、靖州通道等处青苗妇脚背文身、曲靖等府仲人妇额头刺青等女性身体上的族群特征被予以保留。更重要的是,由于传统"华夷"观念在清代发生转变,这种绘写不再出于居高临下的视角或猎奇的目的,而是以相对平等的态度,通过合理的人体结构、遒劲的肌肉线条、突出的膝盖、有力的脚趾等,展现出常年劳作的"苗蛮"妇女健康的体态,从而改变了传统职贡图及苗图制作中"野蛮的套式"①,即对"番夷"形象的刻意丑化和粗鄙化。在经过宫廷画院中接受了严格中西绘法训练的专业画家执笔润色和定稿后,《皇清职贡图》中数量、规模空前的"番夷"女性绘像具备了相当的写实属性,制作也十分精美,成为清代"大一统"盛世最直观、最鲜活展示的一部分。

(二)融合"男女对偶"及"苗蛮图"的呈现方式

一直以来,学界对"男女对偶"图式的来源及其在《皇清职贡图》中的应用进行了相当深入的研究。可以说,正因清廷对于源自欧洲的"男女对偶"图式的推广,众多女性绘像才得以在《皇清职贡图》中出现。但值得注意的是,无论是日本南蛮系世界屏风《万国绘图屏风》,还是藏于宫廷的地理类书籍《世界城镇图集》《世界舞台》,

---

① 蒙锦贤:《文明的套式:清代"苗图"中耕织图像的生产意义》,《民族艺术》2023 年第 5 期,第 113 页。

作为外销瓷参考母本的《新世界画廊》以及博纳特的版画作品①，这些曾被认为是"男女对偶"图式来源的作品，所描绘的基本都属于"世界图像"。这些图像着重通过男女外貌肤色及服帽衣饰的差异，来区分不同国家及人种。女性怀抱孩童、男性手持弓箭的情况只是偶尔出现，劳动场景则更为少见。但是，在彩绘本《皇清职贡图》中却出现了大量处于劳作状态的"番夷"女性形象，如右手执斧正在制作鱼皮衣的赫哲妇女、肩头荷锄身挎鱼篓的古田县畲妇、肩担双桶汲水的修仁县顶板瑶妇、身背木桶的松潘镇中营辖西坝包子寺等处番妇、手执镰刀的云南等府白罗罗妇女以及手持织布工具的普定永宁等处马镫龙家苗妇等等。可见，清宫虽然采用了"男女对偶"图式，但在绘制过程中对"番夷"男女所承担的社会家庭角色细节展示这一特色，却并不一定来源于此。

考校明清时滥觞的"苗蛮图"②，会发现这种对男女劳作情景的绘制早在《皇清职贡图》制作之前已经成为范式。道光年间摹绘的《滇苗图说》，原由明末清初画家顾见龙绘制，其中的"白人""怒人""沙人"等图像里都不乏劳动着的女性身影。前文所提及的《贵州通志·蛮僚卷》中，女性劳作的场景更是比比皆是，比如"白罗罗贩茶图""马镫龙家织纺之图""八番打稻之图"等等。可见绘制女性劳作场景，展现她们在家庭、社会中的地位与职能，以更完整立体地呈现少数族群风俗，是从明代就开始的"苗蛮图"制作惯例。由此推论，各地画家在绘制《皇清职贡图》的草稿"番图"时，除受到朝廷指定的"男女对偶"图式约束之外，也为"苗蛮图"所影响。有学者指出，《皇清职贡图》中贵州少数民族人物有抄临（康熙）《贵州通志·蛮僚卷》画图的痕迹③。可见，《皇清职贡图》在运用"男女对偶"图式的基础上，抛开场景，吸收了"苗蛮图"对女性社会家庭角色如抚育儿女、纺织耕种等场景的绘制范式，以此与图说相印证，完整具象地表现出不同族群的生产生活状态。

---

① 李晓璐:《从〈皇清职贡图〉出发：大航海背景下（16—18世纪）男女对偶民族志图像研究》，中央美术学院博士学位论文，2021年，第4—5、266页。

② 根据杨庭硕、李德龙等学者的观点，苗蛮图在明清时期迅速发展。但祁庆富在《绚丽多彩的清代民族画卷——苗蛮图研究述略》中引用人类学家刘咸的观点认为，《苗图》起源应在《皇清职贡图》之后。

③ 胡进:《"百苗图"源流考略——以〈黔苗图说〉为范本》，《民族研究》2005年第4期，第79页。

（三）强化政治功能

在北宋以来以山水画为中心的中国文人画传统中，女性题材绘画始终难受重视，"仕女画"虽然在宋代已成为专门画科，但以米芾为代表的文人评论家仍然认为"至于士女翎毛，贵游戏阅，不入清玩"①，将之列为末流，在宋代之后仅承担了祈福祭祀、宣传教喻、针砭时弊、赏玩等不甚重要的功能。

作为传统绘画中特殊画科的一部分，"番夷"女性绘像相较于主流女性题材绘画来说政治性更强，比如前代职贡图中"女王国''女人国"的绘像虽为虚构，但确是彰显"万邦来朝"盛世的重要标识之一；至于"苗蛮图"，《贵州通志·蛮僚卷》将其功能归纳为"不别其类，不知其俗，无以识其性情而施政治"②。这种功能，既通过对少数族群地理、服饰、风俗等主题的展示来实现，也通过"文明的套式"来实现。所谓"文明的套式"，即将一个族群是否以耕织为业作为划分文明与野蛮、先进与落后的标准，借此隐喻其与中央王朝关系的远近③，而女性在这一套式中担任了不可或缺的角色。贵州蛮僚图所涉耕织题材的七幅画面中，马镫龙家织纺、八番苗打稻、阳洞罗汉苗织锦图像所描绘的都是女性或耕或织的场景，《滇苗图说》也将"男耕女织"的"白人"画像置于画册首幅；与图像匹配的图说中更是不乏相关说词，如土人有"妇人力耕作"，佯僙苗有"男子计口而耕，而妇人度身而织"，仲家苗"妇人多织好而勤于织"，宋家苗"勤于耕织"④等。虽然部分耕织习俗是否与事实相符还存在质疑，但图像制作者们试图通过这一套式来表征统治者对少数族群的涵化意愿，是毋庸置疑的，不过因为"苗蛮图"绘制对象相对狭窄，其对王朝决策的影响力有限。

可见，无论是女性绘像在前代职贡图中对国家盛亡的渲染，还是在苗图中对族群文明程度的标识，都被《皇清职贡图》吸纳并广泛使用，并在此基础上加入了对女

---

① 卢辅圣：《中国书画全书·画史》（第一册），上海：上海书画出版社，2009年，第988页。
② （清）卫既齐、薛载德等纂，闫兴邦补纂：《贵州通志》卷30《蛮僚》，收入《中国地方志集成·省志辑·贵州》，苏州：凤凰出版社，2011年影印本，第458页。
③ 蒙锦贤：《文明的套式：清代"苗图"中耕织图像的生产意义》，《民族艺术》2023年第5期，第113页。
④ （清）卫既齐、薛载德等纂，闫兴邦补纂：《贵州通志》卷30《蛮僚》，收入《中国地方志集成·省志辑·贵州》，苏州：凤凰出版社，2011年影印本，第472—473、462、469页。

性衣帽服饰"民化"以及经济生活的绘写,在强化其标示"文明"向化程度功能的基础上,还展现了少数族群间经济交往的活跃,对于清廷的执政能力无疑是极有力的证明。

图33 《滇苗图说》中白人女性织布场景,哈佛燕京图书馆藏(左)
《皇清职贡图》中正在纺线的定番州谷蔺苗妇,故宫博物院藏(中)
《皇清职贡图》中双手执布的贺县僮人妇,故宫博物院藏(右)

由于图式限制,《皇清职贡图》无法如"苗蛮图"一般利用完整场景来展示族群的"文明"程度,不过其仍在有限范围内使用"模版"配合图说实现了这一目的(见图33)。最常用的几个"耕织模版"包括女性"双手/单手执布""将棉线缠绕在纺锤上""用织布机织布""以纺线机纺线""用绣花针绣花""肩扛/手拿锄头或镰刀""春米"等等,而其中又以"执布"模版使用最多,泰宁协属阜和营辖上下瞻对番民、云南等府乾㑩㑩、贺县僮人、融县僮人、罗城县苗人、贵县伶人、西林县皿人、西隆州土人、洮州土指挥杨声所辖的吉巴等族番民、岷州土白户后发葵所辖牟家山堡等土人、西宁县哆吧番民、石泉县青片百草番民等都是以之来配合图说中女性"习纺织""能织番锦""能织僮锦及巾帕"等相关描述。当然,也不乏图说中并未提及,但在绘像中仍以女性"执布"或"手执/肩扛锄头"等表现族群向化的情况,如洮州土指挥杨声所辖的吉巴等族番民、岷州土白户后发葵所辖牟家山堡等土人即是如此。据粗略统计,制作者在有关女性耕织的近70余个图说中,不厌其烦地陈述其"勤于纺织""颇习耕织""知纺织""能织毛褐""颇知纤绩"的特点(见表7),所希望达到的自然不光是夸赞女性勤劳品质的目的,更是对该族群耕织水平所反映向化程度的关注。事实上,"勤于""颇习""知""能"等程度动词的使用,恰恰是清廷治下儒家文化对不同族群差序影响的重要表现。

第五章 《皇清职贡图》对民族形象与"大一统"政治文化的构建

表7 《皇清职贡图》中部分女性"耕织"相关图说

序号	族群名称	女性相关耕织图说
1	伊犁塔尔奇查汗乌苏等处回妇	能织番锦，佮称回子锦
2	乌什库车阿克苏等回人	女知织纴
3	永顺保靖等处土人	妇勤于纺织土绫土布
4	新宁县瑶人	夫人……戴笠跣足，能助耕作及纺织刺绣之事
5	东安县瑶妇	用花帕缠头，短裙跣足，能耕耘纺织
6	怀远县苗人	妇人勤于纺织
7	西隆州土人	土妇……能织花布
8	松潘镇中营辖西坝包子寺等处番民	番妇……常以木桶负水，颇习耕织
9	松潘镇中营辖七步峨眉喜番民	番妇披发结辫，……俱跣足，性亦强悍，颇习耕织
10	威茂协辖大金川番民	妇女结辫于首……知纺织
11	威茂协辖岳希长宁等处番民	妇女盘发，……长衣革履，颇勤耕织
12	松潘镇属叠溪营辖大小姓黑水松坪番民	番妇挽髻，……勤耕作，习纺织
13	丽江等府怒人	妇亦如之，常负筐持囊剐黄连，亦知耕种
14	云南等府撒弥蛮	妇女青布裹头……着履，能织布及毛褐
15	定番州八番	女劳男逸。日出而耕，暮归而织

《皇清职贡图》拓展了这一"文明套式"的内涵。与苗图仅强调耕织传统不同，原本只用作展示族群风俗的女性衣帽服饰，在其中也成为评判族群是否"文明"的重要标识。比如新宁县瑶妇"髻环衣饰亦与民无异"、增城县瑶妇"衣衫裤裙亦仿佛民间"、河洲土千户韩玉麟等所辖喇族土妇"系裙裹足，亦同民妇"、岷州土百户后发葵所辖牟家山堡等土妇"布衣布裙大概与民间妇女相似"、建昌镇属越巂等营辖九枝门呆结惟土番妇"衣裙多与沿边民妇相似"、建昌镇属会盐营辖右所土千户俅倮妇"衣裙亦同近边民妇"、洮州理番同知所辖陆哨虫库儿番妇"亦间有效民妇短衫长裙者"、文县番妇"近亦多有效民间服饰者"，等等。这些说文内容证实，在清廷经营治理之下，原本相互隔绝的各"番民土人"之间交流交往不断加深，族群特征十分明显的衣帽服饰等逐渐为"民风"浸染。这种文化习俗上的趋同，清晰展现了清廷"以夏变夷"，统合各族群社会文化秩序的意图、过程与所取得的成绩，成为清朝施政能

力及"德行"的重要证明。

值得注意的是，制作者在《皇清职贡图》中还增加了大量"番夷"女性参与当地社会经济生活中的图说，如伊犁塔尔奇查汗乌苏等处回妇"能织番锦，……每锦一端，可易马十余匹，或羊数十只"、曲江县猺妇"能作竹木器，异负趁墟，以易盐米"、融县獞妇"时携所织獞锦出售"、临安等府扑喇蛮妇"常负瓜蔬入市贸易"、曲靖等府苗妇"常携竹筐入市贸易"。除日常耕织劳作外，女性可以携带自己的劳动成果，如织锦、竹木器、瓜蔬等参与到集市贸易中，反映了"番夷"女性在社会生产生活中的高参与度，同时也是清朝治下边疆地区经济活跃以及各族群之间频繁贸易往来的明证。

（四）不同版本女性绘像发生嬗变

为了满足不同时期流传和使用的需要，统治者陆续制作出多个版本，由此形成了完整的版本体系，这是《皇清职贡图》区别于以往职贡图的重要特点。此外，不同版本中人物绘像也并非一成不变，以彩绘册页本、正本、副本中的女性绘像为例，就出现了外貌不断被"雅化"、视线不断被调整的现象。

女性外貌的"雅化"主要表现在两个方面。一方面，在彩绘册页本中由于黑色线条和暗影的反复使用而表现出古朴、写实和年龄感的女性形象，在副本画家的笔下，被十分强烈的正面光线渲染得容光焕发、年轻靓丽。另一方面，在绘成时间较早的册页本中，除衣帽服饰发型外，画家们还通过不同脸型、鼻唇等来区分族群和人种，然而到乾隆后期完成的副本里，女性的这些面部特征无一例外都被相似的光洁额头、鹅蛋脸、樱桃小口、柳叶细眉所取代，表现出为传统文人偏爱的审美特征。此外，彩绘正本还对册页本所展现出的女性或娇俏或狡黠、或凝视画内、或直视画外等十分鲜活的女性眼神进行了修正，能够在《簪花仕女图》中刻画出美人流转眼波的金廷标，在正本里却只表现出了女性收敛、顺从和波澜不惊的眼神（见图34）。

图34 册页本（左）、彩绘正本（中）、彩绘副本（右）中的台湾彰化县大肚等社熟番妇头像变化

不仅如此，不同彩绘本中女性的眼神朝向也不断被调整。在册页本中，受限于版本形制，关东、福建、湖南的 29 个族群中，仅有恰喀拉与七姓两幅图像表现为男女对视或共同看向画内某点，其他族群男女肢体及眼神在画面内未能形成完整互动，图像只承担了简单的人物展示功能而缺乏叙事能力。在彩绘正本中，金廷标通过调整女性视线，令其所绘制的 61 幅图像里的库野、凤山县山猪毛等社归化生番、广东新宁县等处瑶人、临桂县大良瑶、太平府属土人等 12 幅图像实现了男女之间的眼神往来关联。以正本的变化为基础，副本进一步加大了对画面焦点的构建，如将正本中男性看向女性而女性望向画外的台湾县大杰岭等社熟番、彰化县西螺等社熟番、湖南省永绥乾州等处红苗、灌阳县竹箭瑶等图像中的女性视线调整为与男性对望，将未对视的贺县僮人、罗城县苗人、怀远县苗人图中的男女调整为有对视且似有沟通，表情亦有微调。于是，在正本第二卷中关东、福建、湖南、广西四地所涉 34 幅男女均未对视的图像，到副本中有 28 幅全部被调整为男女对望。这些改变使画面重点更加突出，男女人物的肢体语言、眼神沟通乃至情感交流增多，从而营造出互相关注、其乐融融的氛围。

二、女性绘像与清朝廷"大一统"话语体系建构

"重复呆板的格套象征着根深蒂固的思想"[①]，如果将清代之前职贡图的制作范式视为展现传统"华夷"观念的格套，女性绘像在其中又扮演着点缀的角色。但《皇清职贡图》革新了前代职贡图的制作理念与呈现方式，女性绘像在数量、制作水平、呈现方式、功能等方面表现出了不同以往的特色。"格套"的改变暗示着思想层面的变化，而导致这种变化的成因，则需将其置于更大的历史背景中去考察。

首先，《皇清职贡图》中数量丰富、精美写实的"番夷"女性绘像及其对"男女对偶"及"苗蛮图"呈现方式的融合使用，是盛清重构大一统话语体系的必然要求。

传统职贡图"重复呆板"的格套背后，是延续千年的"正统论"与"华夷观"。杨念群认为，自《春秋》以来的"正统论"，兼具了空间上的疆域一统、时间上的五德

---

① 葛兆光：《思想史研究视野中的图像》，《中国社会科学》2002 年第 4 期，第 75 页。

始终、阴阳五行天命转换以及德行的持有几个要素①。而疆域一统，按照西汉王吉"《春秋》所以大一统者，六合同风，九州共贯也"②的观点，在"正统论"中应居首要地位。但秦汉之后能据有广袤国土的王朝寥寥可数，"然汉则匈奴数入定襄，唐则吐蕃窃据陇右"，"疆域一统"事实上被有意无意忽视。然而宋代以后，尤其是国力孱弱的南宋，士大夫们为回避自身偏安的现实更加弱化了"正统论"对疆域广大的要求，一方面另行虚构出一系"道统"，号称自己延续了先秦思想余脉，把南宋在"道德""德行"上的优势上升到首要位置；另一方面严分华夏"夷狄"的界限，主张"非我族类难入我统"③，使"正""统"互相分离，形成"道德"至上的正统论。明虽不至偏安一隅，却在思想上巩固和沿用了"道德至上、严分华夷"这一理论。

清朝立国之初所面对的就是这样泾渭分明、顽固且偏狭的"正统论"与"华夷观"。然而18世纪开始进入全盛的清朝多族群统一国家，疆域空前开拓，已获得"以部曲名者凡三百数"的域外朝贡、互市之国以及域内少数族群的膺服，疆域大一统在"正统论"中首义的地位亟待恢复。为了证明以"非汉族群"执政的自己具备实现"王者无外而夷狄进于爵"之"太平世"理想的能力，朝廷还要赋予"一统"之举以兼容并包、博施广济的"德行"优势，从而驳斥宋明"华夷有别"的偏见，实现真正的"正""统"合一。清王朝在思想文化领域的这一需求，是清廷大规模制作舆图、志书、图册等文化工程的重要动力，也成为《皇清职贡图》采用"新格套"的主要动因。

于是，在绘制内容上，将与王朝发生朝贡、互市的国家地区，甚至未曾发生接触只是了解的国家地区，以及已纳归中央政府管辖的诸藩部和少数族群悉数囊括进来，以标榜自身在疆域上的"无远弗届"和"大一统"；在图说方面，多角度记述朝廷对这些朝贡互市之国关系的维护与经营、对下辖少数族群的治理及其归化，以标榜自己在处理对外关系和边疆经略上的"德行"，就都成为《皇清职贡图》制作的重要"格套"。制作数量丰富、精美写实的"番夷"女性绘像以及对"男女对偶"及"苗蛮图式"的融合使用，正是这一"格套"的重要实现方式。

《皇清职贡图》塑造了大量精美写实的"番夷"女性形象，她们的外貌体态、衣

---

① 杨念群：《"天命"如何转移：清朝"大一统"观再诠释》，上海：上海人民出版社，2021年，第37页。
② 《汉书》卷72《王吉传》，北京：中华书局，1962年，第3063页。
③ 杨念群：《"天命"如何转移：清朝"大一统"观再诠释》，上海：上海人民出版社，2021年，第139页。

冠服饰、生产生活工具乃至相关图说，无一不真实展现出组成大清王朝的官民在地域、种族、阶层、性别及经济文化背景上的多元性和丰富性，提供更多逾越前代的"大一统"细节，使得清初国家与多族群共同体不断强化扩大的过程，以及这些被整合族群、藩部和国家的历史地理归化等信息，以更加全面完整多维度的方式呈现出来。同时，这些对女性绘像及图说"浩浩乎靡垠，恢恢乎无外"①的绘写，也展现出执政者通过行政渗透和遵崇地方习俗相配合的统治方略所取得的"政教之隆，地利物华之盛，官方民事之祥"②的政绩，让执政者复杂的政治践履过程以及作为正统继任者的德行得以彰显，以此成为批判宋明"华夷观"、消弭"诸夏""夷狄"之间种族差异的重要工具。

从传统职贡图来看，其主要绘制对象是与王朝发生职贡关系的国家、政权等，但《皇清职贡图》中还囊括了大量"已经纳归王朝管理的族群"。如何将这部分人绘入其中，除南朝梁萧绎《职贡图》外，先例不多。此外，萧绎《职贡图》也仅涉及了天门、建平、临江三个"荆州蛮"，其只绘制个别人物的制作模式，对于需要覆盖十数个藩部行省、上百个"蛮夷"族群并展现不同族群风貌的《皇清职贡图》来说，几乎没有可借鉴性。自明代肇兴的"苗蛮图"，显然在呈现多个少数族群风俗文化方面更具优势。与此同时，更具时代特征、人物表现力更强、性别涵盖更丰富的男女对偶图式，经由种种途径也进入了统治者的视野。因此，为了构建更加真实、宏伟的"大一统"国家形象，展现更多民族共同体的形成经过，将这两种图式融合成新的呈现方式就成为必然。

其次，《皇清职贡图》对女性绘像资政功能的强化，是清廷加强绘画"治世"功能的重要表达。

明清易鼎之前，以王阳明心学为代表、追求"出世"精神境界的哲学思潮在思想文化领域十分流行。这种思潮反映在绘画领域即与唐宋截然不同的写意风格的盛行，"写意画的发展使寄性、娱情、乐志、养生等审美愉悦得到彰显，几乎成为文人把玩消遣的一个手段"③。

---

① （清）高士奇：《神功圣德诗》，见高士奇：《清吟堂全集》卷9，《清代诗文集汇编》第166册，上海：上海古籍出版社，2010年，第51页。
② （清）何绍基：《恭拟增修〈一统志〉御叙》，《东洲草堂文钞》卷3《叙》，清光绪刻本。
③ 许景怡等：《乾隆时期院画风格及其内在理路与"大一统"思想意蕴》，《中国书画》2020年第8期，第29页。

在宋明士人所营造的儒家"道统"中，士人们自认掌握了"道"的真谛，更应担负起教化帝王甚至与帝王共治天下的职责，即实现所谓的"道""治"分离。此一理论发展到明代，成为士人干政的重要思想支柱。清初统治者要建立区别于宋明的"大一统"话语体系，就必须强化皇权对于"道"的控制，以促成"道""治"合一。其采用的手段便是"通过政治力量强势介入文化领域，从干预直到控制文化思想的发展方向，以限制士林所拥有的针对皇权而言的思想超越性"[①]。在清廷主导下，强调心信的阳明学说在立国之初便一举被务实的博古之学所取代。乾隆控制下的宫廷画院务实之风大盛，开始摒弃过于追求"写意"却于时代和国家无益的文人画传统，转而复兴写实风格、强调绘画"治世"功能。在此过程中，皇帝抛开部分文人认为西法"笔法全无，虽工亦匠"[②]的偏见，于传统中国语境下"选取和使用西洋的风格要素，并最终将这些外来风格吸纳到中国绘画的结构之中"[③]，创造出融贯中西、"以郎（世宁）之似合李（公麟）格"[④]的宫廷绘画新风格，并通过对画家的西方写实与传统绘画训练[⑤]加以贯彻，有意识、系统性地中和了他们独特的风格与个性，以便更好地塑造"大一统"国家形象和彰显中央王朝的恢宏气度。

尽管绘制者为同一批聚集在紫禁城的画家，《皇清职贡图》所展现的"番夷"女性因其写实性和政治服务属性，已脱离了明清以来女性题材绘画中常见的"仕女画""美人画"范畴，亦因其平民、边地属性，与清宫及上层社会流行的嫔妃、贵族女子肖像画相互区别。相对于过往职贡图对女性贡使、朝贡队伍的简单绘写，以中西结合技法绘就、写实群像形式出现在《皇清职贡图》中的"番夷"女性，突破了文人画的桎梏，吸收并深化"苗蛮图"中女性绘像亦可资政的认知，与男性一道共同承担起完整标示中央王朝治下边域民众和乐融洽生活、凸显王朝经略边疆丰功伟绩、展示万邦来朝盛世气象等重要政治功能，改变了元明以来文人主导的主流绘画过于

---

① 杨念群：《章学诚的"经世"观与清初"大一统"意识形态的构建》，《社会学研究》2008年第5期，第30页。

② （清）邹一桂：《小山画谱·西洋画》，济南：山东画报出版社，2009年，第70页。

③ ［美］高居翰：《致用与娱情——大清盛世的世俗绘画》，北京：生活·读书·新知三联书店，2022年，第88页。

④ 林如熙：《观图知警——丁观鹏〈画唐明皇击鞠图〉》，《画画艺术学刊》（台北），2020年第28期，第204页。

⑤ 林焕盛：《丁观鹏的摹古绘画与乾隆院画新风格》，《故宫学术季刊》（台北），2017年第2期，第183页。

强调"写意"而于时代主题和国家命运无甚补益的状态，使绘画的"治世"作用得以充分发挥。这一绘画领域的变革虽非执政者打破理学士大夫叙事的主流手段，但确实从侧面反映出清廷对专于"道统"书写的士人阶层权力的解构与突破，成为"大一统"话语体系建构的重要表现。

最后，《皇清职贡图》中的女性形象的嬗变，昭示了在"君权至上"的新秩序下，清统治者试图以儒家文化为核心，融合其他族群文化以建立兼容不同族群的"大一统"文化认知体系的政治意图。

为打破宋明以来的"正统论"，清朝统治者采取了两大策略，除重新确立疆域"大一统"的首义地位外，就是打破"夷夏"界限 重回"尊王"本义。自雍正皇帝在与曾静的论辩中调整传统"五伦"顺序，将原本排在第二位的"君臣关系"置于"父子关系"之前，逆转了宋明士大夫与皇帝"双向制衡"的态势，"君权至上"成为新的人伦秩序。[①]

女性绘像在彩绘本《皇清职贡图》中发生嬗变，看似源自不同画家画技的差异，实则意味着更多皇帝意见的介入，毕竟主持职贡图制作的正是一位曾被抱怨"作画时频受掣肘，不能随意发挥"[②]的帝王。"乾隆朝院画本质上是乾隆帝的御用绘画，是以乾隆帝需求为中心展开的艺术活动，服务于乾隆帝，也为乾隆帝所掌控、所指引。"[③]作为大清盛世的创建者，乾隆皇帝利用文化工程来构建"大一统"多族群意识形态话语体系。在他的干预下，无论是宫廷画院新风格的拟定，还是对画家的培养与指导，无不服务于这一政治目的。彩绘本《皇清职贡图》中女性绘像的嬗变亦是如此。以"赋高光"为例，"帝不喜油画，盖恶涂饰，荫色过重，则视同污染，由是宁取淡描而使荫色轻淡"[④]，皇帝的个人好恶让画家们在正、副本中不断"清淡荫色"，以致女性形象明亮、年轻到几乎"失真"的程度。

但如果将对女性外貌的"雅化"视为"民化"的标志，将男女视线的调整视为塑造族群"能够互融共通、幸福和乐生活"国家形象的需要，那么这种变化所反映的，

---

① 杨念群：《"天命"如何转移：清朝"大一统"观再诠释》，《清华大学学报（哲学社会科学版）》2023年第6期，第32页。
② 方豪：《中国天主教史人物传（下）》，北京：中华书局1988年，第90页。
③ 许景怡等：《乾隆时期院画风格及其内在理路与"大一统"思想意蕴》，《中国书画》2020年第8期，第26页。
④ ［法］费赖之著；冯承钧译：《在华耶稣会士列传及书目》，北京：中华书局，1995年，第822页。

就是执政者眼中原本各具风貌的族群，在自己长期执政和治理中得以频繁往来、互相交融，逐渐成为具有共同价值取向以及政治认同的治下之民的过程。杨念群指出，尽管到乾隆时期，皇帝对"大一统"的认知已经完全超越了南宋以来以种族划分为基础的"一统观"，更加注重以"礼仪"来消弭华夷之别，但"清统治者建立正统的核心精神可以说基本上是依赖于儒家意识形态思想"①。《皇清职贡图》彩绘副本中作异族装扮的女性，却有着符合传统审美的美丽面庞，其中所蕴含的统治者以儒家思想融各族群为一体的政治愿望，不言而喻。

三、小结

《皇清职贡图》中女性绘像所呈现的种种特点，显示出清朝执政者对职贡图以及"苗蛮图"制作传统的突破与创新。通过对这一"破""立"过程的分析研究，可以窥见清王朝进入全盛时期后，通过大量组织制作、不断斧正以《皇清职贡图》等为代表的大型官方文化工程，来抨击宋明以来的"正统论""华夷观"，重塑国家正统意识和构建新的"大一统"话语体系的过程。

以"非汉族群"入主中原的清朝统治者，在面对立国之初便强烈质疑其执政正当性的士人时，并未囿于"道德至上，华夷有别"的话语局限，而是根据自身疆域空前开拓、远迈前代的政治现实，通过绘制《皇清职贡图》等大型文化工程，重构大一统话语体系，牢牢掌握了主动权。

首先，清朝廷通过创新融合使用"男女对偶"和"苗蛮图"图式，制作出规模庞大、精美写实的"番夷"女性绘像，使之与男性绘像一起，立体完整地展示王朝所辖广袤疆域中的藩部及少数族群的政治、地理、经济、文化风貌、归化治理信息，以图文并茂的形式将此"疆域一统"的"不世之功"转化为撼动宋明以来"华夷有别"的有力武器，重新确立了其在"正统论"中首义的地位，即"主中华者即为正统"。同时，通过在女性图说和绘像中对少数族群"民化""耕织"、相互贸易等状况及"陶铸为中国人"②的过程进行大规模的绘写，彰显执政者复杂的政治践履过程以及作为

---

① 杨念群：《何处是"江南"？清朝正统观的确立与士林精神世界的变异》，北京：生活·读书·新知三联书店，2017年，第11页。
② 刘文鹏：《论清代历史地位》，《史学理论研究》2024年第1期。

第五章 《皇清职贡图》对民族形象与"大一统"政治文化的构建

正统继任者的德行,以证明自己有资格成为传统儒家所认为的"王者无外而夷狄进于爵"之"太平世"的践行者,从而消弭所谓"诸夏""夷狄"在执政能力上的种族差异。

其次,《皇清职贡图》对于女性绘像乃至"番夷"图像"治世"功能的强化,改变了明代以来主流绘画过于强调"写意"而于时代主题和国家命运无甚补益的状态,一定程度上打破了专于"道统"书写的士人阶层在思想文化上对于皇权的束缚,强化了皇权对于"道"的控制,使"道""治"合一得以实现。

最后,通过不同版本女性形象的嬗变,展示了"君权至上"背景下,君王被赋予的文本建构和历史书写技术的权利,传统儒家文化与其他族群文化得以在其干预下,共同融合为"大一统"国家治理技术和统治经验的组成部分。

总而言之,以《皇清职贡图》中女性绘像为切入点,深入探讨其在前代职贡图和"苗蛮图"基础上的演变过程和特点,对我们进一步认识和理解清朝构建"大一统"话语体系以及这一体系对"中华民族共同体"形成发展的推动作用,具有重要意义。

结 语

  中国有着悠久的"左图右史"传统，图像及其图像文化始终根植于日常生活、生产劳动和精神创造之中，构造了中华文化独特的文明形态与智慧，且从未中断。进入 21 世纪以来，在西方图像学理论和图像史学影响下，中国产生了大批图像研究学者，积极构建中国图像史学的理论体系。在当今"图像转向"的大背景下，中国图像史学研究迎来了一个新的发展阶段。

  图像是有效的历史文献，与文字一样，图像也承载着历史，不仅是图像描绘历史，而且其本身就是历史。文化史学家库尔特·图霍夫斯基（Kurt Tucholsky）曾经说过："一幅画所说的话何止千言万语。"[1] 图像不仅具有视觉上的冲击，更是可以透过图像去探究其背后的"千言万语"。彼得·伯克指出："图像可以让我们更加生动地'想象'过去。正如批评家斯蒂芬·巴恩所说的，我们与图像面对面而立，将会使我们直面历史。在不同的历史时期，图像有各种用途……尽管文本也可以提供有价值的线索，但图像本身却是认识过去文化中的宗教和政治生活视觉表象之力量的最佳向导……图像如同文本和口述证词一样，也是历史证据的一种重要形式。"[2] 可见，图像在本体意义上是超越"史料"的一种存在，是一种既有史料性又有自身本体图像意义的特殊史料。荷兰艺术史家赫伊津哈认为，图像是第一位的；通过图像，我们可以"更明晰、更敏锐和更多彩——一句话，更历史地"看到往昔。[3] 英国著名批评家约翰·拉斯金则更进一步，他说："伟大的民族以三种手稿撰写自己的传记：

---

[1] ［英］彼得·伯克著；杨豫译：《图像证史（第二版）》，北京：北京大学出版社，2018 年，第 1 页。
[2] ［英］彼得·伯克著；杨豫译：《图像证史（第二版）》，北京：北京大学出版社，2018 年，第 10—11 页。
[3] ［英］弗朗西斯·哈斯克尔著；孔令伟译：《历史及其图像》，北京：商务印书馆，2018 年，第 709 页。

行为之书，言辞之书和艺术之书。我们只有阅读了其中的两部书，才能理解它们中的任何一部；但是，在这三部书中，唯一值得信赖的便是最后一部书。"①

职贡图是中国传统图像史料的重要部分。它是指对"职贡"之事进行描绘和阐释说明的绘画作品，因其图文并茂的形式给观看者带来强烈的视觉冲击、心理感受，以及具有表征大一统和现实资政的突出作用受到统治者的大力推动，形成了中国绘画史上独特的主题之一，历代赓续不断。《皇清职贡图》作为历代职贡图的集大成者，并非普通的图册，其意义超越了图像本身，是中国统一多民族国家和中华民族共同体不断形成发展的历史见证。

本书在前人研究基础上对《皇清职贡图》进行系统的整体研究，基本观点如下。

第一，《皇清职贡图》的创制具有深刻的社会背景和政治动机。它是清朝廷为了应对质疑，论证其政权合法性而组织实施的重大文化工程，有宣威颂功、昭宣盛德、资政理国等深刻政治动机。大体而言，它一方面可以协助清廷构建形象，即通过创造出远超前代规模和数量的职贡图像，构建"凡属内外苗夷，莫不输诚向化"的国家形象，达到"以昭王会之盛"之目的，并在这些图像的基础上识别和区分不同的族群以便进行有针对性的统治；另一方面也满足了乾隆"好大喜功"的心理需求，并以此向世人夸耀其帝王功业，颂扬其威德。

第二，《皇清职贡图》具有制作时间跨度长、涉及面广、成果众多、版本情况复杂等特点，全面厘清其版本脉络和体系是进一步研究的重要基础。《皇清职贡图》的绘制经历了一个地方稿本到《职方会览图》，再到《皇清职贡图》的过程，最终作品包括绘本、写本和刊本三种版本类型，而且每种类型中包含着不同的版本，构成了完整的版本体系。本书研究成果首次全面厘清《皇清职贡图》版本脉络和体系，补充了其创制过程的诸多细节和事实，纠正了以往研究中的错误认识。对《皇清职贡图》版本流传的考证，不仅凸显了其文化价值，也丰富了清代雕版印刷史内容。

第三，《皇清职贡图》的价值远超其本身。它不仅是研究清代历史、民族、艺术、民俗等方面不可多得的珍贵材料，还具有表征"大一统"、构建"中华民族共同体"形象的作用，更具有治理边疆、增强文化认同等资政治世功能。《皇清职贡图》不仅通过视觉表征手段发挥了"以图证史"的功用，提供了重回中华民族共同体形成发展过程的历史现场，证实了中华民族共同体不断形成发展的历史事实，而且也是这一

---

① F. T. Cook et al ed, The words John Ruskin vol.14.London, 1906: 203.

历史过程真实可靠的视觉事实。

成果的创新之处体现在以下几方面。

其一，本书系首部《皇清职贡图》专题研究的著作，首次全面梳理了历代职贡图的发展脉络和状况，全面厘清了《皇清职贡图》的版本体系和脉络，突破了前人研究水准。

其二，注重图文互证，在图像研究方法上具有一定的创新性，同时尝试传统史学与民族学、艺术学等学科相结合的方法，拓展了图像史学研究的研究领域和方法。

其三，从民族图册创制及流传的角度探讨中央朝廷的"大一统"观与民族形象的建构，视角比较独特，同时补充、订正其他史料记载的不足和错误；通过图册考察中华各民族的政治认同，充分发挥了《皇清职贡图》"以图证史"的功用，加强了文化史研究的实证性。

本书研究成果虽然在一定程度上解决了《皇清职贡图》研究整体性不足的问题，但《皇清职贡图》成果众多，涉及大量国内外族群，内容丰富，包含政治、经济、文化、艺术等方面，仍有许多进一步探讨的空间。

我们相信，《皇清职贡图》等民族图册研究的情景一片光明，中国一定可以建立起自己的图像史学理论体系，让图像史学真正成为一门学科。作为可提供重回历史现场、唤起中华民族集体记忆、重构历史记忆与当代生活之间文化连续性的视觉材料，《皇清职贡图》等图像民族志值得进一步挖掘、整理和研究，而且一定能够大有作为，让我们共同期待！

参考文献

一、古籍文献

1. （汉）宋衷注；（清）秦嘉谟等辑：《世本八种》，北京：商务印书馆，1957年。

2. （汉）司马迁：《史记》，北京：中华书局，1982年。

3. （汉）班固：《汉书》，北京：中华书局，1962年。

4. （汉）董仲舒：《春秋繁露》，北京：中华书局，1992年。

5. （汉）贾谊撰；阎振益、钟夏校注：《新书校注》，北京：中华书局，2000年。

6. （三国）王肃编撰；（清）陈士珂辑：《孔子家语疏证》，上海：上海书店，1987年。

7. （晋）孔晁注：《逸周书》，上海：中华书局，《四部备要》校刊本，1989年。

8. （晋）陈寿：《三国志》，北京：中华书局，1982年。

9. （晋）郭璞注；张耘点校：《山海经》，长沙：岳麓书社，1992年。

10. （南朝梁）萧统：《文选》，上海：上海古籍出版社，1986年。

11. （南朝梁）萧绎撰；许逸民校笺：《金楼子校笺》，北京：中华书局，2011年。

12. （南朝宋）范晔：《后汉书》，北京：中华书局，1965年。

13. （南朝齐）谢赫，（南朝陈）姚最撰；王伯敏标点注译：《古画品录》，北京：人民美术出版社，2016年。

14. （唐）李延寿：《南史》，北京：中华书局，1975年。

15. （唐）杜佑：《通典》，北京：中华书局，1988年。

16. （唐）房玄龄等：《晋书》，北京：中华书局，1974年。

17. （唐）李林甫等：《唐六典》，北京：中华书局，1992年。

18. （唐）欧阳询：《艺文类聚》，上海：上海古籍出版社，2013年。

19. （唐）姚思廉：《梁书》，北京：中华书局，1973年。

20.（唐）魏徵：《隋书》，北京：中华书局，1997年。

21.（唐）韩愈著；刘真伦、岳珍校注：《韩愈文集汇校笺注》，北京：中华书局，2010年。

22.（唐）张彦远：《历代名画记》，沈阳：辽宁教育出版社，2001年。

23.（后晋）刘昫：《旧唐书》，北京：中华书局，1975年。

24. 刘琳等校点：《宋会要辑稿》，上海：上海古籍出版社，2014年。

25.（宋）王钦若等编纂：《册府元龟》，南京：凤凰出版社，2006年。

26.（宋）董逌著；张自然校注：《广川画跋校注》，郑州：河南大学出版社，2012年。

27.（宋）李昉等编：《太平广记》，北京：中华书局，1961年。

28.（宋）李焘：《续资治通鉴长编》，北京：中华书局，2004年。

29.（宋）孟元老：《东京梦华录》，郑州：大象出版社，2019年。

30.（宋）欧阳修：《新唐书》，北京：中华书局，1975年。

31.（宋）司马光编著；（元）胡三省音注：《资治通鉴》，北京：中华书局，1956年。

32.（宋）苏轼撰；（明）茅维编：《苏轼文集》，北京：中华书局，1986年。

33.（宋）王应麟：《玉海》，扬州：广陵书社，2016年。

34.（宋）邓椿：《画继》，北京：人民美术出版社，1964年。

35.（宋）范成大撰；孔凡礼点校：《桂海虞衡志》，北京：中华书局，2002年。

36.（宋）郭若虚：《图画见闻志》，南京：江苏美术出版社，2007年。

37.（宋）吕祖谦：《吕祖谦全集》，杭州：浙江古籍出版社，2008年。

38.（宋）朱熹：《四书章句集注》，北京：中华书局，2005年。

39.（南宋）郑樵：《通志》，杭州：浙江古籍出版社，1988年。

40.（元）陈高：《陈高集》，杭州：浙江古籍出版社，2014年。

41.（元）脱脱等：《宋史》，北京：中华书局，1985年。

42.（明）黄省曾著；谢方校注：《西洋朝贡典录校注》，北京：中华书局，2000年。

43.（明）何栋如：《皇祖四大法》，明万历刻本。

44.（明）宋濂等：《元史》，北京：中华书局，1976年。

45.（明）谢肇淛：《滇略》，方国瑜主编：《云南史料丛刊第6卷》，昆明：云南大学出版社，2000年。

46.（明）佚名撰；陈鸿瑜校注：《皇明外夷朝贡考校注》，台北：台湾新文丰出版公司，2021年。

47. （明）余继登：《典故纪闻》，北京：中华书局，1981年。

48. （明）张燮：《东西洋考》，北京：商务印书馆，1937年。

49. 王伯敏、任道斌主编：《画学集成（明—清）》，石家庄：河北美术出版社，2002年。

50. 中国第一历史档案馆藏军机处录副奏折。

51. 中国第一历史档案馆藏军机处满文录副奏折。

52. 台北故宫博物院藏军机处档折件。

53. 宫中档乾隆朝奏折，台北故宫博物院影印本。

54. 中国第一历史档案馆藏宫中朱批奏折。

55. 《清实录》，北京：中华书局，1985-1986年。

56. （清）胤禛：《雍正上谕内阁不分卷》，雍正十一年，清雍正九年内府刻乾隆六年增刻本。

57. 中国第一历史档案馆、香港中文大学文物馆编：《清宫内务府造办处档案总汇》，北京：人民出版社，2005年。

58. 中国第一历史档案馆编：《嘉庆朝上谕档》，桂林：广西师范大学出版社，2008年。

59. 中国第一历史档案馆编：《康熙起居注》，北京：中华书局，1984年。

60. 《清同治光绪间武英殿卖书底簿》，《四库未收书辑刊》第2辑第28册，北京：北京出版社，2000年。

61. 中国第一历史档案馆编：《纂修四库全书档案》，上海：上海古籍出版社，1997年。

62. （清）鄂尔泰修，（清）靖道谟纂：《云南通志》，清乾隆元年刻本。

63. （清）允裪等：《钦定大清会典》，（清）纪昀主编：《文阁四库全书》第619册，台湾商务印书馆，1982年。

64. （清）顾炎武：《天下郡国利病书》，清光绪五年刻本。

65. （清）庆桂：《国朝宫史续编》，清嘉庆十一年内府钞本。

66. （清）胡敬：《胡氏书画三种·国朝院画录·序》，清嘉庆二十一年仁和胡氏刻本。

67. （清）胡渭：《易图明辨》，北京：中华书局，2003年。

68. （清）纪昀纂：《四库全书总目提要》，清乾隆五十四年武英殿刻本。

69. （清）蒋廷锡原修，（清）王安国等纂：《大清一统志》，清道光九年木活字本。

70. （清）崑冈修，吴树梅纂：《大清会典》，清光绪石印本。

71. （清）阮元校刻：《十三经注疏》，北京：中华书局，2009年。

72. （清）托津：《钦定大清会典事例》，台湾：文海出版社，1991年。

73. （清）谢圣纶：《滇黔志略》，清乾隆二十八年刻本。

74. （清）胤禛：《大义觉迷录》，清雍正内府刻本。

75. （明）张丑：《清河书画舫》，上海：上海古籍出版社，2011年。

76. （清）张廷玉等：《明史》，北京：中华书局，1974年。

77. （清）章学诚：《文史通义》，上海：上海古籍出版社，2008年。

78. （清）徐乾学：《憺园文集》，清康熙三十六年冠山堂刻本。

79. （清）姚鼐：《古文辞类纂》，上海：上海古籍出版社，2016年。

80. （清）佚名：《苗瑶黎僮等族衣冠图》（《四川省番图》），中国第一历史档案馆藏彩绘本。

81. （清）佚名：《职贡图》，法国国家图书馆藏册页绘本。

82. （清）佚名：《职贡图》，北京故宫博物院藏手卷绘本。

83. （清）谢遂：《职贡图》，台北故宫博物院藏手卷绘本。

84. （清）董诰等纂；（清）门庆安等绘：《皇清职贡图》，乾隆四十五年武英殿刻本。

85. （清）董诰等纂；（清）门庆安等绘：《皇清职贡图》，台北故宫博物院藏嘉庆十年武英殿重刻本。

86. （清）董邦达等绘：《四川全图》，四川大学图书馆藏乾隆年间彩绘本。

87. 《清代诗文集汇编》编纂委员会编：《清代诗文集汇编》，上海：上海古籍出版社，2010年。

88. （清）张照：《秘殿珠林石渠宝笈合编》，上海：上海书店，1988年。

89. 故宫博物院编：《钦定石渠宝笈续编》，海口：海南出版社，2001年。

90. 故宫博物院编：《钦定石渠宝笈三编》，海口：海南出版社，2001年。

91. 张荣选编：《养心殿造办处史料辑览》，北京：紫禁城出版社，2015年。

92. （清）岑毓英修；（清）陈灿纂：《云南通志》，清光绪二十年刻本。

93. （清）陈梦雷：《古今图书集成》，上海：中华书局，1934年。

94. （清）陈廷敬辑：《清文颖》，清乾隆十二年武英殿刻本。

95. （清）鄂尔泰等编纂：《国朝宫史》，北京：北京古籍出版社，1994年。

96. （清）弘历：《清高宗御制诗文全集》，北京：中国人民大学出版社，2013年。

97. （清）金鉷修；（清）钱元昌纂：《广西通志》，清雍正十一年刻本。

98. （清）王先谦：《东华录》，清光绪十年长沙王氏刻本。

99. （清）王先谦：《东华续录》，清光绪十年长沙王氏刻本。

100.（民国）赵尔巽：《清史稿》，北京：中华书局，1974 年。

二、研究著述

1. 吴哲夫：《四库全书荟要纂修考》，台北：故宫博物院，1976 年。

2. 傅增湘：《藏园群书题记》，上海：上海古籍出版社，1989 年。

3. 黄晖：《论衡校释》，北京：中华书局，2017 年。

4. 卢辅圣：《中国书画全书》，上海：上海书画出版社，1993 年。

5. 吴孟复主编，张劲秋校注：《中国画论》，合肥：安徽美术出版社，1995 年。

6. 钱穆：《国史大纲》（修订本），北京：商务印书馆，1996 年。

7. 李泽奉、刘如仲编著：《清代民族图志》，西宁：青海人民出版社，1997 年。

8. 罗钢、刘象愚主编：《文化研究读本》，北京：中国社会科学出版社，2000 年。

9. 赵伯陶：《落日辉煌——雍正王朝与康乾盛世》，济南：济南出版社，2008 年。

10. 葛兆光：《中国思想史》，上海：复旦大学出版社，2001 年。

11. 翁连溪：《清代宫廷版画》，北京：文物出版社，2001 年。

12. 陶东风等主编：《文化研究（第 3 辑）》，天津：天津社会科学院出版社，2002 年。

13. 莫小也、范景中：《17—18 世纪传教士与西画东渐》，杭州：中国美术学院出版社，2001 年。

14. 马晓琳：《西方美术史》，石家庄：河北美术出版社，2005 年。

15. 郑振铎：《西谛书话》，北京：生活·读书·新知三联书店，1998 年。

16. 袁珂：《中国古代神话》，北京：华夏出版社，2013 年。

17. 黄怀信：《逸周书校补注译》，西安：三秦出版社，2006 年。

18. 潘运告：《中国历代画论选》，长沙：湖南美术出版社，2007 年。

19. 曹意强、麦克尔·波德罗等：《艺术史的视野》，杭州：中国美术学院出版社，2007 年。

20. 阚红柳：《清初私家修史研究——以史家群体为研究对象》，北京：人民出版社，2008 年。

21. 李德龙：《黔南苗蛮图说研究》，北京：中央民族大学出版社，2008 年。

22. 李扬帆：《涌动的天下：中国世界观变迁史论（1500-1911）》，北京：知识产权出版社，2012 年。

23. 祁庆富、史晖：《清代少数民族图册研究》，北京：中央民族大学出版社，2012 年。

24. 马大正:《中国边疆经略史》,武汉:武汉大学出版社,2013年。
25. 翁连溪:《清代内府刻书研究》,北京:故宫出版社,2013年。
26. 黄纯艳:《宋代朝贡体系研究》,北京:商务印书馆,2014年。
27. 李霖灿:《中国名画研究》,杭州:浙江大学出版社,2014年。
28. 李云泉:《万邦来朝:朝贡制度史论》,北京:新华出版社,2014年。
29. 龙迪勇:《空间叙事研究》,北京:生活·读书·新知三联书店,2014年。
30. 柳诒徵:《中国文化史》,吉林:吉林人民出版社,2013年。
31. 石元蒙:《明清朝贡体制的两种实践:1840年前》,北京:知识产权出版社,2015年。
32. 罗小华:《潘诺夫斯基图像学研究》,北京:中国社会科学出版社,2016年。
33. 陈兆复、邢琏:《中华图像文化史·原始卷》,北京:中国摄影出版社,2017年。
34. 韩丛耀:《中华图像文化史·图像论卷》,北京:中国摄影出版社,2017年。
35. 许可峰:《核心与边缘:清代前中期民族文教政策研究》,北京:民族出版社,2017年。
36. 成一农:《中国古代舆地图研究》,北京:中国社会科学出版社,2018年。
37. 江庆柏:《〈四库全书荟要〉研究》,南京:凤凰出版社,2018年。
38. 陈平原:《左图右史与西学东渐:晚清画报研究》,北京:生活·读书·新知三联书店,2018年。
39. 何新华:《清代朝贡制度研究》,北京:中国书籍出版社,2020年。
40. 郑二利:《20世纪图像研究》,桂林:广西师范大学出版社,2020年。
41. 欧宗启:《多维视野的壮族形象建构研究》,北京:中国社会科学出版社,2020年。
42. 段润秀:《文化认同视角下的清代〈明史〉修纂研究》,北京:人民出版社,2020年。
43. 颜彦:《明清叙事文学插图的图像学研究》,杭州:浙江古籍出版社,2021年。
44. 李叶宏:《唐朝域外朝贡制度研究》,北京:中国社会科学出版社,2021年。
45. 李勇刚:《天下归心:大一统国家的历史脉络》,北京:人民出版社,2021年。
46. 杨念群:《天命如何转移:清朝大一统观的形成与实践》,上海:上海人民出版社,2022年。
47. [法]列维·斯特劳斯:《野性的思维》,北京:商务印书馆,1987年。
48. [法]布罗代尔著;顾良、施康强译:《15至18世纪的物质文明、经济和资本主义》,北京:生活·读书·新知三联书店,1992年。
49. [美]Crossley, Pamela Kyle. A Translucent Mirror: History and Identity in Qing Imperial

Ideology, Berkeley: University of California Press,1999.

50. [美]Laura Hostetler, Qing Colonial Enterprise: Ethnography and Cartography in Early Modern China.Chicago: University of Chicago Press, 2001.

51. [美]Emma Jinhua Teng.Taiwan's Imagined Geography: Chinese Colonial Travel Writing and Pictures, 1683–1895, Harvard Univeristy Press, 2004.

52. [美]欧文·潘诺夫斯基著；戚印平、范景中译：《图像学研究：文艺复兴时期艺术的人文主题》，上海：上海三联书店，2011年。

53. [美]邢义田：《立体的历史：从图像看古代中国与域外文化》，北京：生活·读书·新知三联书店，2014年。

54. [加]段炼：《视觉文化：从艺术史到当代艺术的符号学研究》，南京：江苏凤凰美术出版社，2018年。

55. [英]E.H.贡布里希著；杨思梁、范景中编选：《象征的图像：贡布里希图像文集》，南宁：广西美术出版社，2015年。

56. [英]弗朗西斯·哈斯克尔著；孔令伟译：《历史及其图像》，北京：商务印书馆，2018年。

57. [美]高居翰：《致用与娱情——大清盛世的世俗绘画》，北京：生活·读书·新知三联书店，2022年。

58. [美]巫鸿：《中国绘画中的女性空间》，北京：生活·读书·新知三联书店，2018年。

三、学术论文

1. 王以中：《山海经图与职贡图》，《禹贡》1934年第3期。

2. 贺次君：《"山海经图与职贡图"的讨论》，《禹贡》1934年第6期。

3. [日]榎一雄：《梁职贡图について》，《东方学》，1963年第26辑，第31—46页。

4. 黎虎：《殷代外交制度初探》，《历史研究》1988年第5期。

5. 畏冬：《〈皇清职贡图〉创制始末》，《紫禁城》1992年第5期。

6. 畏冬：《乾隆时期〈皇清职贡图〉的增补》，《紫禁城》1992年第6期。

7. 王素：《梁元帝〈职贡图〉新探——兼说滑及高昌国史的几个问题》，《文物》1992年第2期。

8. 畏冬：《嘉庆时期〈皇清职贡图〉的再次增补》，《紫禁城》1993年第1期。

9. 杨玉良：《清代中央官纂图书发行浅析》，《故宫博物院院刊》1993年第4期。

10. 聂崇正：《清代外籍画家与宫廷画风之变》，《美术研究》1995年第1期。

11. 王正华：《传统中国绘画与政治权力——一个研究角度的思考》，《新史学》1997年第3期。

12. 叶舒宪：《〈山海经〉与"文化他者"神话》，《海南大学学报》1998年第2期。

13. 叶舒宪：《〈山海经〉神话政治地理观》，《民族艺术》1999年第3期。

14. 葛兆光：《思想史研究视野中的图像》，《中国社会科学》2002年第4期。

15. 沈建华：《卜辞所见商代的封疆与纳贡》，《中国史研究》2004年第4期。

16. 黄新宪：《董仲舒的大一统思想探略》，《福建论坛》2004年第5期。

17. 郭成康：《清朝皇帝的中国观》，《清史研究》2005年第4期。

18. 李云泉：《朝贡制度的理论渊源与时代特征》，《中国边疆史地研究》2006年第3期。

19. 欧宗启：《论历史文献中的壮族形象书写》，《广西民族学院学报》2006年第4期。

20. 陈继春：《萧绎〈职贡图〉的再研究》，薛永年、罗世平主编：《中国美术史论文集——金维诺教授八十华诞暨从教六十周年纪念文集》，北京：紫禁城出版社，2006年，第153—160页。

21. 葛兆光：《山海经、职贡图和旅行记中的异域记忆——利玛窦来华前后中国人想象异域的资源变化》，葛兆光：《古代中国的历史、思想与宗教》，北京：北京师范大学出版社，2006年，第71—87页。

22. 祁庆富、李德龙：《伯麟图说考异——〈御制外苗图〉和〈滇省夷人图说〉述略》，《民族研究》2007年第1期。

23. 杨念群：《章学诚的"经世"观与清初"大一统"意识形态的构建》，《社会学研究》2008年第5期。

24. 曹南屏：《图像的文化转向——新文化史视野中的图像研究》，载复旦大学历史学系，复旦大学中外现代化进程研究中心编：《新文化史与中国近代史研究》，上海：上海古籍出版社，2009年，第323—361页。

25. 杨婉瑜：《清乾隆宫廷画师——金廷标绘画研究》，《议艺份子》（台北）2010年第14期。

26. 汤开建：《唐〈王会图〉杂考》，《民族研究》2011年第1期。

27. 黄兴涛：《清代满人的"中国认同"》，《清史研究》2011年第1期。

28. 赖毓芝：《图像帝国：乾隆朝〈皇清职贡图〉的制作与帝都呈现》，《"中央研究院"近代史研究所集刊》（台北）2012 年第 75 期。

29. 曹天成：《郎世宁与他的中国合作者》，《故宫博物院院刊》2012 年第 3 期。

30. 陈连山：《〈山海经〉对异族的想象与自我认知》，《北京大学学报（哲学社会科学版）》2012 年第 1 期。

31. 赵灿鹏：《宋李公麟〈万国职贡图〉伪作辨证：宋元时期中外关系史料研究之一》，《暨南史学》2013 年第 0 期；

32. 朱和双：《台湾华文书局版〈皇清职贡图〉举误》，《寻根》2013 年第 5 期。

33. 苏循波：《清修〈明史〉与政治合法性的建构》，《求索》2013 年第 3 期。

34. 齐光：《〈皇清职贡图〉绘本成于何时》，《文汇报》，2013 年 5 月 6 日，第 00C 版。

35. 韩丛耀：《图像的传播形态及场域研究》，《中国出版》2014 年第 22 期。

36. 蓝勇：《中国古代史料运用的实践与理论建构》，《人文杂志》2014 年第 7 期。

37. 齐光：《解析〈皇清职贡图〉绘卷及其满汉文图说》，《清史研究》2014 年第 4 期。

38. 林欣玲：《士兵与圣母——清宫〈职贡图〉所呈现之西洋印象》，《议艺份子》（台北）2015 年第 24 期。

39. 葛兆光：《古人的"世界观"》，《北京日报·理论周刊》，2015 年 11 月 30 日，第 20 版。

40. 陈长华：《梁元帝〈职贡图〉名称考》，杨隽：《浦东史志论稿》，上海：上海远东出版社，2016 年，第 200—204 页。

41. 石冰洁：《从现存宋至清"总图"图名看古人"由虚到实"的疆域地理认知》，《历史地理》2016 年第 1 期。

42. 汪亓：《仇英〈职贡图〉卷流传考略》，《沈阳故宫博物院院刊》2016 年第 1 期。

43. 程妮娜：《从"天下"到"大一统"——达疆朝贡制度的理论依据与思想特征》，《社会科学战线》2016 年第 1 期。

44. 韩丛耀：《中国图像史学的世界性叙述》，《艺术百家》2017 年第 2 期。

45. 林焕盛：《丁观鹏的摹古绘画与乾隆院画新风格》，《故宫学术季刊》（台北）2017 年第 2 期。

46. 韩丛耀：《建立中国图像史学的理论体系》，《中国社会科学报》，2018 年 1 月 3 日，第 1 版。

47. 葛兆光：《想象天下帝国——以（传）李公麟〈万方职贡图〉为中心》，《复旦学报（社会科学版）》2018 年第 3 期。

48. 王蔚：《〈皇清职贡图〉的绘画史意义》，《云南师范大学学报（哲学社会科学版）》2018 年第 6 期。

49. 黄金东：《〈云南民族图考〉版本考》，《中央民族大学学报（哲学社会科学版）》2018 年第 3 期。

50. 杨德忠：《元代的职贡图与帝国威望之认证》，《美术学报》2018 年第 2 期。

51. 许结：《王会赋·图：帝国形态的历史影像》，《社会科学研究》2018 年第 6 期。

52. 徐建霞：《绚绘衣冠广述怀来——〈皇清职贡图〉册页本浅析》，《收藏家》2018 年 8 期。

53. 郑淑方：《画史图形备远宾——职贡图的风格形制与涉外意识》，台北：《故宫文物月刊》2019 年第 433 期。

54. 吴雪梅：《蛮夷形象的帝国想象——以谢遂〈职贡图〉中的贵州苗人为中心》，《华中师范大学学报（人文社会科学版）》2019 年第 4 期。

55. 苍铭、张薇：《〈皇清职贡图〉的"大一统"与"中外一家"思想》，《云南师范大学学报（哲学社会科学版）》2019 年第 3 期。

56. 苍铭、刘星雨：《从〈皇清职贡图〉看"新清史"的"清朝非中国论"》，《中央民族大学学报（哲学社会科学版）》2019 年第 6 期。

57. 刘星雨：《"貂皮装点的王朝"——〈皇清职贡图〉中"贡貂人"与"貂皮政治"的呈现》，《美术大观》2019 年第 8 期。

58. 许结：《唐代图像叙事的历史价值》，《社会科学》2019 年第 12 期。

59. 林如熙：《观图知警——丁观鹏〈画唐明皇击鞠图〉》，《画画艺术学刊》（台北）2020 年第 28 期，第 204 页。

60. 米婷婷：《梁元帝〈职贡图〉的形成》，《魏晋南北朝隋唐史资料（第 41 辑）》，上海：上海古籍出版社，2020 年，第 79—93 页。

61. 李斯颖：《壮族英雄史诗中的英雄形象塑造与文化解读》，《内蒙古大学学报（哲学社会科学版）》2020 年第 4 期；

62. 黄金东：《〈皇清职贡图〉刻本考述》，《文献》2020 年第 6 期。

63. 黄金东：《彩绘本〈皇清职贡图〉版本研究》，《图书馆研究与工作》2020 年第 10 期。

64. 李金飞：《清代疆域"大一统"观念的变革——以〈大清一统志〉为中心》，《中国边疆史地研究》2020 年第 2 期。

65. 杨念群：《"大一统"与"中国""天下"观比较论纲》，《史学理论研究》2021 年第

2 期。

66. 周行道:《李公麟〈职贡图〉辨伪新证》,《艺术工作》2021 年第 4 期。

67. 黄金东、杨燕飞:《〈皇清职贡图〉中的广西壮族形象研究》,《广西民族研究》2022 年第 2 期。

68. 郭丹丹:《〈皇清职贡图〉图说中的"中华天下观"》,《广西民族研究》2022 年第 5 期。

69. 黄金东:《〈皇清职贡图〉版本流传考论》,《故宫博物院院刊》2023 年第 5 期。

70. 万伊:《清宫收藏与〈皇清职贡图〉的绘制》,《美术》2023 年第 6 期。

71. 杨扬:《〈广舆胜览〉与〈皇清职贡图〉的关系》,《美术》2023 年第 6 期。

72. 周妙龄:《乾隆朝〈职贡图〉〈万国来朝图〉之研究》,台湾师范大学 2004 年硕士学位论文。

73. 阮立影:《从〈皇清职贡图〉看清前期贵州少数民族社会:兼论清前期的民族观》,西南大学 2010 年硕士学位论文。

74. 周恬逸:《〈山海经〉文图关系研究》,南京大学 2012 年硕士学位论文。

75. 万伊:《清代职贡图像研究——从〈皇清职贡图〉出发》,中央美术学院 2018 年硕士学位论文。

76. 黄剑婧:《壮族民族形象的报纸媒介呈现》,广西大学 2018 年博士研究生学位论文。

77. 张薇:《〈皇清职贡图〉及所绘河湟民族研究》,中央民族大学 2020 年博士学位论文。

78. 蔡名哲:《清前期满洲特质之再建构研究》,中央民族大学 2022 年博士学位论文。

79. 李晓璐:《从〈皇清职贡图〉出发:大航海背景下(16—18 世纪)男女对偶民族志图像研究》,中央美术学院 2021 年博士学位论文。

后 记

　　本书系本人主持的国家社会科学基金一般项目"中华民族共同体的历史图像表征:《皇清职贡图》研究"(批准号:21BMZ089)的结项成果,并且很幸运地被专家鉴定为"优秀"等级(证书号:20241718)。课题从批准立项到结项,看似只经历了短短不到三年的时间,但是从事基础研究的学者都知道,付出肯定远不止于此。确实,本课题从真正进入专题研究,并在2018年发表第一篇文章算起,至少经历了六七年的研究时间。如今,课题获得结项,成果得以出版,心情既激动又感慨万千。

　　本书凝聚了课题组全体成员的集体智慧,课题组成员在资料搜集、整理以及成果撰写等方面为项目顺利实施都做出了贡献,尤其是金卫东老师,不仅无偿提供了许多国内外尚未公布的版本图像,而且把说文内容进行标点和校勘,为项目顺利实施提供了坚实的基础。

　　本书许多章节的主体内容曾在一些学术研讨会上分享或在专业期刊上发表,感谢同人和编辑的支持和信任,让我进一步坚定了继续研究的信心。在具体分工方面,第三章第四节、第五章第三节为本人和郭丹丹共同撰写;第五章第二节由郭丹丹撰写。除此外,其他章节内容的撰写,包括全书的统稿、审校等均由本人完成。

　　本书是我个人第一部真正意义上的专著,是我个人学术生涯的一个重要里程碑和新起点。本书研究过程中,得到了众多亲朋师友的鼓励、支持和帮助,让我在前行过程中充满了动力,感到无比的温暖。在即将出版之际,谨致以我最诚挚的敬意与衷心的感谢!

　　我与梁庭望老先生相识多年。这些年来,老先生的大家风范有增无减,对我更是关爱有加。每每与先生交谈,都能感受到如沐春风的美好。感谢遇见,祝愿先生身体健康，长命百岁。

导师李德龙教授从本科学习阶段开始一直给予我精心的指导和无私的帮助。从老师身上，我学到了严谨的治学精神、精益求精的工作作风和乐观向上的生活态度。教诲如春风，师恩似海深。退休后，老师仍时刻督促我成长。本项目从最初的申报书，到中期发表的每一篇文章，直到最后的结项成果等书稿上都留下了老师密密麻麻的批改意见，凝聚着无限关爱与深情期望。我会一直保留着这些珍贵的书稿。

中央民族大学中国南方民族史教学科研团队是一个温暖的大家庭。苍铭教授作为带头人，多年来带领我们不断开拓，一直不断提携我，鼓励我成长。多年来，团队一起培养了几十名研究生。如今，这些研究生已经在全国各地不同的工作岗位上崭露头角。

感谢赵令志、杨筑慧、李锦芳、贾仲益、孙宏年、苏发祥、刘蔷、熊远明、韦如柱、李斯颖等众多师友，他们在项目研究过程中给予我诸多支持和鼓励，让我能够坚定地走在学术研究的道路上，感受到人间美好。

李飞、李章权、郝宇星、杨燕飞、刘鹏、仁稔、杨虹、梁雅欣等同学在项目资料的搜集、整理、汇编以及成果注释核对等方面做了许多工作。张宏超、黎滩、秦佳如等同学也在其他方面为项目顺利结项付出了许多劳动。教学之余，我与他们是普通的朋友，一起度过了许多美好的时光。毕业后，大家也时常互相问候，互相鼓励，共同成长。

本书的出版得到中央民族大学中国史一级学科建设经费的资助。感谢历史文化学院院长彭勇教授、副院长盛肖霞老同学、副院长陈鹏教授的大力支持，让我在校内"漂泊"多年后，得以真正重回原来学习的地方，加入中国史研究生导师团队，为学院学科建设尽一点个人的绵薄之力。

感谢中央民族大学图书馆刘明新馆长以及许多同事在本项目申报、实施过程提供的诸多便利和支持。

我还要感谢学苑出版社的周鼎编辑。我们虽然本科时期就认识，但那时候的他，却是个艺术青年，很难跟枯燥的学术研究挂上边。但是经过多年历练后，如今的他，在人文社科诸多领域已然颇有见地，策划出版的多种图书获得了国家级等各种奖项。他和他的团队，为本书顺利出版付出了诸多努力和心血。

家，是一个人的心灵寄托，是永远温暖的港湾。十几年来，贤内助黄丽娟把家里家外安排得井井有条，为我解决了后顾之忧，让我可以一往无前。若论功劳，她绝不止于"半边天"。小儿黄晨柏调皮捣蛋，给家里增添了不少生气。他的聪明、可爱，让我们的生活充满了期待和美好。

要感谢的人还有很多，无法一一列举。感谢所有我爱的人以及爱我的人。与你们同行，我的人生倍感充实和幸福。

黄金东
于中央民族大学
2024 年 7 月